Michaela Spaar

W0108665

Burgund

Reise-Lesebuch zu Wirtschaft, Kultur und Technik

almundo

Weitere Reise-Lesebücher
zu Wirtschaft, Kultur und Technik

Mallorca
Bodensee

Für Hinweise, Verbesserungsvorschläge und Korrekturen ist der
Verlag sehr dankbar.
Almundo Verlag, Krähbühlweg 15, CH–8044 Zürich, Schweiz
E-Mail: info@almundo.ch

Umschlagvorderseite: Blick auf Brancion. Umschlagrückseite:
Abtei Fontenay (oben/unten rechts), Weinlandschaft bei Buxy
(unten links), historischer Schmiedehammer am Ortseingang von Le
Creusot (Mitte rechts), Schleuse am Canal de Bourgogne
(Mitte links).

1. Auflage 2005
© Almundo Verlag, Zürich 2005
Lektorat & Satz: Manfred Christ I www.scrivendi.de
Umschlag und Karte: ASL Atelier für Satz & Layout, Bern
Druck: Ebner & Spiegel GmbH, Ulm
Printed in Germany
ISBN 3-9523040-2-6

Inhalt

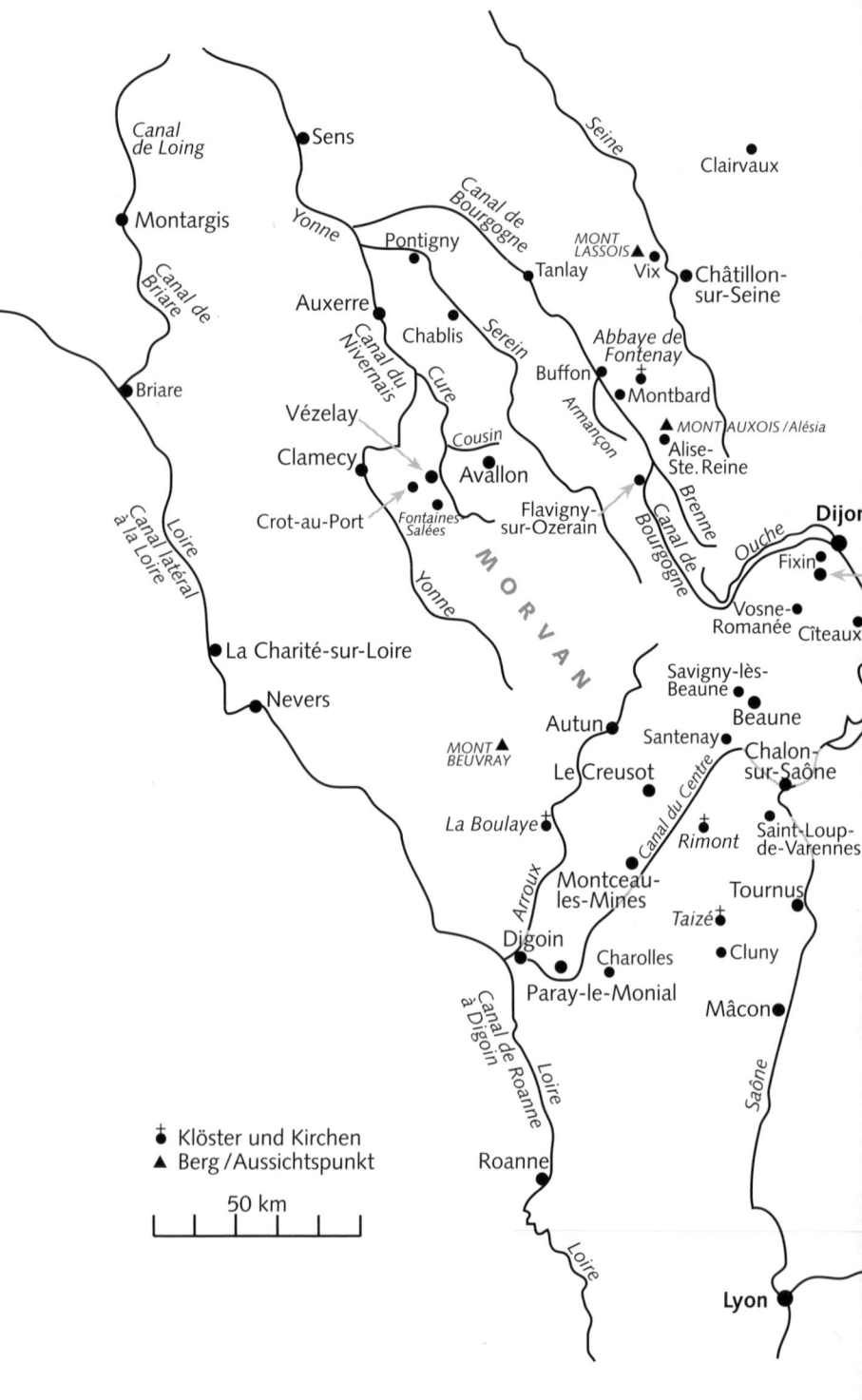

Einleitung

Reizvolle Kirchen, Klöster, Schlösser und verschlafene Dörfer sowie die berühmten Weinberge: Dieses Bild von Burgund wird sich jedem Besucher tief einprägen. Ist es nicht das Paradebeispiel für ›la France profonde‹? Verträumt, ländlich, mittelalterlich. Die Zeit scheint stehen geblieben zu sein. Und doch: Blickt man genauer hin, bemerkt man, wie diese Gegend ihren Weg in die Gegenwart gegangen und für die Zukunft bereit ist. Die Industrialisierung und Globalisierung hat auch hier nicht Halt gemacht. In den Agglomerationsräumen der größeren Städte haben sich viele nationale und internationale Firmen angesiedelt. Eine der wichtigsten Verkehrsachsen Europas führt durch Burgund und der TGV rauscht an den kleinen Ortschaften vorbei.

Eine Begegnung mit Henri Vincenot Charakteristisch für Burgund ist die Pflege des historischen und kulturellen Erbes, auf das die Bewohner sehr stolz sind. Als wir Claudine Vincenot, die Tochter des in Frankreich sehr bekannten und beliebten Burgund-Schriftstellers und Malers Henri Vincenot (1912–1985), in Dijon besuchten, fiel uns dies als Erstes auf. Ihre gemütliche, in Halbdunkel gehüllte Wohnung ist ganz von der Erinnerung an ihre Eltern, insbesondere an ihren hochverehrten Vater, erfüllt. Alle Wände sind mit seinen Gemälden geschmückt, stimmungsvolle Landschaften in Burgund. Fotos der ganzen Familie, von Kindern und Enkeln, stehen auf dem geschlossenen Flügel und eine Gipsbüste stellt den Künst-

*Typische Landschaft
von Burgund.
Zeichnung von
Henri Vincenot.*

ler Henri Vincenot zufrieden lächelnd dar. Es schien uns, als
sei Claudines Vater ständig präsent und lausche unserem Gespräch. Sie lebt immer mit ihren Eltern, sagt sie uns ganz direkt.

Die ehemalige Französischlehrerin Claudine Vincenot
sieht es als ihre Pflicht und Aufgabe, solange sie lebt den
Nachlass ihres Vaters zu verwalten. Und sie macht es mit
Leidenschaft und Liebe für ihre Eltern. Warmherzig spricht
sie über ihren Vater und antwortet offen und lebendig auf
meine Fragen zu Henri Vincenot. Ihr Vater verkörpert in gewisser Weise den typischen Burgunder: fröhlich, humorvoll,
sensibel, optimistisch, ausgleichend, gastfreundlich, ein Le-
bemann.

Sein Leben lang setzte er sich für die Menschen, für eine
menschliche Zivilisation ein. Er liebte die Menschen, er konnte ihnen verzeihen. Und er war durch und durch Künstler –

und Individualist, der seinen eigenen Weg ging. Für Claudine Vincenot ist es klar: Ihr Vater hat Charisma. Seine Bücher, die ein besonderes und authentisches Bild seiner Heimat Burgund vermitteln, werden auch von den einfachsten Leuten gerne gelesen. Wir hätten dies nicht geglaubt, wären wir nicht in den verschiedensten Dorfläden und Buchhandlungen in Burgund auf seine Bücher gestoßen. 20 Jahre nach seinem Tod ist er immer noch beliebt. Immer wieder traf uns sein liebevoller Blick aus einem Schaufenster heraus.

Claudine Vincenot ist überzeugt, ihr Vater habe dazu beigetragen, dass sich vor allem das Bild, das die Burgunder selbst von ihrer Heimat haben, verändert hat – weg von einem gekünstelten Folklorismus hin zu einer ehrlichen Auseinandersetzung mit dem Erbe, das gepflegt und weitergegeben werden soll. Besonders das keltische Erbe, das auch an den christlichen Orten heute weiterlebt, war ihm ein Herzensanliegen und stand immer wieder im Zentrum seiner Bücher. Er hat das Interesse dafür neu geweckt.

Im Bewusstsein, dass jeden Tag etwas verschwindet, was man gar nicht wirklich wahrgenommen hat, setzte sich Henri Vincenot dafür ein, dass man sich wieder Zeit und Muße nimmt – für alles. In diesem Sinne möge dieses Reisebuch dazu anregen, neue Seiten Burgunds kennen zu lernen und sich ein wenig Zeit zu nehmen, in die interessante Geschichte dieses Durchgangslandes, durch das die Zinnstraße, die Bernsteinstraße, die Seidenstraße, die Weinstraße, die Glaubensstraße führte, für eine Weile einzutauchen. Es lohnt sich!

Michaela Spaar   *Arlesheim, Juni 2005*

GALLIER, RÖMER UND BURGUNDER – SPUREN AUS DER ANFANGSZEIT

In der Gegend des heutigen Burgund wurde schon früh Geschichte von gesamteuropäischer Bedeutung geschrieben. Zwei Schauplätze aus der Anfangszeit, Bibracte und Saint-Maurice d'Agaune, sollen veranschaulichen, wie das sagenumwobene Volk der Burgunder eng mit ganz Europa verflochten ist.

Als Bibracte gegründet wurde, sprach noch niemand von Burgund, es existierte auch noch nicht als politisches Gebilde. Heute eröffnet uns Bibracte – Ausgrabungsort, Forschungsstätte und Museum – die Welt der Kelten beziehungsweise der Gallier in Frankreich, insbesondere die des gallischen Stammes der Häduer, und führt uns gleichzeitig zu den Anfängen der gallorömischen Zeit im heutigen Burgund.

Saint-Maurice d'Agaune befindet sich weit entfernt vom heutigen Burgund im schweizerischen Wallis, doch war es einst als Abtei und Wallfahrtsstätte eng mit den Burgunderkönigen, insbesondere mit seinem Stifter, König Sigismund, verbunden und sollte gar identitätsbildend auf die Burgunder wirken.

Schauplatz 1:
Mont Beuvray

Hin und wieder kommen Wanderer auf den Gipfel des Mont Beuvray, um die wundervolle Aussicht über das waldreiche, wenig besiedelte Gebiet des Morvan mit seinen sanften Hügelketten, seinen tiefen, schluchtartigen Tälern und seinen verträumten Seen zu genießen. Bei klarer Sicht bestaunen sie nicht nur die nähere und fernere Umgebung, sondern auch die schneebedeckte Alpenkette, in der sich deutlich der Mont Blanc abzeichnet. Sie durchwandern die herrlichen Eichen- und Buchenwälder, die sich mit dunkleren Nadelwaldabschnitten abwechseln. Doch abseits der Wege ist der Wald noch eine ungestörte Idylle für Hirsche, Rehe und Hasen. Raubvögel kreisen erhaben über den Baumkronen, der Specht klopft fröhlich an einem Baumstamm und das Zwitschern und Pfeifen der Singvögel hallt weit durch den Wald. An Regentagen ist nur das unermüdliche Tropfen auf das nasse Laub zu hören, dann wieder ziehen langsam Nebelschwaden durch die bewaldete Landschaft.

Durch seine Abgeschiedenheit konnte das Morvan seine Ursprünglichkeit bewahren. Der Mont Beuvray gehört mit seinen 821 Metern Höhe zu den mächtigsten Erhebungen des in Nordsüdrichtung verlaufenden Hügelzuges, der den westlichsten Teil Burgunds bildet. Heute kann man sich nur schwer vorstellen, dass auf dem dicht bewaldeten Hügel eine Stadt, umgeben von einer mächtigen Befestigungsmauer, über dieses Gebiet herrschte.

Inzwischen ist es nicht mehr so still auf diesem Berg. Seit Mitte der 1980er-Jahre kommen neben den Wanderern und Ausflüglern vor allem Archäologen und Wissenschaftler hierher. Mitten im abgeschiedenen Wald wird seit 1984 jeden Sommer ausgegraben. Anfang des 21. Jahrhunderts befindet sich auf dem Berg mit 200 Hektar Fläche die größte Ausgrabungsstätte Europas, an der Forscher aus verschiedenen Ländern tätig sind. Die ausgegrabenen Funde, Mauerreste, Tonscherben und Metallteile, die für den Laien eher belanglos aussehen, geben den Fachleuten Aufschluss über das Leben, die Bräuche und die Strukturen der ehemaligen Siedlung.

Die gallische Stadt Bibracte

Mit Hilfe einer beflissenen Führerin ersteht die gallische Stadt Bibracte vor unseren Augen. Der Berg zählt zu den am frühesten besiedelten Gebieten Europas. Spuren menschlicher Besiedlung gibt es bereits aus dem 5. Jahrhundert v. Chr. Doch das rege Leben begann erst Jahrhunderte später. Dort wo heute hauptsächlich Wälder sind, entstand zwischen ca. 200 v. Chr. und 50 n. Chr. eine Stadt für 5 000 bis 10 000 Menschen – die genaue Einwohnerzahl ist bis heute nicht bekannt. Man muss sich vorstellen, dass zur damaligen Zeit der Berg vollständig abgeholzt war; das Holz war für die Befestigungsanlagen, die Häuser und die Feuerstellen gebraucht worden. Wir erfahren, dass der damals strategisch günstig gelegene Berg dem größten und mächtigsten gallischen Stamm – den Häduern oder Äduern – als Hauptstadt ihres Reiches diente. Im Morvan kreuzten sich in keltischer Zeit die wichtigen Handelswege vom Mittelmeer und von den Alpen Richtung Ozean und Ärmelkanal, die die Häduer von hier aus kontrollierten.

Die Bergkuppe mit ihrem weiten Plateau war für eine Siedlung ideal: über den Tälern thronend, direkt an den wichtigsten Handelsstraßen gelegen. Die Häduer konnten weit in alle Richtungen sehen und waren doch durch die Höhe und zusätzlich durch ihre Wälle geschützt. Sie taten sich besonders durch Kriegshandwerk, Metallverarbeitung und Landwirtschaft hervor. Die Macht der Häduer, deren Gesellschaft stark hierarchisch strukturiert war, beruhte auf einer soliden wirtschaftlichen Basis und einer blühenden Landwirtschaft. Sie hatten Cäsar zufolge die größte Autorität unter den gallischen Stämmen.

Vom Museum, das etwas unterhalb der Ausgrabungsstätte gelegen ist, gelangen wir über eine steile, gewundene Straße, die durch einen dunklen Tannenwald führt, zur so genannten ›Porte du Rebout‹, einem der wuchtigen Eingangstore des rund 135 Hektar großen gallischen Oppidum. Es ist das einzige Tor, das bislang rekonstruiert wurde und zeichnet sich durch das typische gallische Mauerwerk aus, als ›Murus gallicus‹ in Fachkreisen bekannt: übereinander geschichtete Steinquader, dazwischen horizontal verschränkte Holzpfosten. Durch dieses Tor nun betritt man das ehemalige Oppidum. Die Ausgrabungen haben eine innere, über fünf

Ein Teil des rekonstruierten Stadttors
›Porte du Rebout‹ von Bibracte.

Kilometer lange und eine äußere, sieben Kilometer lange Wallanlage mit riesigen Toren zu Tage gefördert, deren Reste heute zu den monumentalsten Befestigungsmauern einer gallischen Stadt zählen.

Die ursprüngliche Stadtanlage Innerhalb des Walls gelangt man zunächst in das ehemals belebteste Viertel, wo heute Tannen und Fichten wachsen. Stattliche Buchen mit in Bodennähe merkwürdig knorrigen, wie Wurzeln geformten Stämmen – man sagt, sie dienten früher als Hecken, um das Weideland und die Ernte vor dem Wild zu schützen – säumen heute die einst 15 Meter breite Zugangsstraße. Hier siedelten sich hauptsächlich die Handwerker an und verarbeiteten die verschiedensten Metalle. Folgt man nun der Straße weiter, gelangt man zu einer großen Lichtung. Auf der einen Seite müssen sich die einfacheren Häuser befunden haben, meist aus Lehm und Holz, teilweise auch aus Stein, was den römischen Ein-

Kelten und Gallier

Die Kelten haben ihre Geschichte nicht aufgeschrieben, ihre ganze Kultur beruhte auf der mündlichen Überlieferung. Außer einigen wenigen Grab- und religiösen Inschriften sowie für den administrativen und häuslichen Gebrauch benutzten Tongraffiti, zunächst in griechischen, später in römischen Lettern, ist nichts Schriftliches erhalten. Alle vorhandenen Quellentexte sind von den Griechen oder den Römern verfasst und vermitteln somit nur eine Sicht von außen. Die ausführlichste und berühmteste Quelle ist Julius Cäsars Kommentar über den ›Gallischen Krieg‹, aus dem auch heute noch die Lateinschüler zu übersetzen haben. Als römischer Prokonsul verbrachte er acht Jahre, von 59 bis 51 v. Chr., in Gallien, das er in dieser Zeit vollständig erobern konnte.

Auch die Bezeichnungen ›Kelten‹ und ›Gallier‹ stammen von den Griechen und den Römern. Beide Namen wurden lange Zeit parallel verwendet. Heute spricht man von der keltischen Zivilisation und versteht darunter verschiedene Volksstämme in Mittel- und Nordeuropa, darunter die Gallier, die westlich des Rheins angesiedelt waren. Inzwischen hat sich vor allem in wissenschaftlichen Kreisen eingebürgert, die früheren Bewohner der britischen Inseln im engeren Sinne als ›Kelten‹ zu bezeichnen, und seit dem 19. Jahrhundert spricht man von ›Galliern‹ auf dem Gebiet des heutigen Frankreich.

Dank archäologischer Grabungen gibt es inzwischen zahlreiche Funde aus keltischer Zeit, die belegen, dass ein großer Teil der keltischen Bevölkerung eine kulturelle Einheit bildete, die in der Lebensweise, in ihrer Kleidung, ihren Waffen, ihren Alltagsgegenständen, ihren religiösen Gaben und ihrem Dekor zum Ausdruck kam.

Geschichtlich fassbar werden die Kelten im 7. Jahrhundert v. Chr. im heutigen Böhmen und Bayern. Man geht davon aus, dass sie sich bereits während der früheisenzeitlichen Hallstatt-Kultur zwischen 750 und 450 v. Chr. in Süddeutschland, Frankreich, Spanien und auf den britischen Inseln ausbreiteten. In Süddeutschland, der Schweiz und im burgundischen Raum entstanden zahlreiche Fürstensitze und Adelsburgen, die aus einer Art befestigten dörflichen Siedlung bestanden. Der burgundische

Sitz fand sich auf dem Mont Lassois, unweit von Châtillon-sur-Seine (siehe Fürstinnen-Grab von Vix, S. 28f.).

In keltischen Zentren am Mittelrhein, in Südwestdeutschland und in der französischen Champagne bildete sich die reiche Latène-Kultur aus. Im 5. Jahrhundert begannen die Kelten, die britischen Inseln zu kolonisieren, und im 4. Jahrhundert drangen sie mit ihren Eroberungszügen sogar in den Mittelmeerraum. In der Bearbeitung des Eisens waren sie den Mittelmeervölkern weit überlegen. Durch sie kamen der Mahlstein und die Töpferscheibe nach Mittel- und Nordeuropa.

Im ersten Jahrhundert v. Chr. gerieten die keltischen Gebiete dann in relativ kurzer Zeit in römische, zum Teil aber auch germanische Hand. Nur Irland konnte seine keltische Kultur bewahren und erlebte seine frühmittelalterliche Blütezeit.

Einer der mächtigsten gallischen Volksstämme war der der Häduer, die im 2. Jahrhundert v. Chr. in Erscheinung traten und Ende des 2. Jahrhunderts Bibracte zu ihrer Hauptstadt machten. Rom sicherte sich durch einen Freundschaftsvertrag mit den Häduern (vor 150 v. Chr.), die offenbar zu seinen treuesten Alliierten gehörten, den freien Handel auf der wichtigen Nord-Süd-Achse über das Rhône-Tal, entlang der Saône und Loire nach ganz Gallien und Britannien. Wie Cäsar berichtet, eilten seine Truppen den Häduern zu Hilfe, als sie von den Helvetiern bedroht wurden. Nach dem Sieg bei Bibracte wurden die Helvetier zum Rückzug gezwungen, und die Eroberung Galliens begann.

Die Häduer blieben auch weiterhin die besten Kampfgenossen der Römer, bis sie nach der Belagerung von Gergovia im Jahr 52 v. Chr. das Lager wechselten und sich unter die Führung des Arvernerfürsten Vercingetorix begaben. Für den Verrat wurde zwar der Stammesführer bestraft, aber die Häduerstadt Bibracte durfte ihre Privilegien behalten. Der alte Freundschaftsvertrag blieb in Kraft, was bedeutete, dass die neue Stadt Autun zwei Privilegien bei ihrer Gründung erhielt: Sie durfte den Namen des römischen Kaisers tragen (Augustodunum) und sie erhielt einen Befestigungswall. Das Reich der Häduer umfasste das heutige Südburgund und wurde von zwei Flüssen, der Saône im Osten und der Allier im Westen, begrenzt. Im Norden war die Grenze am Zusammenlauf der Yonne und der Armançon und im Süden deckte sich das Gebiet in etwa mit dem heutigen Departement Saône-et-Loire. Weitere wichtige Siedlungen der Häduer waren Matisco (das heutige Mâcon), Cabillonum (das heutige Chalon-sur-Saône), Decetia (das heutige Decize) und Noviodunum (wahrscheinlich das heutige Nevers). Heute umfasst die Diözese von Autun ungefähr zwei Drittel des ehemaligen Häduerreiches.

fluss belegt. Auf der anderen Seite gab es hier zahlreiche öffentliche Gebäude, wohl auch einen Marktplatz für den Warenverkehr. Unter verschiedenen Notdächern geschützt sieht man die ausgegrabenen Mauerfundamente.

Nun weist unsere Führerin auf ein ganz ungewöhnliches Monument hin, das durch seine edle Ausführung besticht: An keinem anderen Ort habe man etwas Ähnliches gefunden und in ihren Augen spiegelt sich die Begeisterung für diesen Fund. Wir sehen uns von nahem das 1987 entdeckte ovale Wasserbecken aus rosafarbenem Granit an, das schon durch seine Größe von 11 Metern Länge und 3,5 Metern Breite beeindruckt. Es erinnert uns an eine spitz zulaufende Nussschale. Nach pythagoreischen Maßverhältnissen erbaut, liegt das Becken genau auf der Achse der Hauptstraße. Seine Querachse wurde genau auf den Sonnenaufgangspunkt zur Wintersonnenwende und auf den Sonnenuntergangspunkt zur Sommersonnenwende ausgerichtet. Man nimmt an, dass dieses Becken für astronomische und kultische Zwecke gebaut wurde. Genaueres weiß man aber nicht. Es gibt jedoch Hinweise, dass die Astronomie auch in gallorömischer Zeit eine Rolle gespielt hat. Das Monument scheint das heilige Zentrum, der symbolische Mittelpunkt des Oppidum dargestellt zu haben, von wo aus die Stadt ihren Anfang nahm.

Wir folgen unserer Führerin weiter. Sie erzählt uns, dass Bibracte – der Ortsname steht für das keltische Wort ›doppelte

Beispiel für eine hoch entwickelte Kultur: Maßverhältnisse und Ausrichtung des 1987 entdeckten Granitbeckens lassen auf astronomische und kultische Zwecke schließen.

Befestigung‹ – nicht nur Hauptproduktionsstätte für zahlreiche Handwerkserzeugnisse, sondern auch bedeutender Umschlagplatz für Handelswaren unterschiedlicher Herkunft wie Pökelfleisch, Metalle und Stoffe und gleichzeitig Prägeort für Münzen war. Längst bevor die Römer Gallien eroberten, fanden sich hier römische Einflüsse: Amphoren, verzierte Vasen, Krüge und Münzen – aber auch die im römischen Stil erbauten Villen aus Stein mit Atrium, Bädern, reichen Verzierungen zeugen davon. Dass die Häduer einen regen Austausch mit der Mittelmeerregion unterhielten, belegen Nahrungsreste von Oliven, Gewürzen, Fischsauce und vom Wein, die wiederum die damaligen Ernährungsgewohnheiten spiegeln.

Der Niedergang Bibractes und der Beginn von Autun

Die Führung beinhaltet immer wieder geschichtliche Exkurse. So erfahren wir, dass Bibracte zweimal eine wichtige Rolle in der gallischen Geschichte spielte und dass Cäsar zweimal hier weilte. Unweit von Bibracte sollen die römischen Truppen im Jahr 58 v. Chr. über die Helvetier gesiegt haben, nachdem sie von den Häduern zu Hilfe gerufen worden waren. So zumindest begründet Cäsar den Einfall der römischen Truppen in Gallien. In Bibracte wählten die gallischen Stämme Vercingetorix, den Keltenfürsten vom Stamm der Arverner, zu ihrem Anführer, um mit vereinigten Kräften gegen die Römer vorzugehen. Das soll sich im Jahr 52 v. Chr. abgespielt haben. Die Häduer, zunächst mit den Römern verbündet, wechselten nach der erfolglosen Belagerung Gergovias durch Cäsar (in der Nähe des heutigen Clermont-Ferrand in der Auvergne) die Seite.

Anscheinend schätzte Cäsar die Stadt Bibracte und die Häduer sehr, denn nach der gewonnenen Schlacht in Alesia richtete er hier sein Winterquartier ein und schrieb im Jahre 52 seine berühmten, detailreichen Kommentare ›Über den Gallischen Krieg‹, durch die wir heute genauestens über die einzelnen römischen Eroberungszüge und Schlachten in Gallien unterrichtet sind.

Der römische Sieg bei Alesia bedeutete vor allem die zügige Romanisierung der eroberten Gebiete. So breiteten sich die römische Volkssprache, die religiösen und politischen Ideen Roms nach und nach von den Städten ausgehend über die Römerstraßen in ganz Gallien aus. Allein die gallische Bevölkerung auf dem Land hielt noch lange an ihrer keltischen Kultur fest. Ab dem 4. Jahrhundert war es dann das Christentum, das an Bedeutung gewann und seinen Weg durch Gallien nahm; auf ehemaligen keltischen Heiligtümern entstanden die ersten christlichen Kirchen. Man ist nicht erstaunt zu hören, dass die Bewohner des bewaldeten Morvan-Gebietes ihren keltischen Wurzeln jahrhundertelang treu blieben und sich den römischen, später den christlichen Einflüssen zu erwehren versuchten. Vielleicht gelten die Einwohner dieser Region auch deshalb in gewisser Weise als eigensinnig und rückständig. Die Ursprünglichkeit, die sich diese Gegend bis in unsere Tage erhalten konnte, wird heute auf der anderen Seite wieder zunehmend geschätzt.

Bibracte möchten wir aber nicht verlassen, ohne zu wissen, was nach der gallischen Niederlage mit dem Ort geschah. Es sieht so aus, als ob er erst einige Jahrzehnte nach Cäsars Sieg seine Bedeutung verlor. So viel ist sicher: Knapp ein Jahrhundert nach der Gründung der Stadt siedelte sich

Die Schlacht von Alesia

Das keltische Alesia war die Hauptstadt der Mandubier, eines mit den mächtigen Häduern in Verbindung stehenden gallischen Volksstammes. Ihr auf der Hochebene des Mont-Auxois gelegenes Oppidum war extrem stark befestigt. Die Kelten sahen in ihm eine heilige Stadt, gar den Ursprungsort des keltischen, sprich gallischen Reiches. Einer Legende zufolge soll der griechische Held Herakles diese Stadt gegründet haben. Eine weitere Legende erzählt, dass in dieser gallorömischen Stadt die junge Christin Regina oder Regine im 3. Jahrhundert den Märtyrertod erlitten hat. Im Namen des Ortes Alise-Sainte-Reine ist sie präsent und zu ihrem Gedenktag im September kommen auch heute noch viele Wallfahrer in den Ort. Alesias Ruhm beruht vor allem auf Cäsars Sieg. Hier erfolgte 52 v. Chr. die zermürbende Belagerung und Schlacht gegen die Gallier, die dem damaligen Prokonsul Julius Cäsar die Eingliederung Galliens als neue Provinz in das Römische Reich ermöglichte.

Zum Sieg verhalf den Römern ein insgesamt 36 Kilometer langer, vier Meter hoher befestigter Verteidigungs- und Belagerungswall um die Stadt, den sie innerhalb von nur zwei Monaten errichteten. Eine Meisterleistung römischer Ingenieurskunst! Die gesamte Anlage bestand aus zwei Ringen, der innere mit einem Umfang von 15 Kilometern sollte verhindern, dass die belagerten Gallier aus ihrem Oppidum entkamen, und der äußere von 21 Kilometern Umfang diente dem eigenen Schutz vor Befreiungsversuchen gallischer Truppen, die ihren eingeschlossenen Landsleuten zu Hilfe eilen wollten.

Sechs Wochen lang versuchten die Gallier unter Vercingetorix vergeblich, die römischen Linien zu durchbrechen. Die ausgehungerten Belagerten, man schätzt sie auf etwa 80 000, mussten sich ergeben. Um seine Soldaten zu retten, lieferte sich Vercingetorix Cäsar aus und fand

Denkmal des Vercingetorix, Alesia.

ein schmachvolles Ende. Cäsar, der sich sonst gegenüber Besiegten großzügig zeigte, kannte bei Vercingetorix kein Pardon. Er ließ den Keltenfürsten, der wohl der Inbegriff des gallischen Widerstands gewesen sein muss, nach Rom bringen und dort einige Jahre später in einem Triumphzug durch die Stadt führen, um ihn wenig später im Kerker erdrosseln zu lassen.

Heute erinnert eine sieben Meter hohe, unter Napoleon III. im Jahr 1865 errichtete Bronzestatue des besiegten Heerführers Vercingetorix an die schmachvolle Niederlage. Der damals Gedemütigte begrüßt den Besucher heute stolz.

Mit den beiden Befestigungswällen, die Cäsar in seinem ›Gallischen Krieg‹ ausführlich beschrieb, schufen die Römer die mächtigste Wehranlage ihrer Zeit. Umso erstaunlicher ist es, dass sich keinerlei Spuren erhalten haben. Deshalb wird seit dem 19. Jahrhundert von Gelehrten immer wieder angezweifelt, dass es sich hier tatsächlich um den Austragungsort der berühmten Schlacht handelt. Und auch bei den jüngsten Ausgrabungen von 1991 bis 1998 konnte nicht nachgewiesen werden, dass die freigelegten Funde mit dem von Cäsar beschriebenen Ort Alesia zusammenhängen. Ist Alise-Sainte-Reine womöglich doch nicht das berühmte Alesia? Die Ungewissheit wird jedoch der Legende weiterhin keinen Abbruch tun!

die Bevölkerung im Tal an, insbesondere im 25 Kilometer entfernten Augustodunum (wörtlich ›Geschenk des Augustus‹), dem heutigen Autun. Mittlerweile nimmt man an, dass Bibracte um die Zeitenwende, zwischen 10 v. Chr. und 20 n. Chr., aufgegeben wurde. Es gibt verschiedene Vermutungen, warum die Einwohner die Bergeshöhe gegen die Ebene eingetauscht haben. Die einen gehen davon aus, dass sie gezwungen wurden, Bibracte zu verlassen, andere meinen, dass sie von sich aus, vermutlich nach und nach, eine neue Stadt gründen wollten, um den neuen Gepflogenheiten und Repräsentationsbedürfnissen, die sich durch die Römer in ganz Gallien ausbreiteten, entsprechen zu können.

Wieder andere verfechten die These, dass Kaiser Augustus die Bewohner nach Autun holte.

Tempel, Kirche, Kloster, Markt   Nachdem die Stadt Bibracte aufgegeben worden war, verblasste ihr Glanz; sie lebte nur noch in Volkslegenden weiter. Wie Reste eines gallorömischen Tempels bestätigen, diente der Berg jedoch weiterhin als Kultort. Auf den Grundmauern dieses Tempels wurde in karolingischer Zeit, im 8. oder 9. Jahrhundert, eine dem Heiligen Martin geweihte Kirche erbaut, die im 13. Jahrhundert durch ein neues Kirchengebäude ersetzt wurde.

Eine Legende aus dem Leben des Heiligen Martin soll sich hier, im Reich der Häduer, abgespielt haben. Als Martin die heidnischen Heiligtümer niederreißen ließ, sei eine Gruppe Bauern herbeigeeilt, um ihn daran zu hindern; ein Bauer bedrohte ihn gar mit seinem Schwert. Martin zog seinen Mantel aus und hielt ihm seinen Kopf hin. In diesem Moment spürte der Angreifer eine starke, unsichtbare Kraft, die ihn zu Boden warf. Überwältigt, bat er Martin um Verzeihung. Für die These, dass sich diese Szene hier am Mont Beuvray abgespielt habe, sollen sowohl eine Quelle als auch die Kirche, die nach dem Heiligen Martin benannt sind, sprechen. Inzwischen sind wir mit unserer Führerin bei der Martinskapelle angelangt, wo ein Kreuz an ihn erinnert. Der Bau aus dem 19. Jahrhundert erhebt sich auf den Grundmauern früherer, dem Heiligen Martin geweihter Kirchengebäude.

Über die Zeit des Mittelalters sei nichts Näheres bekannt, hören wir. Es ist nur belegt, dass unweit der heutigen Martinskapelle seit Beginn des 13. Jahrhunderts jeweils am ersten Mittwoch im Mai ein für die Gegend wichtiger Markt abgehalten wurde, der erst ab dem 16. Jahrhundert an Attraktivität und Bedeutung verlor. Im Spätmittelalter stand etwas unterhalb der Bergkuppe ein Franziskanerkloster, das Anfang des 15. Jahrhunderts gegründet wurde und bis ins 18. Jahrhun-

Stattliche Buchen mit merkwürdig knorrigen Stämmen dienten früher angeblich als Hecken, um das Weideland und die Ernte vor dem Wild zu schützen.

dert existierte, obwohl es während der Religionskriege im 16. Jahrhundert zweimal zerstört wurde.

Die Ausgrabungen beginnen Wir gehen zurück zu den freigelegten Fundamenten im Zentrum der einstigen Siedlung. Die Geschichte der Ausgrabungen wurde noch nicht geschrieben. Es scheint, als sei der Berg in einen tiefen Schlaf versunken gewesen, aus dem er erst Ende des 19. Jahrhunderts geweckt wurde.

Lange Zeit glaubte man, das alte Oppidum Bibracte sei unter der neuen Stadt Autun verborgen. Ein klassisch gebildeter und versierter Weinhändler aus Autun namens Jacques-Gabriel Bulliot (1817–1902) begann sich jedoch Mitte des 19. Jahrhunderts für den Mont Beuvray zu interessieren, wo er die gallische Stadt Bibracte vermutete. Er begann zu forschen. Zunächst war das allgemeine Interesse für diese Sache nicht sehr groß. Doch als Kaiser Napoleon III. den Auftrag gab, alles über die Orte, die Julius Cäsar in seinem ›Gallischen Krieg‹ erwähnt hatte – Alesia, Gergovia … und eben Bibracte –, minutiös zu recherchieren und aufzuarbeiten, war die Stunde Bulliots gekommen. So begann er mit den Ausgrabungen, die er von 1866 bis 1897 leitete. Er legte die unter Buchen-, Eichen- und Tannengehölz versteckte Keltensiedlung frei und konnte somit seine These bestätigen. Von 1897 bis 1907 führte dann Bulliots Neffe, der Archäologe Joseph Déchelette (1862–1914), die Grabungen fort. Im Austausch mit anderen Archäologen und durch den Vergleich mit weiteren keltischen Ausgrabungen gelang es Déchelette, die Einheitlichkeit keltischer Siedlungen in ganz Europa zu beweisen und zudem Bibracte als Archetyp eines keltischen Oppidum zu präsentieren.

Danach wuchs fast 80 Jahre lang Gras über die versunkene Keltenstadt. Der Wald breitete sich wieder aus, bis schließlich nicht einmal mehr Mauerreste oder Steinfundamente zu sehen waren. Erst Mitte der 1980er-Jahre interessierte man sich wieder für diesen Ort, sodass 1984, auf Initiative des Kulturministeriums, begonnen wurde, erneut auszugraben. Ziel dieser archäologischen Grabungen ist es nicht, Bibracte wiederzufinden – bereits Bulliot konnte jeden Zweifel ausräumen, dass es sich um diese Stadt handelt –, sondern etwas über sie und ihre Einwohner zu erfahren. Stein für Stein gibt nun Bibracte zwar seine verschütteten Fundamente preis, sein Geheimnis aber scheint es zu bewahren.

Abschied von Bibracte   Wir verabschieden uns dankend von unserer Führerin und streifen noch ein wenig umher, vorbei am Brunnen ›Fontaine Saint-Pierre‹. Er soll über Jahrhunderte gepflegt und benutzt worden sein, gallische und römische Münzen zeugen davon. Wasserquellen schrieb man zu jener

Römischer Einfluss ist sichtbar:
Keltische Weinamphoren aus Bibracte.

Zeit reinigende und heilende Wirkung zu. Besondere Verehrung erfuhren sie durch die Kelten, die sie als Gottheiten anbeteten. Noch im 19. Jahrhundert kamen die Ammen aus dem Morvan, um ihre Brüste in der Fontaine Saint-Pierre zu waschen. Der Volksmund sagte, dass dies die Milchbildung fördere.

Auf dem Rückweg zum Museum machen wir noch einen Abstecher zur ›Pierre de la Wivre‹. Wir entdecken den markanten Felsen aus Vulkangestein in einer Lichtung an der äußersten Südostflanke des Bergplateaus, nicht weit vom inneren Befestigungswall. ›La Wivre‹, auch ›La Vouivre‹ genannt, hat seine Spuren im Volksmund hinterlassen. Sie ist eine mythische Gestalt aus den traditionellen Volksmärchen Burgunds. Halb Frau, halb Schlange, trägt sie einen wunderschönen Granat auf ihrer Stirn. In einer tiefen Höhle versteckt sie ihre Schätze, Gold und Edelsteine. Ist hier ein noch nicht gehobener Schatz verborgen?

Der Schatz von Vix

Wenige Kilometer nördlich von Châtillon-sur-Seine entlang der Seine flussabwärts erkennt man den Mont Lassois (auch Mont Saint-Marcel genannt), der zwar mit seinen 300 Metern nicht sehr hoch ist, die weite, ihn umgebende Ebene aber auffallend überragt. Die verkehrsgeografisch günstige Lage diente den Kelten der Hallstattzeit als westlichster Siedlungspunkt – ein wichtiges Handelszentrum mit Verbindungen bis nach Griechenland und gleichzeitig Kontrollpunkt für das bretonische Zinn, das von hier aus seinen Weg zum Mittelmeer nahm.

Im Jahr 1953 wurde ein sensationeller archäologischer Fund gemacht: Am Fuße des ehemaligen keltischen Oppidum am Mont Lassois bei Vix stießen Archäologen auf ein prächtiges keltisches Prinzessinnengrab. Es wird auf die Zeit um 500 v. Chr. (erste Eisenzeit) geschätzt. Ausgrabungen förderten neben dem Skelett einer etwa 30-jährigen Frau einen Prunkwagen, Bronzegeschirr, einen edel geformten, 480 g schweren goldenen Halsring sowie einen riesigen bronzenen griechischen Volutenkrater (Mischkrug) ans Licht. Dieser Krater hat ungewöhnliche Maße: Er ist 1,64 m hoch, 1,27 m breit, wiegt 208 kg und kann 1 100 Liter Flüssigkeit aufnehmen. Er ist das größte Metallgefäß der Antike, das bislang gefunden wurde, und zählt mit seinen reichen Verzierungen – Hochrelief-Fries mit Kriegern und von Pferden gezogenen Streitwagen, dazu Gorgonenköpfe auf den Henkeln – zu den wertvollsten antiken Bronzearbeiten aus dieser Zeit. Vermutlich wurde das Gefäß für rituelle Zwecke verwendet. Wie die-

Einzigartig in Größe und Verarbeitung: Der Volutenkrater von Vix mit Darstellungen von Kriegern und ihren Streitwagen (Ausschnitt).

ser Krug hierher gelangte, ob er als Geschenk diente und welche Bedeutung er hatte, ist nicht bekannt. Dass er einer Fürstin (oder war es ein zartgliedriger junger Fürst?) mit ins Grab gegeben wurde, zeugt von dem hohen Rang und der besonderen Wertschätzung ihrer Person. Die wertvollen Beigaben aus dem Prinzessinnengrab, aber auch die Reste von Amphoren, Keramikschalen und die verschiedenen Trinkgefäße griechischen Ursprungs sprechen für eine lebendige, offene Kultur und einen regen Austausch zwischen den gallischen Kelten und der griechischen Zivilisation. Damals, in der Zeit um 600 v. Chr., siedelten sich nämlich die Griechen in Südgallien entlang der Mittelmeerküste an und gründeten dort Häfen und Handelsniederlassungen. Über den wichtigen Handelsweg durch das Rhône-Saône-Becken bezogen die Griechen Edelmetalle aus der Bretagne und von den britischen Inseln. (Wer hätte gedacht, dass sich im Namen der Rhône die Erinnerung an die Bewohner der griechischen Insel Rhodos verbirgt!?)
Heute ist das rekonstruierte Grab mit seinen wertvollen Beigaben neben weiteren archäologischen Funden der Region im Musée du Châtillonnais in Châtillon-sur-Seine ausgestellt.

Während wir die umliegenden bewaldeten Hügel im Abendlicht betrachten, denken wir an die sagenumwobene Zeit der Kelten. Ihre Spuren haben sich in die Landschaft eingegraben. Zahlreiche Tumulusgräber, Felsgrotten, Megalithsteine und Menhire finden sich auch in Burgund; in Sagen, Mythen und Erzählungen haben sich Reste ihrer Kultur bewahrt. Uns kommt in den Sinn, dass viele der romanischen Kirchen auf einem ehemaligen keltischen Heiligtum stehen. Auf dem Mont Beuvray müsste es die dem Heiligen Martin geweihte Kirche sein.

Überliefert ist auch, dass der Mont Beuvray ein beliebter Versammlungsort und Beobachtungsposten war und wohl über ein keltisches Sonnenheiligtum verfügte. Bis heute hat sich die Sage von ihm als heiligem Berg mit Sitz des Sonnengottes Lug erhalten, dessen Kultstätte später von einem Merkurheiligtum abgelöst worden sein soll. Die Hinweise aus dieser Zeit sind dürftig, aber auch noch der heutige Besucher spürt, dass dieser Berg – die Kelten nannten ihn auch ›Dach der Welt‹ – mit seinem märchenhaft wirkenden Wald, seinen Quellen und seiner besonderen Geschichte ein sagenumwobener, mystischer Kraftort ist.

Wir reißen uns von der schönen Aussicht los, gehen zum Auto zurück und fahren die kurvenreiche, zum Teil steile Straße wieder hinab Richtung Autun. Wir lassen Bibracte und sein Schicksal hinter uns. Im Nachhinein fällt uns auf, dass man als Besucher den Eindruck bekommt, Bibracte, wie es heute gepflegt und präsentiert wird, sei das Nationalheiligtum der Franzosen. Die Tatsache, dass sich in Bibracte erstmals die verschiedenen gallischen Stämme unter Vercingetorix vereinigten, bedeutet für Frankreich heute so etwas wie den Ursprung der Nation. Hat hier also der Nationalstolz der Franzosen seine Wurzeln?

Schauplatz 2: Saint-Maurice d'Agaune Wir begeben uns nun auf die Spuren der Burgunder. Ein Teil ihres Reiches, das zeitweise weit in den Süden bis nach Arles, im Osten weit in die heutige Schweiz, im Norden bis nach Langres und Troyes und im Westen bis nach Bourges reichte, war identisch mit dem heutigen Burgund. Beschäftigt man sich mit der Geschichte dieses germanischen Volksstammes, stößt man unweigerlich auf das Kloster Saint-Maurice d'Agaune im schweizerischen Wallis, die einst wichtige Abtei der Burgunderkönige, deren Gotteshaus sogar einmal als Krönungskirche der rudolfinischen Herrscher im Königreich Hochburgund diente. Unter dem Burgunderkönig entwickelte sich dieser Ort zu einer bedeutenden Wallfahrtsstätte. Verehrt werden bis heute zwei Heilige, der Ritter Mauritius und König Sigismund, der erste als heilig verehrte germanische König.

Die Burgunder und ihr Reich

Das Volk der Burgunder (auch Burgunden genannt) wird den Ostgermanen zugerechnet. Über die Anfangszeit ist nur wenig bekannt. Angeblich wanderten sie um 100 v. Chr. von der Insel Bornholm (Borgundarholm) im heutigen Dänemark Richtung Süden. Nach Plinius d. Ä. sollen sie im 1. Jahrhundert n. Chr. zwischen Weichsel und Oder, im heutigen Polen, ansässig gewesen sein und ihre Siedlungsgebiete im Zuge der Südbewegung verschiedener germanischer Stämme verlassen haben.

Als im 4. Jahrhundert die Feindseligkeiten zwischen Römern und Alemannen zunahmen, traten die Burgunder als Verbündete der Römer gegen die Alemannen auf. Nach Abzug der römischen Truppen vom Rhein war der Weg über den Fluss für die Burgunder frei. Sie ließen sich – zunächst von den Römern geduldet – unter ihrem König Gundahar zwischen Worms und Mainz beziehungsweise Jülich nieder und gründeten hier das so genannte ›Erste Burgunderreich‹. Als sie versuchten, ihr Reich nach Westen auszudehnen, gerieten sie in Konflikt mit den Römern, die das burgundische Heer 437 unter Aetius mit Hilfe der Hunnen angeblich bis auf den letzten Mann vernichteten. Diese Vorgänge bilden den historischen Kern der aus dem 5. und 6. Jahrhundert stammenden Nibelungensage; so fand auch König Gundahar als Gunther Eingang in die Sage. Das tragische Schicksal des untergegangenen Burgunderreiches trug zu einer reichen Legendenbildung im germanischen Sprachraum bei.

Nach ihrer Niederlage wurden die Burgunder um 443 von den Römern in die Gegend um Sapaudia (das heutige Savoyen) südlich des Genfer Sees zwangsumgesiedelt und sie besetzten daraufhin das Rhônetal. Bereits 461 hatten die Burgunder ihren Königssitz in Lyon. Dies ist die Geburtsstunde des so genannten ›Zweiten Burgunderreiches‹. Mit einer unglaublichen Schnelligkeit breiteten sich die Burgunder in dieser Gegend aus. Unter König Gundobad (480–516) gelang ihnen die größte Ausdehnung des Herrschaftsgebietes bis Arles im Süden, bis Bourges im Westen, bis Langres und Troyes im Norden und bis Vindonissa (Windisch bei Brugg im schweizerischen Aargau) mit Lyon als Hauptstadt. Mit der ›Lex Gundobada‹ schuf der König Gundobad den Burgundern eine erste Volksgesetzgebung. Zu den wichtigsten Aufgaben des Königs gehörte, das friedliche Zusammenleben der Burgunder mit den gallorömischen Einwohnern zu gewährleisten.

Unter den nachfolgenden Königen Sigismund (516–524) und Gundomar (524–534) wurde das Burgunderreich zunehmend in den Interessenskonflikt zwischen Franken und Ostgoten verwickelt. Nach nicht einmal hundert Jahren verloren die Burgunder ihre politische Selbstständigkeit, und zwar nach der Niederlage 532 bei Autun gegen die aufstrebenden Franken, die deren Reich unter sich aufteilten. Die Umstände für den Niedergang sind aufgrund fehlender Quellen geheimnisumwoben. Fest steht jedoch, dass sich lange Zeit eine burgundische Identität und ein Gefühl der Zusammengehörigkeit erhalten konnte. Vielleicht ist dies auch mit ein Grund, dass sich der Name Burgund erhalten hat, auch wenn er im Laufe der Geschichte mannigfache Umdeutungen erfahren musste. Dabei ist interessant, dass das Wort ›Burgundia‹ erstmals 507 in einem Brief des Ostgotenkönigs Theoderich an den König Gundobad auftauchte, das heißt erst einige Jahrzehnte nach der Reichsgründung.

Wie stark die burgundische Iden-

Kommt man heute nach Saint-Maurice d'Agaune, das früher ›Agaunum‹ (das dem Wort ›Acaunus‹ = Felsen entlehnt ist) genannt wurde, sieht man zunächst eine kleine, verschlafene Ortschaft im engen Felsental der oberen Rhône. Etwas versteckt liegt das Kloster Saint-Maurice, das sich direkt an eine mächtige, Schutz gebende und gleichzeitig bedrohlich wirkende Felswand anschmiegt. Da die Kirche durch Felsstürze immer wieder zerstört wurde, entschloss man sich im 17. Jahrhundert, das Gotteshaus um 90 Grad zu drehen, um es von der Felswand etwas zu entfernen.

Von außen wirkt die Abtei mit ihrer historistisch angehauchten Kirche und ihrem stattlichen romanischen Turm heute eher schlicht und unauffällig. Man vermutet kaum, dass dieser Ort im Zusammenhang mit dem ehemaligen Kö-

tität während des Frankenreiches der Merowinger weiterlebte, zeigte sich 561, als König Chlothar starb und sein Sohn Guntram das ehemalige Burgunderkönigreich erbte, das nun bis zum Mittelmeer mit den Städten Arles und Marseille reichte. Hiermit ließen die Merowinger zwar nicht das reale, aber das immer wieder erträumte Burgunderreich erstehen. Guntram wählte in späteren Jahren Chalon-sur-Saône als seine Hauptstadt, wo er ein dem Heiligen Marcel geweihtes Kloster gründete und dessen Mönche beauftragte, immer währende Lobgesänge nach dem Vorbild von Saint-Maurice d'Agaune durchzuführen.

In der Folgezeit fanden sich immer wieder Teilreiche des ehemaligen Burgunderreiches unter einer Herrschaft zusammen. Bis ins 8. Jahrhundert blieb es ein geschichtlicher Nebenschauplatz, der sich fast nahtlos in das Reich Karls des Großen einfügte. Nach der karolingischen Teilung des Fränkischen Reichs 843 im Vertrag von Verdun gingen aus dem ehemaligen Burgunderreich zwei Gebiete hervor: die östlich der Saône liegende Freigrafschaft Burgund (heute Franche-Comté, Jura und Westschweiz) und das westlich liegende Herzogtum Burgund, das in etwa der heutigen Region Burgund entspricht.

nigreich der Burgunder, mehr noch, in Bezug auf die europäische Geschichte und die Machtpolitik der verschiedenen Herrscherdynastien eine wichtige Rolle spielte.

Der Standort des Klosters wurde strategisch günstig gewählt: Der Weg über den Großen Sankt-Bernhard-Pass, diese wichtige Verbindung von Genfer See und Rhônetal zum Aostatal und nach Italien, führte durch die Talenge des Ortes Agaunum, der in römischer Zeit Zollstation und Militärposten zugleich war. Von ihm ist nichts mehr erhalten. Heute fahren dafür die Züge mit einem Ohren betäubenden Lärm vorbei, wenn sie aus dem Tunnel heraus- beziehungsweise in den Tunnel hineinfahren und dabei jedes Mal die Klostermauern erzittern lassen.

Abtei und Wallfahrtsort   Uns interessiert hier vor allem die Beziehung zu den Burgundern, von der wir schon mehrfach gehört haben. So ist überliefert, dass der zukünftige Burgunderkönig Sigismund 515 die Abtei Saint-Maurice gründete und mit reichen Besitztümern ausstattete. Nachdem er 516 seinem Vater Gundobald, unter dessen Herrschaft das Burgunderreich seine größte Ausdehnung erfuhr, auf dem Thron gefolgt war, ließ er sich katholisch taufen. Er, der vormals selbst dem arianischen Bekenntnis anhing – das eine von der katholischen Lehre abweichende Auffassung von der göttlichen Natur Christi vertrat –, verwandelte sich nun zum Gegner des bei den Burgundern weit verbreiteten Arianismus und begann mit der Bekehrung seiner Untertanen. Dazu diente ihm auch die Abtei Saint-Maurice d'Agaune, deren Basilika er zur Pilgerkirche ausbauen ließ; vermutlich stammt auch das Baptisterium aus dieser Zeit. Der Legende nach soll Sigismund das Kloster auf göttliche Eingebung hin gestiftet haben.

Eine Besonderheit machte dieses Kloster von Anfang an über seine Grenzen hinaus berühmt: die immer währenden Lobgesänge (›laus perennis‹) zu Ehren Gottes sowie des Heiligen Mauritius und seiner Weggefährten. Diese Verehrungsform war bislang nur im Orient und im byzantinischen Raum bekannt. Welche Bedeutung Sigismund diesem Ort beimaß, zeigt die Tatsache, dass er sieben Äbte und zahlreiche Mönche aus den bedeutendsten Klöstern seines Reiches dorthin holte, was gewisse Kleriker zur Klage veranlasste, dass deshalb ganze Klöster verwaisten. Es wird berichtet, dass sich für diese Lobgesänge rund 500 Mönche in neun Gruppen Tag und Nacht abwechselten. Wie lange diese Form der Lobpreisung beibehalten wurde, ist nicht genau bekannt, man nimmt aber an, dass sie rund zwei Jahrhunderte zelebriert wurde. Diese Einrichtung der ›laus perennis‹ wurde bald Vorbild für andere Klöster in Gallien, wie zum Beispiel Saint-Bénigne zu Dijon, Saint-Marcel zu Chalon und später Saint-Denis bei

Etwas versteckt liegt die Abtei Saint-Maurice d'Agaune (Turm der Klosterkirche im Hintergrund).

Paris. Heute pflegen die Augustinerchorherren von Saint-Maurice die Tradition des Chorgebets und der Sigismund-Verehrung weiter.

Die neue Abtei galt bald schon als einer der bedeutendsten Wallfahrtsorte nicht nur des Burgunderreiches; Pilger strömten aus ganz Europa nach Agaunum zum Grab des Heiligen Mauritius. Unweit des heutigen Klosters erlitt dieser um das Jahr 300 mit seinen angeblich 6600 christlichen Soldaten der Thebäischen Legion unter dem römischen Kaiser Maximian den Märtyrertod. Zwei Gründe für deren Tod werden angeführt: Sie weigerten sich, den heidnischen Göttern zu huldigen und das Schwert gegen die christlichen Glaubensbrüder zu erheben. Fast hundert Jahre vergingen bis zur Auffindung der Gebeine der Märtyrer durch Bischof Theodor, der um 380 eine Kirche zu ihren Ehren errichten ließ. Bereits damals kamen Pilger zu dem Märtyrergrab. Doch erst durch König Sigismund erhielt die Mauritius-Verehrung einen deutlichen Aufschwung. Der heilige Krieger hatte von nun an eine Vorbildfunktion für die Burgunder.

Der Burgunder-
könig Sigismund

Der Stifter Sigismund blieb lebenslang, ja über seinen Tod hinaus eng mit Saint-Maurice d'Agaune verbunden. Der angeblich schwache, politisch ungeschickte Sigismund war in erster Ehe mit einer Tochter des Ostgotenkönigs Theoderich verheiratet gewesen und hatte nach deren Tod eine Frau aus dem Volk geheiratet. Diese hetzte nun gegen ihren Stiefsohn Sigrich, den Enkel Theoderichs, und verleumdete ihn bei seinem Vater, der ihn als Aufrührer verdächtigte und 522 im Schlaf erdrosseln ließ. Nachdem er den Irrtum erkannt hatte, legte sich Sigismund, voller Reue über seine unüberlegte Tat, strengste Buße im Kloster von Agaunum auf. Die Söhne und Nachfolger Theoderichs nutzten jedoch die aufkommende Unruhe im Land, fielen in Burgund ein und besiegten Sigismund. Er konnte zwar nach Agaunum fliehen, wurde jedoch kurze Zeit später von den Franken aufgespürt und nach Orléans verschleppt. Sie töteten ihn und seine beiden Söhne und warfen ihre Leichen in einen Brunnen. Die Legende erzählt nun, dass sie dort mehrere Jahre lagen, bis der Abt vom Kloster in Agaunum Kunde erhielt, es würden um den Brunnen herum geheimnisvolle Lichter brennen. Ein Engel soll ihm zu verstehen gegeben haben, dass die Seelen der Getöteten im Himmel weilten. Daraufhin ließ der Abt die Gebeine Sigismunds und seiner Söhne mit Erlaubnis des Frankenkönigs nach Agaunum überführen.

Die Gebeine wurden in der Johannes-Kapelle von Saint-Maurice, der heutigen Pfarrkirche, in einem goldenen Schrein beigesetzt. Den klugen Mönchen gelang es, ihren Klostergründer zum Märtyrer und Heiligen zu erheben, sodass Sigismund schon bald neben dem Heiligen Mauritius hohe Verehrung genoss. Dem sich weithin ausbreitenden Sigismund- und Mauritius-Kult kam in den folgenden Jahrhunderten politische Bedeutung zu. So legitimierten sich die rudolfinischen Könige des 9. und 10. Jahrhunderts als Nachfol-

Der Heilige Mauritius als Ritter zu Pferd. Reliquienschrein des Heiligen Sigismund, um 1150, Holz, Silber, teils vergoldet. Saint-Maurice, Klosterschatz.

ger des Heiligen Sigismund, indem sie sich wie dieser unter den Schutz des Heiligen Mauritius stellten und Agaunum zum Mittelpunkt ihres Königreichs Hochburgund machten. Rudolf, Graf von Auxerre, ließ sich 888 sogar auf dem Grab des Heiligen Mauritius zum König krönen.

Sigismund-Verehrung im Mittelalter Trotz des verbreiteten Sigismund-Kultes konnte der einstige Burgunderkönig nicht zum National-heiligen aufsteigen und musste in der fränkischen Ära Burgunds hinter den Heiligen Martin von Tours, Remigius und Dionysius zurückstehen. Im Mittelalter stand dann die Sigismund-Verehrung im Schatten des Mauritiuskultes, der seine politische Renaissance unter den Ottonen erfuhr. So machte Kaiser Karl IV. den Sigismund-Kult auch im Deutschen Reich populär. Er sicherte sich die Reliquien der Heiligen Sigismund und Mauritius und brachte sie 1365 auf seiner Rückreise von

Arles nach Prag, wo sie im Veitsdom neue Grabstätten fanden. Schon bald wurde auch dort König Sigismund so verehrt wie in seiner ehemaligen burgundischen Heimat. Mehr noch, er stieg sogar zu einem der böhmischen Nationalheiligen auf und wurde zum Namenspatron eines Sohns von Karl IV., des späteren Kaisers Sigismund. Selbst die Habsburger als zeitweilige Herrscher über die burgundischen Erblande haben Sigismund im 16. Jahrhundert in den Kanon ihrer heiligen und seligen Vorfahren eingereiht.

Der Klosterschatz   Bevor wir die Abtei Saint-Maurice d'Agaune verlassen, werfen wir noch einen Blick auf den kostbaren Klosterschatz. Er spiegelt mit seinen zahlreichen kostbaren Statuen, edel ausgeführten Gold- und Silberschreinen, den liturgischen Objekten und reich verzierten Reliquiaren das Ansehen und den Reichtum des Klosters und der Wallfahrtsstätte wider. Wir schauen uns den so genannten Schrein der Kinder des Heiligen Sigismund an – das kunstvoll beschlagene, teils vergoldete, teils versil-

Vasallen huldigen dem Heiligen Sigismund. Reliquienschrein des Heiligen Sigismund. Saint-Maurice, Klosterschatz.

Ausgrabungsstätte Bibracte

Freie Besichtigung während des ganzen Jahres. Die Ausgrabungsstätte ist von Juni bis Oktober geöffnet. *Führungen:* Im Sommer um 11, 14, 15 und 16 Uhr oder nach Voranmeldung (siehe Museum).

Musée de la Civilisation Celtique

71990 Saint-Léger-sous-Beuvray, Tel. 03 85 86 52 35 oder 03 85 86 52 39, Fax 03 85 82 58 00, info@bibracte.fr oder bibracte@wanadoo.fr, www.bibracte.fr
Ab 15. März bis 11. November täglich von 10 bis 18 Uhr, im Juli und August bis 19 Uhr geöffnet. Täglich geführte Besichtigungen des Museums und der Ausgrabungsstätte (Dauer ca. 1,5 Stunden).

Musée du Châtillonnais

Maison Philandrier, 21400 Châtillon-sur-Seine, Tel. 03 80 81 41 59. Geöffnet von Mitte Juni bis Mitte September, 9 bis 12 und 14 bis 18 Uhr, außerhalb der Saison dienstags geschlossen.

Ausgrabungsstätte Alesia

Auf dem Mont Auxois bei Alise-Saint-Reine (siehe Museum).

Musée d'Alésia

Rue de l'Hôpital, 21250 Alise-Sainte-Reine, Tel./Fax 03 80 96 81 03.
Geöffnet von Ende März bis Anfang November, 10 bis 18 Uhr, im Juli und August von 9 bis 19 Uhr.

In der Schweiz:
Abbaye de Saint-Maurice

Monastère, Avenue d'Agaune 15, Case postale 34, CH–1890 Saint-Maurice.

berte Werk stammt aus der Mitte des 12. Jahrhunderts. An den beiden Längsseiten sitzen Christus und die zwölf Apostel unter Arkaden. Auf der einen Stirnseite ist der Heilige Mauritius als mittelalterlicher Ritter zu Pferd mit Schild und Lanze dargestellt (Abb. S. 37), auf der anderen Seite thront König Sigismund mit dem Lilienszepter in der Linken (Abb. S. 38). Mit seiner Rechten deutet er auf vier vor ihm stehende Adlige, von denen der vorderste ein Schwert emporhält. In ihnen erkennt man Vasallen, die dem König huldigen. Der heilig gesprochene Sigismund befindet sich gleichrangig neben dem Märtyrerkrieger Mauritius und ist direkt von den Aposteln umgeben. Kein anderer Burgunderkönig kann sich rühmen, jahrhundertelang in solch einer würdevollen Umgebung verehrt worden zu sein.

IN STEIN GEHAUENES CHRISTENTUM – BLÜTEZEIT DER ROMANIK

Nach der ersten Jahrtausendwende erlebte Burgund einen unglaublichen Aufschwung. Unzählige romanische Kirchen und Klöster entstanden und breiteten sich wie Leuchtpunkte über das Land aus. Ihre Ausstrahlungskraft erfasste ganz Europa. Cluny und Cîteaux wurden gegründet und mit ihnen zwei gegensätzliche Welten, die das christliche Abendland nachhaltig beeinflussten und befruchteten.

Leider ist kaum noch etwas von ihrem einstigen Glanz zu erkennen. Viele andere bedeutende Kirchen haben sich aber in ganz Burgund erhalten, die eindrücklich die Vielfalt der mittelalterlichen Baukunst vermitteln: die ehemalige Klosterkirche Saint-Germain in Auxerre, die eindrückliche Krypta der ehemaligen Abteikirche Saint-Bénigne in Dijon, die frühromanische Abteikirche Saint-Philibert von Tournus, die Kirche von Paray-le-Monial, die Basilika Sainte-Madeleine von Vézelay, die Kathedrale Saint-Lazare von Autun und nicht zu vergessen die ehemalige Zisterzienserabtei Fontenay, ein architektonisches Juwel im Übergang von der Romanik zur Gotik. Diese Bauwerke lassen erahnen, welches kulturelle Leben, welcher Reichtum und Austausch hier geherrscht haben muss.

Politische Neuordnung und Klosterreformen Mit dem Ende des weströmischen Reichs brach die Zeit der Völkerwanderung über Europa herein. Damit fand der Anschluss an die Welt der Antike ihr endgültiges Ende. Einfallende Normannen, Sarazenen und Ungarn zogen brandschatzend durch die Lande und hinterließen auf ihrem Weg zerstörte Städte, Dörfer, Kirchen und Klöster. Angst und Schrecken, Chaos und Unsicherheit machten sich breit. Man sah das Ende der Welt gekommen.

Um das Jahr 1000 fand eine Wende statt. Mitte des 10. Jahrhunderts hatte sich das Herzogtum Burgund gebildet, das mit seinen damaligen Grenzen in etwa mit der heutigen Region übereinstimmt. Die politischen Umstände ermöglichten nunmehr besonders hier ein wirtschaftliches, kulturelles und geistiges Aufblühen. Dabei kam den Klöstern eine eminent wichtige Rolle zu. Nach all den Jahren der Kriegswirren waren die Mönchsgemeinschaften jedoch zum großen Teil der Dekadenz verfallen. Es fehlte die straffe Organisation und die mönchische Zucht, die vor allem in den vornehmen Klöstern mit Mönchen von überwiegend adliger Herkunft nachgelassen hatten.

So war überall der Ruf nach Neuordnung und nach Reformen zu hören. Dies schrieb sich die neu gegründete Abtei von Cluny auf die Fahne. Sie setzte sich energisch und systematisch für die Wiederbelebung der Benediktinerregel ein und übernahm dabei schon nach kurzer Zeit eine Führungsrolle.

**Cluny –
mächtigstes Kloster
des Abendlandes**
Cluny befindet sich in einer lieblichen, fruchtbaren und zum Teil bewaldeten Talmulde der Grosne in der Grafschaft Mâcon im südlichen Burgund. Im herbstlichen Licht erstrahlt der massive achteckige Glockenturm der ehemaligen Klosterkirche. Von Clunys monumentaler Abtei kann man sich heute nur noch dank einzelner Rekonstruktionszeichnungen und den Ausgrabungen des 20. Jahrhunderts ein gewisses Bild machen. Schmerzlich ist der Gedanke daran, was hier alles zerstört wurde. Im Geiste stellen wir uns die monumentale Klosteranlage mit den sieben Glockentürmen des Gotteshauses vor.

Gegründet wurde die Abtei am 11. September 910 von Herzog Wilhelm von Aquitanien, der das Kloster mit rei-

*Die Abtei von Cluny vor ihrer Zerstörung
auf einem Stich aus dem 18. Jahrhundert.*

chen Schenkungen und zahlreichen Privilegien ausstattete. So unterstellte er es direkt dem Schutz – nicht der Herrschaft! – des Papstes, das heißt, der Abt musste sich weder
dem Bischof noch dem König unterwerfen. Eine Sonderstel-
lung also, die das Kloster voll zu nutzen wusste und die zu
der enormen Machtausdehnung von Cluny im frühen Hoch-
mittelalter führte. Die Güter des Klosters, Felder, Weinberge, Wald und Mühlen, brachten beträchtliche Einnahmen.
Während der beiden ersten Jahrhunderte seines Bestehens
hatte Cluny zudem das Glück, dass besonders fähige Äbte
mit ungewöhnlich langen Amtsperioden die Geschicke des
Ordens über Jahrzehnte mit Umsicht, Weisheit und Güte
führten und somit zu dessen hohem Ansehen beitrugen. Die
wichtigsten sind: Berno (910–927), Odo (927–942), Majolus
(963–994), Odilo (994–1049), Hugo von Semur (1049–1109)
und Petrus Venerabilis (1124–1156). Ihnen gelang es, Ver-
trauensbeziehungen zu Adligen und Herrschern zu entwi-

ckeln. Diese schätzten die Neutralität des Klosters und beschenkten es im Gegenzug großzügig.

Ein großes Verdienst erwarben sich die Äbte, indem sie ihre moralische und geistliche Autorität einsetzten, um Kriege zu verhindern. Sie traten als Schiedsrichter bei Streitigkeiten der weltlichen Machthaber auf, zum Beispiel in den Konflikten, die das Heilige Römische Reich Deutscher Nation, das Königreich Frankreich, das Papsttum und die Lehensherren miteinander austrugen. So setzten sie sich ab 990 auch für die so genannte ›Pax Dei‹ (Gottesfrieden) ein mit einem Fehdeverbot für bestimmte Gebiete; es sollten zum Beispiel Mühlen, bebaute Felder und Klöster vor räuberischen Übergriffen geschützt werden. Diese Idee, die für die damalige Feudalgesellschaft von großer Bedeutung war, wurde sogar erweitert: 1040 wurde die ›Treuga Dei‹ (Waffenstillstand Gottes) eingeführt, die Abt Majolus mit Nachdruck unterstützte. Durch diesen von der Kirche ausgehenden erweiterten ›Gottesfrieden‹ sollte das gesetzlich bestehende Fehderecht eingeschränkt werden, das sowohl Fürsten und Ritter als auch Städte gern und oft anwandten. An bestimmten Tagen wie denen der christlichen Feste sowie von Sonnenuntergang am Donnerstag bis Sonnenaufgang am Montag sollten die Waffen ruhen; anderenfalls drohten schwere Kirchenstrafen bis hin zur Exkommunikation.

Macht und Einfluss der Mönche   Über welche Macht und Bedeutung Cluny Ende des 12. Jahrhunderts verfügte, zeigt die große Zahl der von hier aus gegründeten oder nach Clunys Vorbild reformierten Klöster: 1 200 in ganz Europa, von Polen bis Portugal, in denen tausende von Ordensleuten lebten, die sich zur strikten Einhaltung der Benediktinerregel verpflichtet hatten. Cluny stellte ein unabhängiges, zentral gelenktes und hierarchisch strukturiertes Gemeinwesen dar, das im Gegensatz zur im Niedergang befindlichen Form des weltlichen Le-

Die Regel des Heiligen Benedikt

Der Heilige Benedikt von Nursia (geboren um 480, gestorben um 547) war Abt des von ihm gegründeten Stammklosters der Benediktiner auf dem Montecassino bei Neapel. Er verfasste um 529 die Benediktinerregeln, die ihn zum Begründer des abendländischen Mönchtums und des sich über das ganze Abendland ausbreitenden Benediktinerordens machten. Diese Regeln legen in 73 Kapiteln das Leben im Kloster fest, z.B. das Verhalten eines Mönchs, die Gottesdienste, die Aufnahme eines Bruders (Kapitel 58,17 enthält die benediktinischen Gelübde Beständigkeit, klösterlicher Lebenswandel, Gehorsam), die Abtswahl, die Verwaltung des Klostergutes. Hier seien zwei Abschnitte ausgewählt.

Kapitel 48 über ›Die Ordnung für Handarbeit und Lesung‹: »Müßiggang ist der Seele Feind. Deshalb sollen die Brüder zu bestimmten Zeiten mit Handarbeit, zu bestimmten Stunden mit heiliger Lesung beschäftigt sein. Und so meinen wir, durch folgende Verfügung die Zeit für beides ordnen zu können: Von Ostern bis zum 1. Oktober verrichten sie morgens nach der Prim bis ungefähr zur vierten Stunde die notwendigen Arbeiten. Von der vierten Stunde aber bis zur Sext sollen sie frei sein für die Lesung. Nach der Sext und der Mahlzeit sollen sie unter völligem Schweigen auf ihren Betten ruhen. Will aber einer für sich lesen, dann lese er so, dass er keinen anderen stört.«

58. Kapitel über ›Die Ordnung bei der Aufnahme von Brüdern‹: »Kommt einer neu und will das klösterliche Leben beginnen, werde ihm der Eintritt nicht leicht gewährt, sondern man richte sich nach dem Wort des Apostels: ›Prüft die Geister, ob sie aus Gott sind.‹ Wenn er also kommt und beharrlich klopft und es nach vier oder fünf Tagen klar ist, dass er die ihm zugefügte harte Behandlung sowie die Schwierigkeiten beim Eintritt geduldig erträgt, aber trotzdem auf seiner Bitte besteht, gestatte man ihm den Eintritt. [...] Man achte genau darauf, ob der Novize wirklich Gott sucht, ob er Eifer hat für den Gottesdienst, ob er bereit ist zu gehorchen und ob er fähig ist, Widerwärtiges zu ertragen. [...]. Hat er es sich reiflich überlegt [...], dann soll er in die Gemeinschaft aufgenommen werden.«

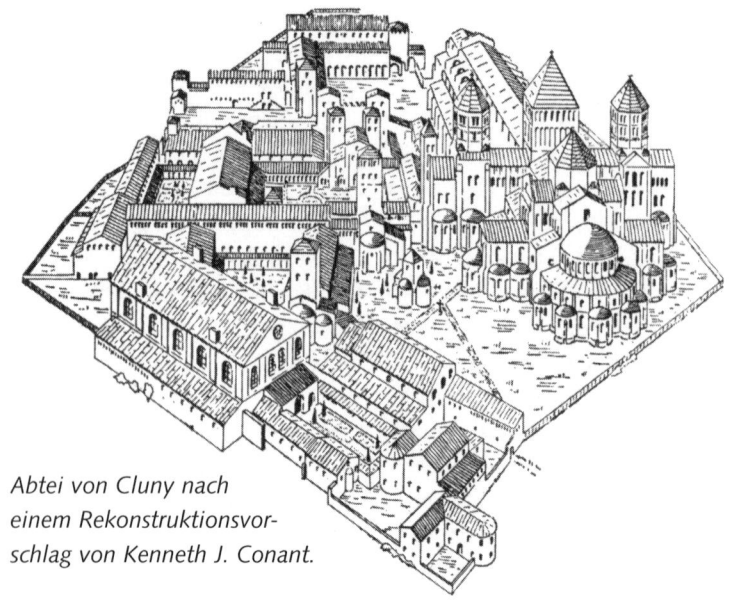

Abtei von Cluny nach einem Rekonstruktionsvorschlag von Kenneth J. Conant.

henswesens stand. In Burgund waren es rund 40 Klöster, die sich dem Orden der Kluniazenser verschrieben hatten, unter anderem in Flavigny, Vézelay, Paray-le-Monial, Charlieu, Molesme, Saint-Germain in Auxerre, Saint-Etienne in Nevers, Saint-Philibert von Tournus und La Charité-sur-Loire.

Clunys Ansehen zeigte sich auch in der Ausbildung einer geistigen und intellektuellen Elitegemeinschaft, die die Erneuerung der Wissenschaften, das Studium der antiken Kulturen und die Übersetzung des Koran in die lateinische Sprache förderte. Architektur und Plastik wirkten stilbildend besonders in Burgund, aber auch in seinen unzähligen Ablegern europaweit.

Die Mönche von Cluny mussten keine harte Feldarbeit leisten. Diese wurde von Laienbrüdern übernommen. Im Zentrum des Klosterlebens stand neben dem Studium und der Ausübung der Künste die Liturgie, das so genannte ›Opus Dei‹, mit zahlreichen Messen, Lesungen, Hymnen, Lobgesängen, Psalmrezitationen und Gebeten. Der Gottesdienst fand siebenmal am Tag statt: vom Morgengrauen bis zum Einbruch der Dunkelheit und sogar einmal mitten in der Nacht. Einen lebendigen Eindruck davon vermitteln uns heute die Beobachtungen eines Zeitgenossen, des in Burgund umherziehenden Mönchs Raoul Glauber (†1047): »Wisse, dass dieses Kloster in der ganzen römischen Welt nicht seinesgleichen hat, vor allem, was die Befreiung der Seelen aus der Gewalt der Dämonen betrifft. Man feiert an diesem Ort das lebenspendende Opfer so oft, dass kaum ein Tag vergeht, an dem nicht dadurch Seelen der bösen Macht der Dämonen entrissen würden. In Cluny ist es nämlich Brauch – wir haben es selber erlebt – und die große Anzahl der Mönche macht es möglich, dass von der ersten Stunde des Tages bis zur Stunde des Schlafes ununterbrochen Messen gefeiert werden. Dies geschieht mit so viel Würde, Frömmigkeit und Ehrfurcht, dass man eher Engel zu sehen glaubt als Menschen.«

Daneben schenkte die Ordensgemeinschaft den karitativen Aufgaben große Aufmerksamkeit, wie es bereits in der Gründungsurkunde von Wilhelm von Aquitanien 909 festgelegt worden war: »Wir wollen auch, dass jetzt und unter unseren Nachfolgern, je nach Gelegenheit und nach den Mitteln des Klosters, täglich in reinster Absicht Nächstenliebe geübt werde gegenüber den Armen, Bedürftigen, den Wanderern und den Pilgern.« Besonders die Unterstützung der Pilger wurde bald zur wichtigsten Tätigkeit des Ordens. Um den Gotteswanderern den beschwerlichen und gefährlichen Weg zu erleichtern, richteten die Kluniazenser im 11. Jahrhundert zahlreiche Priorate mit Nachtquartieren entlang der Pilgerstraßen und an Wallfahrtsstätten ein, insbesondere entlang des Jakobswegs nach Santiago de Compostela in Nordspanien. Dadurch wurde einerseits die Jakobspilgerschaft zu einem Massenphänomen, andererseits konnte sich aber auch der Kluniazenser-Orden ausbreiten und sein Ansehen enorm steigern. Kurz gesagt: Cluny ist es zu verdanken, dass sich eine wachsende Religiosität im Abendland ausbreitete.

Romanik in Burgund

Die ersten romanischen Kirchen waren einfache Bauten aus schlichtem Mauerwerk und massiven Pfeilern oder Säulen. Wichtige Stilmerkmle sind Rundbögen und kleine Rundbogenfenster, oftmals auch ein Tonnengewölbe; einziger Schmuck: Wandnischen, Kranzgesimse und Mauerlisenen (schwach vortretende, vertikale Mauerverstärkungen). Das eindrücklichste Beispiel aus der Frühromanik ist die gewaltige, zum Teil an eine Festung erinnernde Kirche Saint-Philibert in Tournus, der erste vollständige Kirchenraum des burgundischen Mittelalters, dessen älteste Teile aus dem 11. Jahrhundert stammen.

Mit der Reform von Cluny übernahmen viele burgundische Kirchen, besonders in der Umgebung von Cluny, den Kluniazenserstil und hiermit die wichtigste Neuerung: das durch Gurtbögen gestützte Spitztonnengewölbe, bei dem der Gewölbeschub besser aufgefangen wird als bei der Halbtonne und wodurch auch dünnere und höhere durchfensterte Wände möglich werden. Daneben sind der dreizonige Wandaufbau mit Arkaden, Blendtriforium und Obergadenfenster, durch die das Licht direkt in das Kirchenschiff fällt, Charakteristika der so genannten kluniazensischen Bauschule. So entstand eine Fülle von Bauten, die deren Bauschema als Grundlage nahmen, aber selbstständig variierten. Architektonisch lehnt sich die viel kleinere Kirche von Paray-le-Monial eng an Cluny an; zu weiteren wichtigen kluniazensischen Bauten zählen die Prioratskirche von Charité-sur-Loire und Saint-Andoche in Saulieu. Stilbildend wirkte vor allem die Abteikirche Sainte-Madeleine in Vézelay, die eine Synthese der burgundischen Romanik darstellt. Statt der Halbtonne findet man hier selbst im Mittelschiff das Kreuzgratgewölbe, das bisher nur in den Seitenschiffen verwendet wurde. Über den Arkaden des Mittelschiffs finden sich Fenster statt des Triforiums. Für die Bögen werden abwechselnd helle und dunkle Steine verwendet. Saint-Lazare in Avallon und Saint-Philibert in Dijon folgen dem Vorbild von Vézelay.

Abteikirche von Cluny.
Rekonstruktionszeichnung, um 1900.

Die Klosterkirche Clunys Abteikirche stand unter
dem Patronat der Heiligen Petrus
und Paulus und war direkt dem Papst, Petri Stellvertreter
auf Erden, unterstellt. Das Kloster hatte seine Reliquien von
Petrus und Paulus bereits Ende des 10. Jahrhunderts von
Rom erworben. Besonders der Heilige Petrus gab schon früh
Anlass zur Legendenbildung. So soll er dem Mönch Gunzo
erschienen sein und ihn um den Bau der neuen Abtei gebeten haben – ein Beispiel dafür, welch enge Beziehung zu
dem Apostel und damit zu Rom aufgebaut wurde. Dies führte auch dazu, dass Cluny den Beinamen ›zweites Rom‹ erhielt und zu einem heiligen Ort, zu einer Pilgerstätte und gar
zum religiösen Zentrum des Abendlandes aufstieg.

Berühmt wurde die Abtei vor allem durch ihre Kirche, das
größte Gotteshaus der Christenheit im Mittelalter. Erst der
Neubau des Petersdoms in Rom im 16. Jahrhundert übertraf
mit seinen 186 Metern Länge Clunys Ausmaße. Das Meister-
werk der kluniazensischen Baukunst, die Ende des 11. Jahrhunderts erbaute Kirche, entstand unter dem heiligen Abt Hugo, dem bedeutendsten unter den großen Äbten der Frühzeit,

unter dessen Ägide das Kloster den Höhepunkt seiner Macht und seines Ansehens erreicht hatte. Seit den Ausgrabungen des amerikanischen Architekten und Archäologen Kenneth J. Conant wird dieser Bau heute als Cluny III bezeichnet.

Die Vorgängerbauten waren zunächst eine bescheidene Kapelle, dann das von Abt Berno zwischen 915 und 927 errichtete Gotteshaus (Cluny I) und das unter Abt Majolus Ende des 10. Jahrhunderts geweihte Cluny II. Doch Cluny III, für das Abt Hugo am 30. September 1088 den Grundstein legte, übertraf alle bisherigen Ausmaße und Vorstellungen. In einem atemberaubenden Tempo wurde die Kirche gebaut. Schon am 25. Oktober 1095 weihte Papst Urban II. den Hauptaltar ein. Nur die letzten Joche des Kirchenschiffs, dessen Gewölbe 1125 einstürzte, und den Narthex erlebte Hugo nicht mehr. Seinen Abschluss fand das Gotteshaus von Cluny III während der Amtszeit von Petrus Venerabilis.

Dieses Riesenbauwerk hatte eine Gesamtlänge von 177 Metern und im Mittelschiff eine Gewölbehöhe von 30 Metern, was für die romanische Baukunst ungewöhnlich war. Eine weitere Besonderheit: Die Kirche verfügte über zwei Querschiffe, die die großen Pilgerströme aufnehmen sollten. Man schätzt heute, dass der Kirchenraum bis zu 10 000 Pilger aufnehmen konnte. Ein Chorumgang mit fünf Chorkapellen umkränzte die Apsis. Das Hauptschiff wurde darüber hinaus von zwei Seitenschiffen

Berzé-la-Ville, Apsisfresko mit thronendem Christus.

Nur noch ein einziger Turm zeugt heute von der einstigen Pracht und Größe Clunys.

auf jeder Seite flankiert. Die hoch gewölbte Spitztonne des Mittelschiffs und die aufstrebende Bewegung im ganzen Aufbau verlieh dem Kircheninnern Größe und Würde; hier wurde bereits die Dynamik gotischer Kathedralen vorweggenommen.

Damit nicht genug: Cluny muss seinen Zeitgenossen auch durch seinen reichen Skulpturenschmuck und seine monumentalen Wandmalereien einen unvergleichlichen Eindruck vermittelt haben. Die erhaltenen kunstvoll gestalteten Kapitelle lassen Reichtum und Wirkung im Ganzen nur erahnen. Heute wissen wir nur, dass der Hauptchor von einem Monumentalfresko mit dem majestätischen Christus in der Mandorla bekrönt war; vermutlich gab es auch noch weitere Wandmalereien, doch leider ist davon nichts mehr erhalten. Eine Ahnung von diesen romanischen Wandbildern bekommt man in der Kapelle der Mönche in Berzé-la-Ville, das zu der damaligen Zeit in enger Beziehung zu Cluny stand. Hierhin zog sich der Heilige Hugo von Cluny häufig zurück.

Man möge sich vergegenwärtigen: Die mächtige Abteikirche wurde erst um 1130 fertig gestellt, d.h. zu einem Zeitpunkt, als Cluny den Höhepunkt seiner Bedeutung bereits überschritten hatte und sich der Niedergang anzukündigen begann. Der letzte der großen Äbte, der kluge und ausgleichende Petrus Venerabilis (Peter der Ehrwürdige), konnte ihn nur noch verlangsamen, nicht aber aufhalten. Die Zukunft gehörte dem neuen, aufstrebenden Orden der Zisterzienser unter der geistigen Führung von Bernhard von Clairvaux, der die 200 Jahre während Führungsrolle Clunys ablöste.

Die monumentale Anlage von Cluny muss von außen wie eine befestigte Mönchsstadt ausgesehen haben. Neben dem mächtigen Gotteshaus gab es einen weitläufigen Klosterbereich mit Refektorium, Dormitorium, Kapitelsaal, Wirtschaftsräumen und einem ausgedehnten Gästetrakt. Man kann sich vielleicht anhand des folgenden Ereignisses veranschaulichen, welche unglaublichen Ausmaße diese Abtei hatte. 1245 fand hier die denkwürdige Begegnung zwischen König Ludwig dem Heiligen, dem Kaiser von Byzanz und Papst Innozenz IV. statt, zu der jeder von ihnen ein großes Gefolge mitbrachte. So kam der Papst in Begleitung von zwölf Kardinälen und 20 Bischöfen – ganz zu schweigen von der Dienerschaft. Berichtet wird, dass alle Herrschaften untergebracht werden konnten, ohne dass die Mönche auch nur einen ihrer Räume hätten räumen müssen. Cluny zählte damals etwa 1 000 Mönche!

Bis zum Ende des 18. Jahrhunderts bestand das Kloster weiter, doch seine große Zeit und sein Einfluss waren längst vorbei. 1727 wurden die über die Jahrhunderte gewachsenen Klostergebäude abgerissen, nur die Kirche ließ man stehen. Man verfolgte den ehrgeizigen Plan, eine barocke Fürstabtei zu errichten, von der bis 1750 nur ein Teil realisiert wurde. Im Zuge der Französischen Revolution und der Säkularisierung wurde aber das Kloster ganz aufgelöst und einige Jahre später an ein Abbruchunternehmen verkauft. Nur wenige Reste sind von der mittelalterlichen Abtei erhalten geblieben, nachdem sie der Spitzhacke zum Opfer gefal-

Figurenkapitell der ehemaligen Abteikirche
von Cluny, das einzelne Töne der Musik darstellt.

len war und danach als Steinbruch diente. Einen schwachen
Abglanz der einstigen Größe und Monumentalität vermittelt
uns heute neben dem Grundriss vor allem der erhaltene südliche Querschiffsarm mit seinem achteckigen Glockenturm.
Ein Bild von der qualitätsvollen kluniazensischen Bildhauerkunst können wir uns heute nur noch ausschnitthaft machen anhand einzelner erhaltener Kapitelle aus dem Chorumgang, die im Museum zu sehen sind.

Uns beeindruckt besonders eines der beiden von Akan-
thusblättern umrahmten Figurenkapitele, das der Musik gewidmet ist und vier der acht Töne des gregorianischen Ge-
sangs versinnbildlicht. Die feingliedrigen Gestalten mit ihren
eng anliegenden, weich fließenden Gewändern versuchen
zaghaft, den Raum zu ergreifen. Wie eine schützende Hand
umfängt sie eine Mandorla, vor der sie plastisch in Erscheinung treten. Jede Figur zeigt individuelle Züge und ist jeweils in einer anderen Position, mal sitzend, mal stehend,

mal tanzend, mit einem Musikinstrument, einer Leier, Glocken usw. dargestellt. Alle vier Figuren wirken in sich gekehrt, ja in sich ruhend, als ob sie den Tönen nachlauschen wollten. Sie scheinen in himmlischen Sphären zu schweben und haben noch nicht die Bodenhaftung späterer burgundischer Skulpturen. Es fehlt ihnen auch die irdische Sinnlichkeit einer ›Eva von Autun‹ (siehe S. 69). Ein himmlischer Zauber umfängt sie, als seien sie in Stein geronnene Lobpreisungen Gottes und der Schöpfung, wie die Chorgesänge der Mönche, die einst die Abteikirche erfüllten.

Der aufstrebende Zisterzienserorden Wir begeben uns nun auf Spurensuche an der Geburtsstätte des Zisterzienserordens. Cîteaux, etwa zwanzig Kilometer südlich von Dijon im Saône-Tal zwischen Wiesen und Feldern gelegen, ist seit 1902 das Mutterhaus des Zisterzienserordens, doch von den mittelalterlichen Bauten hat sich nicht viel erhalten – nur eine zweckentfremdete Kapelle aus dem 12. Jahrhundert, eine Bibliothek aus dem 15. Jahrhundert und Arkaden des ehemaligen Kreuzgangs. Die heutige Anlage stammt in weiten Teilen aus dem 18. Jahrhundert. Sie wirkt kühl, fast abweisend und hat nicht die würdevolle Strenge mittelalterlicher Zisterzienserbauten.

In dem ehemaligen Sumpfland, unweit des heutigen Cîteaux, ließ sich 1098 eine kleine Gruppe von Mönchen unter der Führung von Robert von Molesme nieder, um sich Gott in größter Einsamkeit und Armut zu widmen. Sie errichteten ein bescheidenes Kloster. Von Anfang an war das Anliegen, sich wieder auf die Regeln des heiligen Benedikt zu besinnen; damit wollten sie einen Gegenpol zu Clunys Prachtentfaltung und dem Alleinvertretungsanspruch der Benediktiner schaffen. So ließen sich die Zisterzienser von Anfang an in sumpfigen und waldreichen Tälern nieder, während die Benediktiner ihre Klöster oft auf Höhen errichteten. Die weißen Ordensgewänder sollten einen Gegensatz zu der schwarzen Bekleidung der Kluniazenser bilden. Während in Cluny das Schwergewicht auf Gebet und Meditation lag, sollte hier die Arbeit – Ackerbau und Viehzucht – im Zentrum stehen. Ziel war, das Land urbar zu machen. Mit der Zeit verrichteten jedoch die Laienbrüder die Feldarbeit und die Mönche widmeten sich hauptsächlich dem Gebet, dem Gesang, der Meditation und den Wissenschaften.

Im Gegensatz zur zentralistischen Struktur der Kluniazenser schuf der Zisterzienserabt Stephan Harding 1118 eine ›Charta der Nächstenliebe‹, die jedem Kloster seine Autonomie ließ. Jedes Kloster war eine unabhängige Abtei mit einem eigenen Abt; es hatte die Möglichkeit zu expandieren und konnte eigene Tochterklöster gründen. Dies war die Grundlage für die Ausbreitung des Ordens und innerhalb weniger Jahre entstanden Zisterzienserklöster in Frankreich, im Deutschen Reich, in England und in Südeuropa. Um die Einheit des Ordens aufrechtzuerhalten, wurde das jährlich stattfindende Generalkapitel eingerichtet, in dem unter anderem die genauen Bauvorschriften für Kloster und Kirche bekannt gegeben wurden.

Die Anfangsjahre waren schwierig; mehrmals war die Weiterexistenz des neuen Klosters, das wegen seiner Strenge verrufen war, bedroht. Erst mit dem jungen Edelmann Bernhard von Fontaines, der im Jahr 1113 mit 30 adligen Gefährten in den Orden eintrat, begann der Aufschwung. Nur zwei

Zisterziensermönche bei der Arbeit. Initiale aus ›Moralia in Job‹, entstanden um 1110/20 in Cîteaux.

Jahre blieb Bernhard in Cîteaux, dann wurde er vom Abt Stephan Harding ausgesandt, um mit einigen Mönchen das Kloster von Clairvaux in der Champagne zu gründen. Unter seiner Führung wurde Clairvaux zu einer der bedeutendsten Abteien des Abendlandes, 68 Klöster und Priorate wurden von hier aus gegründet.

Die Expansion des Ordens – Bernhard von Clairvaux Nach diesem Ort nannte er sich fortan Bernhard von Clairvaux und ging als einer der bedeutendsten Männer seines Jahrhunderts in die Geschichte ein. Bernhard wurde durch seine Überzeugungskraft und Beredsamkeit berühmt: »Der kleine, schmächtige Mann, dessen Körper durch die strengen Kasteiungen in den ersten Mönchsjahren zusätzlich geschwächt war und gelitten hatte, galt als hinreißender und überzeugender Redner und Prediger. Toleranz war nicht gerade seine starke Seite, kompromisslos und heftig kämpfte er für seine Überzeugung, schonte weder die Feinde des Glaubens noch jene, die er zu seinen Freunden zählte, wenn sie in den Bannstrahl seiner Kritik gerieten. Erst wenn sie ihm unterlegen waren, zeigte er sich auch zur Güte bereit« (Heinrich Pleticha).

1118 wurde Bernhard Leiter des Zisterzienserordens. Er strukturierte die Ordensregeln neu, sodass er zu Recht als ›zweiter Gründer‹ des Zisterzienserordens gilt. Und er verschärfte auch den Gegensatz zu den Kluniazensern. Auch setzte er sich vehement gegen jede figürliche Ausgestaltung der Portale, Kapitelle und Kreuzgänge ein, weil dies den Betrachter vom Gebet ablenken würde. 1125 verfasste Bernhard eine Schrift, in der er Cluny direkt angriff. Er kritisierte so gut wie alles: den Speiseplan, die Architektur, die Wandgemälde, die kostbare Ausstattung liturgischer Geräte, die Bibliotheken, die Kleidung der Mönche.

Doch der auf Ausgleich bedachte Abt Petrus Venerabilis von Cluny scheute die Konfrontation, weshalb er auch nicht

Bernhard von Clairvaux

Bernhard von Clairvaux wurde 1090 auf der Burg Fontaines bei Dijon als Sohn gottesfürchtiger, adliger Eltern geboren. Seine Mutter Aleth hatte vor seiner Geburt einen Traum. Sie sah einen kleinen, weißen, bellenden Hund mit rötlichem Rücken. Ein frommer Mann deutete ihr den Traum: Sie bekomme einen Sohn, der seine Stimme lautstark gegen die Feinde der Kirche erheben und Heil bringende Worte verbreiten werde.

Zur geistlichen Laufbahn bestimmt, erhielt Bernhard eine gründliche Ausbildung in den Sieben Freien Künsten bei den Kanonikern von Châtillon-sur-Seine. 1112 trat er zusammen mit 30 adligen Verwandten und Freunden – vier von ihnen waren seine leiblichen Brüder – in das strenge Reformkloster Cîteaux bei Dijon ein. Bereits drei Jahre später wurde der 25-Jährige als Abt mit zwölf Mönchen zur Gründung des Klosters Clairvaux, das er 38 Jahre lang leiten sollte, in die Champagne gesandt. (Das Kloster Clairvaux wurde während der Französischen Revolution aufgehoben und die Kirche abgebrochen; seit 1808 dienen die Kloster-gebäude als Gefängnis.) Dank seiner Ausstrahlung und seiner Überzeugungskraft brachte Bernhard den Zisterzienserorden rasch zu seiner höchsten Blüte. Ihm werden auch die Regeln für den Templerorden, dessen kirchliche Anerkennung er 1128 erwirkte, zugeschrieben.

Bernhard verzichtete auf hohe kirchliche Würden – dreimal wurde ihm der Bischofsrang angeboten –, gewann aber durch diplomatisches Geschick, schriftstellerische Gewandtheit und glänzende Rednergabe als Prediger gegen Irrlehrer und Abtrünnige (wie beim Streit mit Petrus Abaelard) und als Ratgeber der Bischöfe, Fürsten, Könige und Päpste beherrschenden Einfluss auf sein Zeitalter. Bernhard reiste durch Nordfrankreich, Flandern und ins Rheinland, überall zogen seine scharfen, vor Geist sprühenden Predigten Massen von Zuhörern und Pilgern von weither an. Auf päpstliches Geheiß rief er an Ostern 1146 in Vézelay zum zweiten Kreuzzug (1147–1149) auf. Durch diese Predigt gewann er Volk und Herrscher gleichermaßen und versetzte ganz Europa in einen Begeisterungstaumel, allen voran den König von Frankreich, der mit vielen seiner Lehnsherren ins Heilige Land zog. Dieser Kreuzzug scheiterte jedoch kläglich, worüber Bernhard sehr betroffen war.

Wo Bernhard Spaltungstendenzen oder eine gewisse Dekadenz innerhalb der Kirche bemerkte, erhob er das Wort oder griff ein. Er intervenierte bei Bischofswahlen, um den Kandidaten durchzubringen, den er für den moralisch besseren hielt. Als 1130 das päpstliche Schisma erfolgte, trug Bernhard im Kampf um die Rechtmäßigkeit des Papsttums maßgeblich zum Sieg Innozenz II. gegenüber dem Gegenpapst Anaklet II. bei. Dies hielt Bernhard aber nicht davon ab, sich in seinem Werk ›De consideratione ad Papam Eugenium‹ gegen das Machtstreben und die Weltherrschaft der Päpste zu wenden und Papst Eugen III., seinem früheren Schüler, Armut, Demut und Beschränkung auf den rein religiös-kirchlichen Bereich zu empfehlen.

Bernhard gilt als Gründer der mittelalterlichen Christusmystik. »Was ist wirksamer zur Heilung der Wunden des Gewissens und zur Reinigung des Seelengrundes als die emsige Betrachtung der Wunden Christi?« Seine mystische Betrachtung ist Anbetung und Minne zugleich. Christus wird in seiner Auslegung des Hohenlieds Salomons zum Bräutigam der Seele. Für seine 86 Predigten bildete das Hohelied die Hauptquelle.

Welche starke Innigkeit und intensive Glaubenskraft in Bernhard gelebt haben muss, lässt sich anhand des ihm gewidmeten Kapitels in der ›Goldenen Legende‹ des Jacobus de Voragines nachvollziehen. »Der Heilige bekannte, vor allem in Wäldern und auf Feldern durch Meditation und Gebet das empfangen zu haben, was er in der Heiligen Schrift gelernt hatte; unter Freunden sagte er oft, er habe nie andere Lehrer gehabt als die Eichen und Buchen. So hat er auch bekannt, die ganze Heilige Schrift sei ihm oft in Meditation und Gebet klar und deutlich erklärt erschienen.«

Am 20. August 1153 starb in Clairvaux die »Chimäre« seiner Zeit, wie sich Bernhard von Clairvaux selbst nannte. Am 18. Januar 1174 sprach ihn Papst Alexander III. heilig. Aufgrund der Geschmeidigkeit seiner Rede nannten ihn seine Zeitgenossen liebevoll »Doctor mellifluus«, der »honigfließende Lehrer«; auch wurde er immer wieder mit dem Bienenkorb dargestellt.

direkt auf diesen Angriff antwortete. Er setzte in einem Brief an die Äbte der kluniazensischen Kongregation dem einengenden asketischen Schematismus der Zisterzienser die ›Caritas‹ als Maß für die freier zu handhabende Auslegung der benediktinischen Regel entgegen. Petrus nannte Bernhard in einem anderen Brief sogar die starke Säule, die aufgrund eines besonderen Planes der göttlichen Vorsehung das ganze Gebäude des Mönchslebens stützen würde. Petrus verstand es, mit Klarheit und Festigkeit sowie Versöhnlichkeit und Augenmaß die Spannungen und Rivalitäten zwischen Cluny und Clairvaux zu mildern.

Diese versöhnende Haltung zeigte sich besonders in der Vermittlung zwischen Bernhard von Clairvaux und Petrus Abaelard, einem der bedeutendsten Gelehrten der französischen Frühscholastik. Abaelard versuchte in seinen Schriften und Predigten, die Existenz Gottes rational zu beweisen. Diese Vorgehensweise war in Bernhards Augen Gotteslästerung und deshalb zu verdammen. Er sah in Abaelard einen scharfen Gegner des Mönchtums. Bernhard gelang es, Abaelard auf dem Konzil von Sens im Jahr 1141 zu verurteilen, Papst Innozenz sollte ihn danach zu ewigem Schweigen und Klosterhaft verdammen. Das machte Abaelard zu einem gebrochenen Mann. Abt Petrus Venerabilis setzte sich nun dafür ein, dass es in kurzer Zeit eine zumindest formelle Aussöhnung zwischen Abaelard und Bernhard von Clairvaux gab. Zudem ermöglichte Petrus Venerabilis, dass Abaelard die beiden letzten Lebensjahre in Cluny verbringen und sich dort der Fortsetzung seiner Studien widmen konnte.

Die Ausstrahlung des Zisterzienserordens war stark mit der Persönlichkeit von Bernhard von Clairvaux verbunden, sodass die Blütezeit des Ordens zu großen Teilen mit seiner Wirkenszeit zusammenhing. Bereits im 13. Jahrhundert begann der Stern von Clairvaux zu verblassen. Eine neue Zeit war gekommen, den Bettelorden in den Städten gehörte nun die Zukunft.

Die Abtei Fontenay 40 Jahre wirkte Bernhard als Abt
von Clairvaux für seinen Orden.
In dieser Zeit entstanden rund 160 neue Zisterzienserklöster
in ganz Europa. Zu den von Clairvaux aus gegründeten Klöstern gehört auch die Abtei von Fontenay unweit des Städt-
chens Montbard im nördlichen Burgund. Es ist heute eines
der besterhaltenen Zisterzienserklöster aus der Anfangszeit
und wurde 1981 zum Unesco-Weltkulturerbe erklärt. Noch
heute vermittelt es dem Besucher eindrücklich die Stimmung und die Besonderheiten eines Zisterzienserklosters.
Die spezielle Atmosphäre Fontenays scheint auch Cineas-
ten zu beeindrucken. So wurden 1989 einige Szenen für den

Die Linde von Abaelard

»Man zeigt noch immer am Ende einer weiten Allee, zu Füßen
der von Türmen flankierten Um-
fassungsmauer des Klosters, am
Rande weiter, baumgesäumter
Wiesen, beim Plätschern des
Flüsschens und beim Rauschen
des Windes im Schilf eines ver-
trockneten Teiches, eine riesige
Linde, so alt wie die Türme des
Klosters, in deren Schatten
Abaelard – das Gesicht zum Pa-
raklet gewandt – einst Platz genommen und geträumt hat. Voller Stolz, die Gastfreundschaft
ihres Klosters diesem berühmten Mann des 11. Jahrhunderts
gewährt zu haben, haben die
Mönche diese Überlieferung bewahrt. Später hat die Französische Revolution, die so vieles
beseitigt hat, diese Linde und
einen oder zwei der Türme der
Basilika verschont. Die letzten
Mönche haben die Geschichte den Bewohnern der Stadt erzählt, und diese wiederum den
Besuchern. Ich selbst besitze
– zu Füßen einer dreihundert-
jährigen Linde in meinem Garten von Saint-Point – die graue
Bank – wohlklingend wie eine
Glocke – auf welcher Abaelard
gemäß der Überlieferung unter
der Linde von Cluny Platz genommen hat. Ich habe auch einen großen Tisch aus demselben
Stein dorthin bringen lassen, auf
welchem sein Kopf ruhte, wenn
er seine Hymnen ersann oder
sein Unglück oder seine Liebe
an sich vorüberziehen ließ.«
Aus: Alphonse Lamartine,
›Heloïse et Abélard‹, Paris 1863.

Eindrucksvoll auch aus der Luft: Die Abtei Fontenay präsentiert sich als weit gehend intakte mittelalterliche Klosteranlage.

Film ›Cyrano de Bergerac‹ mit Gérard Depardieu als Titelheld in Fontenay gedreht.

Bernhard gründete Fontenay 1118, nur fünf Jahre nach der Gründung von Clairvaux. 20 Jahre später wurde mit dem Bau der Kirche begonnen, die 1147 von Papst Eugen III. eingeweiht wurde. Man geht heute davon aus, dass Bernhard selbst an der Planung beteiligt war und Fontenay das Idealschema eines Zisterzienserklosters darstellen sollte, nach dessen Vorbild weitere Kirchen und Klöster in ganz Europa errichtet wurden. Dass die Kirche und ein Großteil des Klosters bis heute erhalten geblieben sind, ist einem glücklichen Zufall zu verdanken: Während der Französischen Revolution hatte ein Unternehmer in den ehemaligen Klostergebäuden eine Papiermühle eingerichtet, die bis Anfang des 20. Jahrhunderts betrieben wurde.

Besonders beeindruckend ist die Abteikirche mit ihrer schmucklosen Fassade und schlichten Strenge im Innern. Doch so sehr sich die Zisterzienser auch gegen Cluny und seine Baupracht gestellt hatten, ihre architektonischen Errungenschaften haben sie dennoch zum Teil übernommen, vor allem Spitzbogen und Spitztonne.

Neben der Klosterkirche ist es der stimmungsvolle Kreuzgang, der auch heute noch zum Verweilen und zur Besinnung einlädt. Stundenlang könnte man hier auf- und abgehen, die mächtigen Arkaden bestaunen oder die wechselnden Lichtverhältnisse studieren. Im Geiste sieht man die betenden oder meditierenden Mönche wandeln. Der Kreuzgang war zugleich Mittelpunkt des klösterlichen Lebens: Von hier aus gelangte man in die Kirche, in den Kapitelsaal, das Skriptorium, das Refektorium, aber auch in die Wärmestube, neben der Küche der einzige im Winter beheizte Raum.

In Fontenay kann man sich lebhaft vorstellen, wie Bernhard von Clairvaux seine Mönche zu Zucht und Ordnung, Armut und Askese aufgerufen haben mag. »Die guten Wärter, die mit Eifer wachen und die Nacht mit Beten verbringen, entdecken die Fallen der Feinde, vereiteln die Pläne der Bösen, bemächtigen sich der Schlingen, beseitigen die Fallen, zerstören die Netze, vernichten die Kriegsmaschinen! Sie sind es, die ihre Brüder lieben ...« Im Gegensatz zu Bernhards Sprache, die mit allen »leuchtenden Farben der Rhetorik« (Georges Duby) geschmückt war, stand das schlichte Haus Gottes, in dem Bildwerke grundsätzlich verboten waren. Eine Ausnahme bildete eine Skulptur der Muttergottes, die laut Ordensstatuten sogar ausdrücklich gefordert wurde. Alle Zisterzienserkirchen sind deshalb der Maria geweiht. Doch Wort und Gesang standen über allem, ihnen sollte in allen Bauwerken Raum geschaffen werden. Bernhard von Clairvaux drückte dies folgendermaßen aus: »Wie sollte ich nicht versuchen, aus dem toten und faden Buchstaben ei-

Neben der Klosterkirche ist es der stimmungsvolle Kreuzgang, der auch heute noch zum Verweilen und zur Besinnung einlädt.

ne geistige Nahrung zu machen, eine köstliche und heilsame Nahrung, so wie man das Korn von der Spreu trennt, die Nuss von ihrer Schale oder wie man das Mark aus dem Knochen holt« (72. Predigt über das Hohelied).

Kirche und Klostergebäude lassen den Geist Bernhards deutlich erahnen. »In [...] Fontenay kann man die Tiefe und die Gewaltigkeit der von Bernhard von Clairvaux gebrachten Reform erfassen. Weil er jedes Zugeständnis an den Luxus verweigerte, an die Verzierung, an das, was dem Auge schmeicheln und die Seele einschläfern könnte, hat dieser Mann der romanischen Kunst ihre ursprüngliche Kraft wiedergegeben« (Régine Pernoud).

Fontenay war kein Fest der äußeren Sinne wie Cluny, sondern ein Raum für das In-sich-Gehen, für Innerlichkeit. Hier galt es, die Mitte und die innere Harmonie zu finden. Dabei sollten die harmonischen Proportionen der Architek-

Mittelalterforschung heute

Seit dem 20. Jahrhundert beschäftigen sich viele Kunsthistoriker, Historiker und Mittelalterforscher mit Burgund. Es ist auch die erste Region Frankreichs, die die erhaltenen Wandmalereien inventarisieren ließ. Da wir heute die mittelalterlichen Bauten in den wenigsten Fällen in ihrem ursprünglichen Erscheinungsbild vor uns haben, kommt der kunsthistorischen und archäologischen Forschung eine große Aufgabe zu. Bekanntestes Beispiel in Burgund ist sicher Cluny mit den Ausgrabungen des Amerikaners Kenneth J. Conant (siehe S. 46). Meist erfährt die Öffentlichkeit wenig über diese Arbeit, doch hinter den Kulissen wird auch heute noch an vielen Orten geforscht und gegraben. So konnte z.B. nach jahrelangen Ausgrabungen in der Krypta von Saint-Germain von Auxerre ein Zusammenhang zwischen den einzelnen Mauerresten entdeckt werden. Archäologen und Historiker konnten herausarbeiten, dass die karolingische Krypta in einem sukzessiven Verwandlungsprozess vom 5. und 6. Jahrhundert bis ins 9. Jahrhundert entstanden ist. Und in Autun konnte gegenüber der heutigen Kathedrale, neben der ehemaligen Kathedrale Saint-Nazaire, Reste eines der ersten karolingischen Kanonikerklöster Europas ausgegraben werden.

Diese und ähnliche Resultate sind dem ›Centre d'Etudes Médiévales d'Auxerre‹ (CEM), einem der wichtigen Zentren für Mittelalterforschung in Frankreich, zu verdanken. Recherchen- und Themenschwerpunkt ist unter anderem archäologische Mittelalterforschungen und -grabungen, Städtegründung und -entwicklung, die Beziehung zwischen Kirche und Gesellschaft, die Ikonografie der Wandmalereien. Um den hohen nationalen Stellenwert des CEM zu verdeutlichen, sei darauf hingewiesen, dass es in jüngster Zeit beauftragt wurde, die Anfänge der berühmten Abtei auf dem Mont-Saint-Michel zu erforschen.

Das Zentrum befindet sich in einem malerischen mittelalterlichen Haus unweit der Abtei von Saint-Germain, von wo aus die verschiedensten wissenschaftlichen Aktivitäten koordiniert werden. Es ist aber nur Wissenschaftlern und Forschern zugänglich.

Während Touristen, die sich besonders für die burgundische Romanik interessieren, schon seit den 1960er-Jahren vor allem aus den deutschsprachigen Ländern vermehrt angereist waren, hat sich das Bewusstsein der Burgunder selbst für ihren reichen Schatz an mittelalterlichen Bau- und Kunstwerken eigentlich erst in den letzten 10 bis 15 Jahren richtig entwickelt. Einen wichtigen Beitrag dazu leisten auch die jährlich im September stattfindenden Denkmaltage (›journée de patrimoine‹), an denen die verschiedensten Bauwerke, Museen und kulturellen Einrichtungen – meist gratis – der Bevölkerung zugänglich gemacht und spezielle Veranstaltungen angeboten werden. Inzwischen blicken viele Orte mit Stolz auf ihre Kulturschätze und versuchen, ihre Denkmäler attraktiver zu machen, um die Touristen anzulocken. Trotz knapper werdender öffentlicher Gelder entstehen in den kleinsten Gemeinden Vereinigungen oder Bürgerinitiativen mit dem Ziel, finanzielle Mittel aufzutreiben, um Kunstwerke vor dem Verfall zu retten, Restaurierungsmaßnahmen einzuleiten und die jeweilige Geschichte zu erforschen. Viele Ortschaften und viele Kunstdenkmäler, die noch vor Jahren wie in einem Dornröschenschlaf versunken waren, haben sich auf diese Weise in den letzten Jahren herausgeputzt.

Informationen:
Journées de patrimoine, www. journeesdupatrimoine.culture.fr; www.u-bourgogne.fr; www.wfu. edu/~titus/cemaux.html

tur, die durch und durch komponiert sind, helfen. Mit dem Quadrat als Grundeinheit wurde eine geometrische Form gewählt, aus der sich alle Maßverhältnisse entwickeln ließen. Dabei darf man nicht vergessen: So wie die harmonische Architektur von Maß und Zahl abhängt, ist auch die Musik nach mathematischen Gesetzmäßigkeiten aufgebaut. Leider ist es dem heutigen Besucher meist verwehrt, Musik im Kircheninnern erklingen zu hören. Sie erst bringt das Bauwerk in Bewegung, in Schwingung und lässt erfahren, wie der Gesang mit der Architektur zu einer harmonischen Einheit verschmilzt.

Die Kathedrale
Saint-Lazare in Autun

Zwei weitere Höhepunkte einer Burgundreise sind Autun und Vézelay, die trotz einiger späterer Eingriffe in ihrer Gesamtheit erhalten sind und uns heute einen lebendigen Eindruck der romanischen Baukunst mit ihrem reichen Skulpturenschmuck vermitteln können.

Die Ursprünge der Kathedrale Saint-Lazare von Autun sind mit einer Legende verknüpft. So erzählt die ›Legenda aurea‹, dass von Marseille aus der Leichnam des Lazarus nach Autun gebracht und beigesetzt wurde, um ihn vor den Sarazenen in Sicherheit zu bringen. Lazarus hatte, so wird weiter berichtet, zusammen mit seinen Schwestern Maria Magdalena und Martha sowie mit Maria Jacobi und Maria Salome, den Schwestern der Gottesmutter, und mit der schwarzen Dienerin Sarah auf wunderbare Weise Palästina verlassen und war mit dem Schiff nach Frankreich gelangt, wo er die Botschaft von Christus verkündete. So soll er in Marseille der erste Bischof gewesen sein. In der ›Legenda aurea‹ wird weiter berichtet, dass auf diese Weise die Reliquien der Heiligen Maria Magdalena nach Vézelay gelangten (siehe S. 70). An der Echtheit der Reliquien des Lazarus in Autun wurde nie gezweifelt, anders als bei denen der Heiligen Magdalena in Vézelay, – nur heißt es, dass sein Haupt nach Avallon gebracht worden sei.

Seit dem 10. Jahrhundert ruhten die Reliquien des Heiligen Lazarus zunächst friedlich in der Bischofskirche Saint-Nazaire, nördlich der heutigen Kathedrale. Offenbar fanden sie damals wenig Beachtung. Als sich aber die Abteikirche Sainte-Madeleine in Vézelay zu einer der wichtigen Wallfahrtsstätten des Abendlandes entwickelte, besann sich Autun seiner Lazarus-Reliquien und ließ für diese eine neue Kirche bauen. Damit begannen die Lazarus-Wallfahrten. Die Popularität, die Lazarus bei den Lepra-Kranken genoss, entstand jedoch aus einem Irrtum: Im Mittelalter hielt man Lazarus von Bethanien, um den es sich hier eigentlich handelt, für iden-

tisch mit dem armen Lazarus, dessen Schicksal Jesus in einem Gleichnis schildert (Lukas 16, 19–31). Die Bibel beschreibt dessen schwärende Wunden, an denen die Hunde leckten. Solche Wunden wurden im Mittelalter als Symptome der Lepra gedeutet und so galt Lazarus als Schutzheiliger der Leprakranken.

Treibende Kräfte für die neue Kathedrale waren der aus Burgund stammende Papst Calixtus II. und Etienne de Bagé, Bischof von Autun. Man geht heute davon aus, dass letzterer auch der Inspirator des Bildprogramms für das Weltgericht am Westportal war. Am Rande sei noch darauf hingewiesen, dass Etienne de Bagé als Urheber des Begriffs der ›Transsubstantiation‹, der Verwandlung von Brot und Wein am Altar in der katholischen Eucharistiefeier, angesehen wird.

Die Kathedrale Saint-Lazare wurde in der ersten Hälfte des 12. Jahrhunderts erbaut. Noch unvollendet, wurde sie 1130 von Papst Innozenz II. geweiht. Erst 1146 waren die Bauarbeiten abgeschlossen. Ein Jahr später wurden die Lazarusreliquien aus Saint-Nazaire in die neue Kathedrale überführt; sie fanden später in einer großen Grabanlage, die zwischen 1170 und 1189 errichtet wurde, ihre Bleibe. Leider wurde dieses Lazarusgrab im 18. Jahrhundert zerstört. Die Gestalten der trauernden Magdalena, Andreas und Martha, frühe eindrückliche Beispiele der burgundischen Frühgotik, sind heute im Musée Rolin in Autun zu sehen. 1195 erhob man Saint-Lazare zur Bischofskirche.

Hier in Autun begegnet uns das erste Mal der Name eines Künstlers, über dessen Leben wir so gut wie nichts wissen. Am Tympanon des mächtigen Westportals, am oberen Rand des Türsturzes zu Füßen Christi, steht eingraviert: »Gislebertus hoc fecit« (Gislebertus hat dies geschaffen). Man weiß von ihm nur, dass er seine Ausbildung in Vézelay und eventuell auch in Cluny erhielt. Ob die Kapitelle im Inneren der Kirche auch von ihm stammen? Wir wissen es nicht mit Sicherheit. Seine Handschrift findet sich aber auch am berühmten Kapitellzyklus, den wir, zum Teil von nahem, im so genannten Kapitelsaal der Kathedrale betrachten können. Auch sei als prominentes Beispiel die liegende ›Eva‹ vom (zerstörten) Nordportal genannt, ein Relief, auf dem zum ersten Mal in der romanischen Plastik in ihrer schlangenförmigen Gestalt die verführerische Sinnlichkeit ihren Ausdruck fand. Sie ist ebenfalls im Musée Rolin zu bestaunen.

Wir wollen nun kurz am Westportal vor dem Weltgerichtstympanon mit dem mächtigen, überlebensgroßen (drei Meter hohen!) Christus in der Mitte verweilen. Dessen schlanke, ja überlange Gestalt in der Mandorla wird immer mit dem Christus in Vézelay, den wir auf unserer nächsten Station kennen lernen, verglichen. Ganz nach mittelalterlicher Auffassung finden wir zur Rechten des Weltenrichters die

Auch die ›Eva‹ vom zerstörten Nordportal der Kathedrale zeigt unzweifelhaft Giselbertus' Handschrift.

guten Seelen, die ins Paradies Eingang finden, und zu seiner Linken die bösen Seelen, die dem Höllenschlund ausgesetzt sind. Die schlanken, überlängten Gestalten tragen lange, eng anliegende Gewänder, deren Falten wellenförmige Bewegungen aufweisen. Die Körperlichkeit ist noch ganz zurückgenommen. Doch auffallend ist die Expressivität der Dargestellten. Besonders bei den Verdammten können wir ausdrucksstarke Gesichter erkennen, die sich in Schmerz und Scham verzehren und unser ganzes Mitleid erregen.

Wir verlassen die Kathedrale über die breite Treppe – eine Ergänzung aus dem 19. Jahrhundert – in dem Bewusstsein, dass einst die Leprakranken, die in Scharen nach Autun strömten, von hier aus durch die geöffneten Türen der Messe beiwohnen konnten und ihre erschöpften, müden Blicke auf das Tympanon mit der Weltgerichtsdarstellung warfen. Was haben sie vor dieser Allgewalt der Stein gewordenen Bildkraft wohl empfunden und erlebt?

Die ehemalige Abteikirche Sainte-Madeleine von Vézelay

Zu den Höhepunkten einer Burgund-Reise gehört der Besuch von Vézelay mit seiner romanischen Wallfahrtskirche Sainte-Madeleine, die auch auf die Liste des Unesco-Weltkulturerbes aufgenommen wurde. Bereits bei der Anreise kommt man ins Schwärmen: Von ferne sieht man den sanften Hügel mit dem Ort Vézelay liegen; deutlich zeichnet sich die mächtige Basilika Sainte-Madeleine mit ihren zwei massigen, niedrigen Türmen ab. Der überlieferte Ausspruch eines Bischofs von Auxerre aus dem Mittelalter hat bis heute Gültigkeit: »Die Schönheit, die die Architektur ausstrahlt, lässt den Leib jubeln und sich voll entfalten, das Herz aber wird erquickt und frohlockt.«

Die Ursprünge dieser ehemaligen Abtei sind im Tal, im heutigen Saint-Père-sous-Vézelay zu finden; dort wo die kleine gotische Kirche steht, soll sich ursprünglich ein keltisches Quellenheiligtum befunden haben. Im 9. Jahrhundert entstand ein Nonnenkloster, das von den Normannen geplündert wurde. 878 gründeten Benediktiner zunächst an der gleichen Stelle ein neues Kloster, das sie aber bald auf den nahen Hügel verlegten, wo man Reste einer keltischen Siedlung gefunden hat. Seit Mitte des 11. Jahrhunderts wurde die Legende verbreitet, dass hier die Heilige Maria Magdalena begraben sei, deren Reliquien Ende des 9. Jahrhunderts von Aix nach Vézelay gebracht worden wären. Vézelay gewann jedoch erst ab dem 11. Jahrhundert als Wallfahrtsort Bedeutung; seit dieser Zeit stieg das Ansehen der Abtei zusehends.

Bald schon reichte die alte Kirche nicht mehr für die Pilgerscharen aus und in den letzten Jahren des 11. Jahrhunderts wurde mit einem Neubau begonnen. Aufgrund eines Bürgeraufstandes gegen den amtierenden Abt im Jahr 1106 kam das Bauvorhaben zunächst ins Stocken. 1120 fiel dann die noch nicht fertig gestellte Basilika zum großen Teil einem Brand zum Opfer, bei dem über tausend Pilger umkamen. Ein dritter Bau wurde zwischen 1120 und 1140 errichtet.

Nachdem ein weiterer Brand den Ostteil der Kirche zerstört hatte, wurde der Chor nach 1165 in gotischer Form wieder aufgebaut. Inzwischen war Vézelay eine Kluniazenserabtei geworden, deren Wallfahrtskirche damals zu den wichtigsten Pilgerstätten des Abendlandes zählte.

Noch während der Bauzeit hielt an Ostern 1146 der französische König Ludwig VII. mit seiner damaligen Frau, Eleonore von Aquitanien, hier Hof. Es reisten die Größen des ganzen Reiches und viel Volk an. Zu diesem Zeitpunkt, am 31. März, hielt auch Bernhard von Clairvaux seine berühmte Predigt, in der er zum zweiten Kreuzzug aufrief. Dank seiner befeuernden Überzeugungskraft gelang es ihm, die Zuhörer in einen Begeisterungstaumel zu versetzen. Und König Ludwig und viele seiner Lehnsherren verpflichteten sich, ins Heilige Land aufzubrechen. Dieser Aufruf breitete sich wie ein Lauffeuer im ganzen Land bis ins Deutsche Reich aus. Der Kreuzzug endete jedoch mit einem Misserfolg.

Vézelay schien sich damals als Mittelpunkt der Christenheit zu betrachten – und geriet damit in Konkurrenz zu Cluny, von dem es sich auch architektonisch klar abgrenzen wollte. Welche Ausstrahlung es im Mittelalter besaß, kann man den Zeilen des Abtes von Cluny, Petrus Venerabilis, entnehmen, der 1138 an Papst Innozenz II. schrieb: »In unserem Land kennt Vézelay außer Cluny keinen Rivalen innerhalb unseres Ordens. Und man kann wirklich mit den Worten des Psalmendichters sagen: Hier endlich ein fruchtbarer Hügel, ein Hügel im Überfluss, ein Hügel, wo Gott gerne Wohnung nimmt.« Petrus Venerabilis, der letzte der großen Äbte von Cluny, war mit Vézelay biografisch eng verbunden, denn er war hier Prior, bevor er 1122, knapp dreißigjährig, zum Abt von Cluny gewählt wurde.

Vézelay wurde auch zum Ausgangspunkt der nachfolgenden Kreuzzüge: So trafen sich hier 1190 die Könige Philipp II. August von Frankreich und Richard Löwenherz von England mit ihrem Gefolge vor ihrer Abreise ins Heilige Land.

Und 1248 sowie 1270 unternahm König Ludwig IX. der Heilige von Frankreich von hier aus seine beiden unglücklich verlaufenen Kreuzzüge; vom zweiten sollte er nicht mehr heimkehren. Vézelay war Anziehungspunkt für das ganze Abendland. Auch Thomas Beckett, Erzbischof von Canterbury, weilte in diesem Kloster und hielt 1166 eine Predigt gegen seinen damaligen persönlichen Kontrahenten, König Heinrich II. von England. Und 1217 ließ der Heilige Franz von Assisi in Vézelay das erste Kloster seines Ordens auf französischem Boden gründen.

Ab Mitte des 13. Jahrhunderts begannen sich Zweifel über die Echtheit der in Vézelay befindlichen Reliquien der Heiligen Magdalena zu verbreiten. Als man dann in Saint-Maximin in der Provence das angebliche Grab der Heiligen öffnete und darin sogar die Gebeine einer Frau fand, die man sofort offiziell als die gesuchten preisgab, gingen die Wallfahrten nach Vézelay rapide zurück. Da jedoch Vézelay ein wichtiger Ausgangsort für die beliebten Jakobus-Wallfahrten nach Santiago de Compostela in Nordspanien geworden war, behielten das Kloster und der Ort weiterhin eine gewisse Bedeutung. Bis heute machen sich von hier aus Pilger auf die Jakobspilgerschaft, die seit dem Ende des 20. Jahrhunderts eine starke Wiederbelebung erfahren hat.

Der langsame Niedergang der Abtei von Vézelay war aber nicht aufzuhalten. 1538 verließen die Mönche das Kloster. Während der Religionskriege und der Französischen Revolution hatten Kirche und Klostergebäude erheblich gelitten, letztere wurden sogar fast vollständig zerstört. Glücklicherweise setzte sich im 19. Jahrhundert der Dichter Prosper Mérimée für den Erhalt der Kirche ein. Der berühmte Architekt Viollet-le-Duc wurde herangezogen und konnte die Kirche durch seine mit Hilfe alter Dokumente durchgeführte Restaurierung in den Jahren 1840 bis 1859 vor dem Verfall retten. Der Zufall wollte es, dass man 1876 die angeblichen Reliquien der heiligen Maria Magdalena wieder-

Zur Sommersonnenwende, wenn die Sonne ihren höchsten Stand erreicht hat, markieren neun Lichtflecken genau die Mitte des Kirchenschiffs und weisen den Weg zum Altarraum.

Ancienne Abbaye de Cluny et Musée d'Art et d'Archéologie

TIPPS: Sehenswürdigkeiten des Mittelalters

Tel. 03 85 59 12 79,
Fax 03 85 59 82 00,
www.cluny-tourisme.com – Die Besichtigung der Klosteranlage beginnt im Musée d'Art et d'Archéologie du Moyen Age (Musée Ochier), Palais Jean de Bourbon, Tel. 03 85 59 23 97, Fax 03 85 59 02 65. – Öffnungszeiten: 1. November bis 15. Februar von 10 bis 12 und 14 bis 16 Uhr, 26. Februar bis 31. März von 10 bis 12 und 14 bis 17 Uhr, 1. April bis 30. Juni von 9.30 bis 12 und 14 bis 18 Uhr, Juli/August von 9 bis 19 Uhr, September von 9 bis 18 Uhr, Oktober von 9.30 bis 12 und 14 bis 17 Uhr.

Abbaye de Cîteaux

21640 Saint-Nicolas-les-Cîteaux, Tel. 03 80 61 11 53, Fax 03 80 61 31 10, www.citeaux-abbaye.com
Von Mitte Mai bis Mitte Oktober sind zu besichtigen: Kapelle, Bibliothek, Reste des Kreuzgangs, Bauten des 18. Jahrhunderts.

Abbaye de Fontenay

21500 Marmagne, Tel. 03 80 92 15 00, Fax 03 80 92 16 88, www.abbayedefontenay.com – Öffnungszeiten: 1. April bis 11. November täglich von 10 bis 17.30 Uhr, 12. November bis 31. März täglich von 10 bis 12 und 14 bis 17 Uhr, Führungen Juli/ August vormittags stündlich, nachmittags halbstündlich.

fand, die die Hugenotten im 16. Jahrhundert aus Vézelay entführt hatten. Die Wallfahrten begannen wieder. Heute zählt Vézelay zu den meistbesuchten Orten Frankreichs. Die geistliche, liturgische und kulturelle Betreuung obliegt seit 1993 der Mönchsgemeinschaft von Jerusalem.

Bevor wir das lichtdurchflutete Kircheninnere betreten, halten wir in der dämmrigen Vorhalle inne. Hier finden wir eine der ersten Dreiportalanlagen des französischen Mittel-

Autun

Musée Rolin, 5, Rue des Bancs, Tel. 03 85 52 09 76,
Öffnungszeiten: Oktober bis März, mittwochs bis sonntags von
10 bis 12 und 14 bis 17 Uhr (sonntags ab 14.30 Uhr), April bis
September täglich 9.30 bis 12 und 13.30 bis 18 Uhr.

Vézelay

Basilique Sainte-Madeleine,
Öffnungszeiten: Juli/August von 7 bis 19 Uhr, ansonsten von
Sonnenaufgang bis Sonnenuntergang.

Itinéraire cistercien dans l'Yonne

Kontakt: Association Grange de Beauvais, Mairie,
89230 Venouse, Tel. 03 86 47 90 55, grange-de-
beauvais@ifrance.com, www.ifrance.com/grange-de-beauvais

alters, die bereits auf die Gotik verweisen, in der dieser Portaltypus vorherrschend wurde. Wir blicken auf das mittlere Kirchenportal, in dessen mächtigem Tympanon Christus in der Mandorla dargestellt ist, umgeben von den Aposteln. Uns kommt der Weltenrichter von Autun in den Sinn, der auf uns jedoch hieratischer und strenger wirkte. Hier sind die Figuren geschmeidiger und es scheint, als sei alles stärker in Bewegung. Dargestellt ist hier das Pfingstereignis. Halb sitzend, halb stehend breitet der feingliedrige, überlange und zugleich mächtig wirkende Christus seine Arme über den Aposteln aus. Über ihm in den Bogenfeldern finden sich allerlei Volk, die Tierkreiszeichen und die Arbeiten der jeweiligen Monate.

Nirgendwo wurde das Pfingstgeschehen eindrücklicher dargestellt. Mit angewinkelten Beinen und wehendem Gewand hält Christus wie schützend die Arme über die zwölf Apostel. Es scheint, als wehe der Geist Gottes durch den Stein und erwecke alle Anwesenden mit der Flamme der Erleuchtung. Wir stehen vor dem Mittelpfeiler, der die Figur Johannes des Täufers darstellt. Die Pforten ins Kircheninnere sind geöffnet. Wir sehen die Pfeiler des Mittelschiffs, die sich zu einer geschlossenen Reihe gruppieren, um in den hell erleuchteten Chor überzuleiten. Hier lösen sich alle architektonischen Formen in Licht auf. Erst als wir uns in den Innenraum begeben, erleben wir die Tiefen- und Sogwirkung des lichtdurchfluteten Chorraumes. Besonders eindrücklich ist dieser Raum zur Sommersonnenwende, wenn die Sonne ihren höchsten Stand erreicht hat. Dann nämlich markieren neun Lichtflecken genau die Mitte des Kirchenschiffs und leiten den Besucher auf diesem Lichtweg zum Altarraum (siehe Abb. S. 73). Zur Wintersonnenwende sind es dann die Kapitelle auf der Nordseite, die vom Mittagslicht erleuchtet werden. Hier materialisiert sich das Licht im Stein und durch den Stein, es wird eingefangen und wieder abgegeben. Es scheint, als sei die Kirche aus Licht erbaut. Es ist bildhaftes Symbol für die Heilige, für Maria Magdalena, die sozusagen als erste Zeugin den Auferstandenen am Ostermorgen zu Gesicht bekam. Es ist wie eine lichterfüllte, Licht gewordene Hymne an sie, die merkwürdigerweise in der ihr geweihten Kirche nirgendwo dargestellt ist.

Vom Licht erfüllt verlassen wir die Kirche und begeben uns auf die dahinter liegende Terrasse, von welcher man einen weiten Blick über das Tal der Cure hat. Uns fallen sofort die kräftig leuchtenden Sonnenblumenfelder auf, die das Sonnenlicht zu bündeln scheinen. Ein goldener Sonnenglanz überstrahlt die Landschaft ...

Zum Schluss schlendern wir noch durch die mittelalterlichen Gassen von Vézelay. Wir verlassen die glanzvolle Zeit der Klöster, die während dreier Jahrhunderte, dem 10., 11. und 12., dem mittelalterlichen Leben im Burgund ihren Stempel aufdrückte. An die Stelle der Ausstrahlung und der Inbrunst der Mönche trat das geschäftige Leben der Städte, das mit dem Wirken der großen Herzöge im 14. und 15. Jahrhundert einen Aufschwung im wirtschaftlichen und politischen Bereich, aber auch einen prachtvollen Niederschlag in den bildenden Künsten besonders in Dijon und Beaune fand.

EIN FEST DER SINNE – KUNST UND LEBEN AM HOFE DER HERZÖGE

Über 100 Jahre, von 1364 bis 1477, regierten in Burgund die vier mächtigen und stolzen Herzöge aus dem Hause Valois. Dijon war zwar Hauptstadt des Herzogtums Burgund, doch die Herzöge hielten dort nur ab und zu Hof und weilten meist entweder in Paris oder in Flandern. Dass sie bei Dijon ihre dynastische Grablege begründeten, zeigt jedoch, welch hoher Stellenwert dieser Ort für sie dennoch hatte. Neben dem imposanten Herzogspalast im Zentrum, der trotz seiner zahlreichen Veränderungen im 17. Jahrhundert noch deutlich spätgotische Züge aus der Zeit der Herzöge aufweist – hier befinden sich auch die beiden imposanten Grabmäler von Philipp dem Kühnen und von Johann Ohnefurcht –, sind es die eindrücklichen Skulpturen des Mosesbrunnens und die Portalfiguren der ehemaligen Kartause von Champmol etwas außerhalb des Zentrums von Dijon, die Zeugnis ablegen von der großzügigen Kunstförderung der Herzöge.

Höfische Prachtentfaltung Philipp der Kühne war wie seine Brüder, König Karl V., die Herzöge Louis d'Anjou und Jean de Berry, ein großer Kunstliebhaber und Mäzen. Auch sein Sohn Johann Ohnefurcht teilte seine Leidenschaft für Luxus mit seinen Vettern König Karl VI. und Herzog Ludwig von Orléans. Alles musste vom Feinsten und Besten sein. Selbst die Alltagsgegenstände der Herzogsfamilie waren aus edelstem Material, seien es Gewänder oder Gebrauchsgegenstände wie Andachtsbuch, Schwert, Kinderspielzeug oder Zahnsto-

*Die Darstellung eines herzoglichen Banketts im
Stundenbuch des Jean de Berry, einem Bruder Philipps
des Kühnen, gibt auch einen Einblick in den verschwen-
derischen Luxus am Hof der burgundischen Herrscher.*

cher. Doch von diesen kostbaren Schätzen – Schmuck, Gold-
schmiedekunst, Teppiche, Prunkgeräte, Gold- und Silbergeschirr, Gewänder, Prachthandschriften, Buchmalereien, Gemälde, Skulpturen usw. –, die in einer Zeit, wo es keinen
geregelten Geldverkehr gab, beste Kapitalanlagen waren, ist
leider nur ein Bruchteil erhalten geblieben.

Keines der prächtigen Schlösser und Paläste der Herzöge
in Burgund, in Paris, in Flandern und in den Niederlanden
haben die Zeiten überdauert. Buchmalereien, Augenzeugen-
berichte und Chroniken vermitteln uns heute nur ein blas-
ses Bild vom damaligen prächtigen Leben. Glanzvolle Feste

Philipp II. der Kühne (1363–1404)

Philipp der Kühne wurde als jüngster Sohn von König Johann II. dem Guten von Frankreich am 15. Januar 1342 in Pontoise geboren. In der Schlacht bei Maupertuis im Jahr 1356 geriet Philipp mit seinem Vater Johann in englische Gefangenschaft, in der er seine Tapferkeit und Ritterlichkeit unter Beweis stellte. Erst 1360 kam er wieder frei. 1363 übergab ihm sein Vater das Herzogtum Burgund als Apanage. Durch die Heirat mit Margarete, Erbtochter Ludwigs von Maele, des Grafen von Flandern, verstärkte sich der französische Einfluss in Flandern.

Der Tod seines Schwiegervaters Ludwig brachte Philipp den Kühnen 1384 in den Besitz der Freigrafschaft Burgund (heute Franche-Comté) sowie der Grafschaften Flandern, Artois, Nevers und Rethel. Er reorganisierte die Verwaltung seiner Länder und ging hart gegen das Streben der Städte nach Selbstständigkeit vor.

Nach dem Tod des französischen Königs Karl V. im Jahre 1380 übernahm Philipp, gemeinsam mit seinen Brüdern Louis d'Anjou und Jean de Berry, die Regierung des Königreichs und setzte dessen Ressourcen zu seinen Gunsten ein. So ließ er sich Besitzungen in der Champagne übertragen und nahm das königliche Heer für einen seiner Feldzüge gegen Geldern in Anspruch. Philipp stellte sich im Krieg entschieden gegen England und erzwang mit seiner überlegenen strategischen Haltung bereits 1375 den Waffenstillstand von Brügge, der 1383 erneuert wurde. 1388 legte er die Regentschaft nieder, wollte sie aber erneut ergreifen, als sein Neffe, König Karl VI., 1392 in geistige Umnachtung fiel. Dadurch geriet er in Konflikt mit sei-

Philipp der Kühne, zeitgenössisches Porträt.

nem Neffen Ludwig I. von Orléans, gegen dessen Interesse er
erreichte, dass sich Genua 1396
dem königlichen Schutz unterstellte, was den Hass zwischen
beiden dynastischen Linien be-
gründete. 1396 trug Philipp wesentlich dazu bei, dass ein 28-
jähriger Waffenstillstand mit
Richard II. von England zustan-
de kam. Als Herr der Grafschaft
Flandern, die enge wirtschaftliche
Beziehungen zu England pflegte, hatte Philipp kein besonderes
Interesse an einer Weiterführung
des Krieges und intensivierte die
wirtschaftlichen Beziehungen zu
England.

Philipp betrieb außerdem eine
aktive Bündnispolitik mit den
Wittelsbachern, den Habsburgern und den Luxemburgern,
um so seinen vielen Kindern reichen Territorialbesitz zu sichern.
Er entsandte Truppenkontingen-
te zur Unterstützung des Deutschen Ordens nach Preußen und
schickte seinen Sohn Johann
Ohnefurcht mit einem Heer zum
Kampf gegen die Türken. Nach
der vernichtenden Niederlage
von Nikopolis 1396 musste er
seinen gefangenen Sohn mit einer riesigen Lösegeldsumme frei-
kaufen, die er aber größtenteils
dem französischen Kronschatz
entnahm.

Als prunkliebender, am Hofle-
ben rege teilnehmender Herzog
ließ Philipp der Kühne eine Reihe
von reich ausgestatteten Schlös-
sern in seinen Ländern ausbau-
en und gründete in der Kartause
Champmol bei Dijon die Grablege der burgundischen Herzogs-
dynastie. Philipp der Kühne starb
am 27. April 1404. Trotz seiner
Besitztümer war er infolge seiner Verschwendungssucht tief
verschuldet, sodass nach seinem
Tod eine Anleihe aufgenommen
werden musste, damit er in der
Hauptstadt Dijon feierlich bestattet werden konnte.

Philipp war sehr einnehmend
und großherzig, dazu sprachlich und politisch gewandt. Zeitgenossen schildern ihn als hoch-
gewachsenen, kraftvollen, aber
hässlichen Mann mit scharf ge-
schnittenen Gesichtszügen wie
die meisten aus dem Haus Valois.
Er liebte wie viele seiner Zeitgenossen die Jagd, das Feder-
ballspiel und das Possentheater
und legte die Grundlage für das
prunkvolle burgundische Hofle-
ben, für das das berühmte steife
Zeremoniell charakteristisch war.
Als Kunstfreund und Mäzen trug
er prächtige Sammlungen und
Bibliotheken zusammen und beauftragte zahlreiche bedeutende
Künstler.

und Turniere, üppige Bankette und Aufführungen fanden in diesen stattlichen Herzogsschlössern mit ihren reich geschmückten, durch unzählige Kerzen und Fackeln erhellten Festsälen statt. Ausgestattet waren sie mit den prachtvollsten Wandteppichen, kostbarsten Stoffen und Damasttüchern, mit edelstem Gold- und Silbergeschirr, leuchtenden Kristallen und mit Perlen und Juwelen verziertem Glas in allen Farben und Formen. Hier trafen sich die Elite des Landes und der europäische Adel. In ihren reichen, mit kostbarsten Edelsteinen verzierten Prunkgewändern nahmen sie an den rauschenden, sich über Tage hinziehenden Festlichkeiten teil, zelebrierten Ruhm und Ehre des Rittertums und huldigten dem ›Grand Duc d'Occident‹ (dem großen Herzog des Abendlandes). Das Ganze war dem streng geregelten Hofzeremoniell unterworfen, dem sich jeder wie einer von Gott gegebenen Weltordnung ergab. Der burgundische Hof, das nordische Gegenstück zu den italienischen Renaissancehöfen, war in ganz Europa berühmt und geschätzt. Viele boten dem Herzog ihre Dienste an; Adelige und reiche Bürger schickten ihre Söhne an den Hof.

Ein zerrissenes Jahrhundert

Ihren Reichtum verdankten die Herzöge einer geschickten Heiratspolitik und ihrem ständigen Expansionsdrang; der burgundische Besitz dehnte sich auf Flandern, Brabant, Seeland, Holland, Friesland, Artois, Picardie, Hennegau, Limburg und Luxemburg, zuletzt sogar bis nach Geldern, Lothringen und ins Oberelsass aus. So profitierte das Herzogtum Burgund vor allem vom reichen Handel der wichtigsten Städte Flanderns, Gent, Brügge und Ypern. Durch seine günstige Lage hatte sich Gent zu einer bedeutenden Handelsstadt und zum Zentrum der Tuchindustrie entwickelt: Über die Schelde kamen das Getreide aus dem Hennegau und die Weine aus Burgund, über die Leye kam ebenfalls Getreide aus dem Artois und über die Lieve und Sluis wurden die Güter vom Meer herbeigebracht. Daneben entwickelte sich Brügge zum zentralen Markt der damals bekannten Welt. »Alles Wünschbare wurde in Brügge feilgeboten: Spezereien und Luxuswaren des Orients neben den Waldprodukten der nordischen Reiche, englische Wolle und Kohle neben den Edelmetallen Böhmens und Ungarns, russische Felle, Segeltuch aus Navarra neben Goldbrokat aus der Tartarei und köstlicher Seide, Zucker aus Marokko neben Früchten, die in Granada und Andalusien gewachsen waren. Die feurigen Weine Zyperns und der Bourgogne lagerten neben den milden Gewächsen des Rheingaues und des Poitou« (Otto Cartellieri).

Obwohl die Herzöge über einen großen Besitz verfügten, mit dem sie sich mit manchem Königreich messen konnten, war Burgund kein einheitlicher Staat, sondern nur ein loses Staatengefüge. Auch galt es, verschiedene Nationalitäten, unterschiedlichste wirtschaftliche und politische Interessen unter einen Hut zu bringen. Das erforderte eine straffe Führung und eine gute Verwaltung. Neben Philipp dem Kühnen waren es besonders der dritte Herzog, Philipp der Gute, und sein Kanzler Nicolas Rolin, die offenbar eine glückliche Hand hatten. 1433 kamen weitere wertvolle deutsche Lehen unter das burgundische Banner: nicht nur Brabant und Limburg mit ihren reichen Gruben und Erzlagern, der blühenden Landwirtschaft und bedeutenden Viehzucht, sondern auch Holland und Seeland mit ihrer fetten Marsch, ihren mutigen Seefahrern, den wichtigen Schiffsbauern und den fleißigen Fischern. Gestützt auf die burgundischen Waffen konnte Holland, unabhängig vom Deutschen Reich und der Hanse zum Trotz, seine Seemacht ausbauen. So flossen wichtige Einnahmen auch aus dem Hennegau, aus Namur und aus den Bergwerken, den Eisen-, Blei- und Steinkohlengruben sowie den Marmor- und Kalkbrüchen der Ardennen in die herzogliche Kasse.

In diese Zeit der Prachtentfaltung unter den burgundischen Herzögen fiel aber auch der zermürbende Hundertjäh-

Kunst und Handwerk hatten unter den burgundischen Herzögen Hochkonjunktur. Zu den Luxusartikeln am Hof gehörten auch kostbare Handschriften. (Aus ›Miracles de Notre-Dame‹, um 1456.)

rige Krieg (1339–1453) zwischen Frankreich und England. Der Anspruch des englischen Königs auf den französischen Thron, politische und wirtschaftliche Interessen, vor allem die reichen Handelszentren in Flandern betreffend, waren der Hintergrund. Durch die Erweiterung des burgundischen Herzogtums auf Flandern gingen auch die Interessen Burgunds und die der französischen Krone mehr und mehr auseinander. Flandern war mit seiner reichen Tuchindustrie auf die ungehinderte Zufuhr englischer Wolle angewiesen und wollte deshalb im Krieg zwischen Frankreich und England neutral bleiben. Spannungen zwischen dem aufstrebenden Herzog von Burgund und dem schwachen König von Frankreich waren unausweichlich.

Während dieses Jahrhundertkrieges wechselten sich Schlachten, Waffenstillstände und Friedensschlüsse immer wieder ab. Das führte dazu, dass große Landstriche verwüstet wurden, überall rechtliche Unsicherheit herrschte und das Alltagsleben von Verbrechen und menschlichem Elend geprägt war. Der größte Teil der Bevölkerung lebte in bitterster Armut. Aufstände und blutige Unruhen, besonders in Paris, waren die Folge. Die Menschen waren ohne Hoffnung und fühlten sich von Gott verlassen, ja verdammt. Auch die Kirche bot in dieser Zeit keinen Halt: Sie war machthungrig, besitzergreifend und völlig zerstritten. Zwei Päpste, der eine in Rom, der andere in Avignon, kämpften um die Macht und spalteten ganz Europa in zwei Lager.

Die Aristokratie des Landes setzte dieser Not Prunk und Luxus entgegen und versuchte, in rauschenden Festen für Stunden das Elend außerhalb ihrer Paläste zu vergessen. Extreme Gegensätze kennzeichneten das Leben der damaligen Menschen. Auf der einen Seite herrschte ein übermäßiger Hang zu Prunk, Sinneslust und Sündhaftigkeit, auf der anderen Seite eine komplette Verleugnung aller weltlichen Genüsse, strikte Frömmigkeit und Abkehr von allen Sinnesfreuden. Das tägliche Leben war geprägt von düsterem Hass und Gewalt, aber auch kindlicher Freude und übertriebener Ausgelassenheit. Die Menschen waren zerrissen, ruhelos, in ihren extremen Gefühlen hin- und hergeworfen.

So versuchten die Herzöge nicht nur, das diesseitige Leben durch Kunstwerke zu verschönern, sondern sie sorgten auch für ihr Seelenheil über den Tod hinaus. Herzog Philipp der Kühne gründete die Kartause von Champmol bei Dijon, um dort die herzogliche Grablege zu errichten. Er ließ das Kloster mit den prachtvollsten Kunstwerken ausstatten und überantwortete es dem strengsten Mönchsorden der Kartäuser – der Kontrast zum Leben der Mönche in Armut und Besitzlosigkeit konnte kaum größer sein. Eine weitere bedeutende Stiftung aus der Zeit der burgundischen Herzöge entstand aus der gleichen Seelenhaltung: Nicolas Rolin, Berater des Herzogs Johann Ohnefurcht und Kanzler Philipps des

Johann Ohnefurcht
(1404–1419)

Johann Ohnefurcht (Jean sans Peur) wurde am 28. Mai 1371 in Dijon als ältester Sohn von Herzog Philipp dem Kühnen und Margarete II. von Flandern geboren. 1385 wurde er mit der Wittelsbacherin Margarete von Bayern verheiratet. Er zog 1396 mit einem französischen Kreuzfahrerheer dem deutschen König Siegmund von Ungarn zu Hilfe und kämpfte in der Schlacht bei Nikopolis gegen die Türken, wo er in Gefangenschaft geriet und erst 1398 gegen ein hohes Lösegeld freikam.

Johann Ohnefurcht wuchs in Flandern auf und folgte 1404 seinem Vater als Herzog von Burgund. Somit erbte er auch die Freigrafschaft Burgund (heute Franche-Comté), Artois und Flandern. Er geriet aufgrund seiner niederländischen Interessen in Konflikt mit seinem Vetter, dem Herzog Ludwig von Orléans, den er 1407 auf offener Straße in Paris ermorden ließ. Danach musste Johann Ohnefurcht aus Paris fliehen, kehrte aber kurze Zeit später zurück und ließ 1408 diesen Mord von Jean Petit, Gelehrter an der Sorbonne, öffentlich als Tyrannenmord rechtferti-

gen. Die Geisteskrankheit seines Vetters, König Karls VI., veranlasste ihn, als Enkel König Johanns des Guten Anspruch auf die Krone Frankreichs zu erheben. Er intrigierte mit Geschick gegen das französische Königshaus und wurde zum Initiator des großen Konflikts zwischen ›Burgundern‹ und königstreuen ›Armagnacs‹ im Kampf um den französischen Thron mitten im Hundertjährigen Krieg. So besetzte er 1408 Paris und hielt es fest unter seiner Kontrolle. Die anderen Fürsten, an ihrer Spitze sein Onkel Herzog Jean de Berry, verbündeten sich gegen ihn, und ein heftiger, nur von kurzen Friedensphasen unterbrochener Bürgerkrieg brach aus.

Im August 1413 wurde Johann Ohnefurcht durch einen Aufstand der Zünfte, der so genannten ›Cabochiens‹, aus Paris vertrieben und verlor damit die Kontrolle über die Stadt und den zentralen Regierungsapparat. Seine Gegner verfolgten trotz des 1414 in Arras geschlossenen Vertrages seine Anhänger und hinderten sie sogar daran, sich dem französischen Heer anzuschließen, das dann bei Azincourt den Engländern unterlag. Johann Ohnefurcht kreiste aber später Paris ein, bildete 1417 mit der von ihm

Der Mord an Johann Ohnefurcht auf der Brücke von Montereau.

›Armagnac‹-Partei geworden war. Nach einer ersten Unterredung über ein gemeinsames Vorgehen gegen die Engländer lockte ihn der Dauphin zu einem zweiten Gespräch auf die Brücke von Montereau, auf der Johann Ohnefurcht am 10. September 1419 von den Begleitern des Dauphins ermordet wurde. Der Leichnam wurde völlig ausgeplündert und liegen gelassen. Am nächsten Tag wurde er in einem Armensarg in Montereau bestattet. Erst sieben Monate später erhielt er ein würdiges Begräbnis in der Kartause von Champmol.

gefangenen Königin Isabeau von Frankreich eine Gegenregierung in Troyes und eroberte Paris im Mai 1418 zurück. Angesichts der Bedrohung der Hauptstadt durch die Engländer, mit denen Johann Ohnefurcht verhandelt hatte, suchte der Herzog einen Ausgleich mit dem Dauphin Karl (VII.), der nun zum Haupt der

Guten, gründete in Beaune ein Hospiz für die Kranken und Bedürftigen und stiftete dafür ebenfalls kostbare Kunstwerke – nicht als selbstloses Geschenk an die Armen, sondern im Hinblick auf das eigene Seelenheil.

In den Kunstwerken aus dieser Zeit scheinen die polarisierenden Kräfte, durch die Hand des Künstlers geformt, zum Ausgleich gekommen zu sein. Vielleicht konnten die unruhigen und zerrissenen Seelen durch deren Betrachtung Ruhe finden und für eine gewisse Zeit in ein harmonisches

Gleichgewicht gebracht werden. Diesen Eindruck vermitteln zumindest die erhaltenen Werke aus der ehemaligen Kartause von Champmol: die Figuren des Mosesbrunnens und die Portalskulpturen, die beiden Grabmäler von Herzog Philipp dem Kühnen und Johann Ohnefurcht, die beiden Flügelaltäre, der Märtyreraltar und der Passionsaltar, aber auch der imposante Weltgerichtsaltar von Rogier van der Weyden in Beaune. Diese Werke zählen heute zu den bedeutendsten Schöpfungen der europäischen Kunstgeschichte und verraten ein sicheres Gespür der Auftraggeber für die besten und fortschrittlichsten Künstler ihrer Zeit.

Die ehemalige Kartause Champmol

Als Philipp der Kühne 1384 vor den Toren von Dijon die Kartause von Champmol gründete, folgte er dem seit dem Mittelalter verbreiteten Brauch, ein Kloster als dynastische Grablege zu stiften. Dies kann als Ausdruck der Frömmigkeit des Herzogs, ebenso aber als politische Manifestation betrachtet werden. Philipp der Kühne brach dabei mit der Tradition der Kapetinger Herzöge von Burgund, die sich bislang in der Zisterzienserabtei von Cîteaux bestatten ließen. 1388 fand die Einweihung der Kirche von Champmol statt; im selben Jahr ließen sich dort 24 Kartäusermönche, fünf Laienbrüder und ihr Prior nieder, um unablässig für das Seelenheil der Herzogsfamilie zu beten. In den Augen des Herzogs gab es nichts Besseres als die Gebete der frommen Mönche, die aus Liebe zu Gott freiwillig die Armut wählten und allen Nichtigkeiten und Freuden der Welt entsagten.

Die nachfolgenden Herzöge blieben zwar mit dieser Gründung verbunden – Johann Ohnefurcht wurde 1419, Philipp der Gute 1474 hier begraben –, doch wurden die künstlerischen Projekte nicht mehr in dem Ausmaß, mit dem gleichen Elan und der bisherigen Großzügigkeit gefördert wie unter Philipp dem Kühnen.

Leider wurde das Kloster während der Revolution aufge-

Philipp III. der Gute
(1419–1467)

Philipp III. der Gute (›le Bon‹) wurde als einziger Sohn des Herzogs Johann Ohnefurcht von Burgund und der Margarete von Bayern-Holland am 31. Juli 1396 in Dijon geboren. Nach der Ermordung seines Vaters 1419 schlug die Stimmung in Paris zugunsten der burgundischen Partei um. Philipp, Graf von Charolais, Statthalter in Flandern, ergriff offen für die Engländer Partei. Da der geisteskranke Karl VI. und Königin Isabeau unter der Kontrolle Philipps standen, kam es im Mai 1420 zum Vertrag von Troyes, der dem Dauphin (dem französischen Thronfolger) ausdrücklich alle Rechte absprach. Nach einem rücksichtslosen Erbfolgekrieg gewann Philipp 1429 die Grafschaft Namur und brachte die Gebiete Hennegau, Holland und Seeland unter seine Herrschaft. 1430 erwarb er Brabant und Limburg, dazu 1451 das Herzogtum Luxemburg. Im Mai 1430 nahmen Truppen Philipps bei der Belagerung von Compiègne die Jungfrau von Orléans gefangen und Philipp verkaufte sie bedenkenlos gegen die hohe Summe von 10 000 Goldtalern an die Engländer. Später gab er das Bündnis mit den Engländern auf und einigte sich im Frieden von Arras 1435 mit Karl VII. Mit diesem Frontwechsel entschied Philipp den Hundertjährigen Krieg für Frankreich. Danach unterwarf er die niederländischen Bistümer Lüttich, Utrecht, Cambrai und Tournai sowie die Stadt Gent, deren Protektor er wurde. Philipp war es gelungen, aus der 1363 gebildeten Apanage Burgund ein mächtiges und eigenständiges Staatswesen zu schaffen, das einerseits aus dem Herzogtum Burgund und der angrenzenden Freigrafschaft und andererseits aus dem wirtschaftlich hoch entwickelten, größtenteils auf Reichsgebiet liegenden niederländischen Territorium bestand. Die besondere Stellung Herzog Philipps zeigte sich auch darin, dass er dem König keinen Lehnseid zu leisten hatte, d.h. die Souveränität des burgundischen Staates blieb dem Herzog auf Lebenszeit garantiert. Durch seine Expansionspolitik konnte Philipp die Niederlande politisch vereinigen. Bei seinem Tod erstreckte sich sein Reich von der Loire und der Saône im Süden bis zur Somme, Schelde und Maas im Norden. Philipp der Gute vereinheitlichte nach und nach sein Reich und

Philipp dem Guten wird im Beisein seines Sohnes Karl ein Buch überreicht. (Aus ›Chroniques de Hainaut‹, um 1448.)

führte es zu einem kulturellen, wirtschaftlichen und politischen Höhepunkt, wobei ihm sein Kanzler Nicolas Rolin zur Seite stand. Der Herzog verfeinerte zudem das höfische Zeremoniell, sodass der burgundische Hof mit seinem unübertroffenen Glanz zum Mittelpunkt der französischen Ritterkultur im ausgehenden Mittelalter wurde. (Das burgundische Hofzeremoniell wurde von den spanischen Habsburgern, später als spanisches Hofzeremoniell mit gewissen Modifizierungen auch von den österreichischen Habsburgern übernommen.) Hier erreichten die Künste, besonders Musik, Buch- und Tafelmalerei, eine einzigartige Blütezeit. Der Herzog baute eine kostbare Bibliothek auf, die als die bestausgestattete des christlichen Abendlandes gerühmt wurde, und war 1430 Gründer des ›Ordens vom Goldenen Vlies‹ (siehe S. 103). Philipp liebte den Prunk. Seine feierlichen Einzüge, legendären Hoffeste, Turniere und Bankette übertrafen die Vorstellungskraft der Zeitgenossen. Er genoss das Leben in vollen Zügen. Man nimmt an, dass er an Altersschwachsinn litt. Am 15. Juni 1467 starb er in Brügge. 1473 ließ sein Sohn Karl der Kühne seinen Leichnam und den seiner Mutter, der Herzogin Isabella von Portugal, in die Kartause von Champmol überführen.

löst, verkauft und zum großen Teil zerstört. Wertvolle Kunstwerke aus der Zeit des 14. bis 18. Jahrhunderts wurden Opfer der Zerstörungswut oder in alle Winde verstreut, sodass sie sich heute nicht nur im Kunstmuseum von Dijon, sondern auch in anderen Museen Europas und Amerikas befinden.

Herzog Philipp der Kühne stellte beträchtliche Summen für den Bau und die Ausgestaltung der Kartause zur Verfügung. Man geht heute davon aus, dass hier zwischen 1380 und 1410 eine der größten Baustellen Frankreichs zu finden war. Die bedeutendsten Künstler und Handwerker ihrer Zeit, die aus Paris und Flandern, den damals wichtigsten Kunstzentren, herbeigerufen wurden, sollten die Kartause von Champmol zu einem einzigartigen Gesamtkunstwerk ausgestalten. Die Arbeiten wurden zunächst bis 1389 von Jean de Marville geleitet. Dieser hatte 1388 auch mit dem Kirchenportal und seinen Skulpturen begonnen, dem Stifterpaar Herzog Philipp und Margarete von Maele mit den Heiligen Johannes und Margarete. Bereits 1381 hatte Philipp der Kühne ihm den Auftrag für sein Grabmal gegeben. Nach Marvilles Tod übernahm der aus dem holländischen Haarlem stammende und wohl vorher in Paris künstlerisch tätige Claus Sluter die Leitung. Aber erst sein Neffe und wichtigster Mitarbeiter Claus de Werve, der die Werkstatt von 1406 bis 1439 leitete, konnte das Grab Philipps des Kühnen 1410 fertig stellen.

Unser Augenmerk richten wir zunächst auf das genialste und originellste Werk Claus Sluters, auf den so genannten Mosesbrunnen, den er zwischen 1395 und 1405 ausführte. Konzipiert war die monumentale Anlage für das Zentrum des großen Kreuzgangs der Kartause. Sie bestand ursprünglich aus drei Teilen: Über einem kreisrunden Brunnenbecken von sieben Metern Durchmesser erhob sich die Sockelzone mit sechs Prophetengestalten, darüber der monumentale, fast neun Meter hohe Kalvarienberg mit Christus am Kreuz, umgeben von Maria, dem Heiligen Johannes und der Heiligen Magdalena. Erhalten hat sich der Sockel mit den Propheten; die Statuen der Kreuzigungsgruppe wurden Ende des 18. Jahrhunderts zerstört, vermutlich als das Dach des schützenden Pavillons einstürzte. Gerettet wurden nur das Haupt und die Beine des Christus sowie die Arme der Maria und der Maria Magdalena. Doch die erhaltenen Skulpturen sind Zeugnis genug dafür, dass Sluters Werk bahnbrechend für die Entwicklung der burgundischen und europäischen Skulptur des 15. Jahrhunderts war. In ihrer Ausdruckskraft und Plastizität weisen sie bereits auf die individuelle Formkraft der Freiplastiken Michelangelos hin.

Der Mosesbrunnen verbindet in seinen Gestalten Altes und Neues Testament: Die Propheten kündigen die Passion Christi an und die Engel beweinen das prophezeite Schicksal, während sich über ihnen die Kreuzigung vollzogen hat. Es ist kein ähnliches Werk bekannt, das einen mit Propheten und Engeln versehenen Brunnen mit einem Kalvarienberg verbindet.

Der Mosesbrunnen war ab 1995, nachdem er dreimal durch Vandalismus beschädigt worden war, nicht mehr öffentlich zugänglich. Nach einer grundlegenden Restaurierung erstrahlt das Kunstwerk seit Frühjahr 2004 wieder in neuem Glanz. Vor allem wurden die Skulpturen von einer dicken, bräunlichen Schmutzschicht befreit, sodass nun auch die Reste der farbigen Bemalung wieder deutlicher zum Vorschein kommen: das strahlende Weiß des Steines, das kräftige Blau, das warme Braun und Rot sowie das zarte Grün der Gewänder der Propheten und Engel. Auch leuchten die Flügel der Engel wieder richtig golden. Die Propheten beeindrucken durch ihren unglaublichen Realismus und ihre noch greifbarer gewordene Körperlichkeit, die durch die jüngste Restaurierung noch weitaus deutlicher in Erscheinung treten.

Steht man vor den lebensgroßen Prophetenskulpturen, hat man das Gefühl, sie würden gleich vom Sockel herun-

Höhepunkte der Bildhauerkunst in Champmol:
Claus Sluters Moses und zwei Pleurants aus dem Trauerzug
von Claus de Werve am Kenotaph Philipps des Kühnen.

tersteigen und zu einem sprechen, so lebensnah und natu-
ralistisch sind sie aus dem Stein gehauen. Man meint gar,
ihre Stimmen zu hören. Nicht der Prophet als Typus ist dargestellt, sondern man glaubt sich einer individuellen Persönlichkeit gegenüber. Daneben ist man von dem reichen
Faltenwurf der Gewänder beeindruckt, die ein lebendiges
Spiel von Licht und Schatten ermöglichen. »Man kann deshalb wohl sicher annehmen, dass der Künstler nach lebenden Vorbildern gearbeitet hat, möglicherweise Vertretern der
jüdischen Gemeinde von Dijon, die erst wenig Jahre zuvor
in der Hauptstadt des Herzogtums wieder Fuß gefasst hatte, nachdem man sie, wie in so vielen Städten Frankreichs,
als vermeintliche Verursacher der Pest von 1348 für einige
Jahrzehnte aus den Mauern verbannt hatte. Demnach handelt es sich bei diesen Bildnissen gleichfalls um echte Porträts

[...] Von Jeremia ist überliefert, dass er eine Brille aus Metall trug, worin Sluter einen ganz konkreten Bezug zu Errungenschaften seiner Zeit herstellte« (Thorsten Droste).

Am bekanntesten ist der Moses mit seinem langen, zweigeteilten Bart und den beiden Hörnern auf der Stirn. Am modernsten wirkt der kahlköpfige und bärtige Jesaja mit seinem eng anliegenden, durch einen schmuckvollen Gürtel unterteilten Gewand. Er ist im Gespräch mit dem Propheten Daniel, der gerade dabei ist, ihm etwas mit Nachdruck und Leidenschaft zu erklären, wie der leicht geöffnete Mund uns zeigt. Jesaja lauscht mit halb geschlossenen Augen auf die Worte. Seine in Falten gelegte Stirn verrät einen tief nachdenklichen Menschen. Nur kurz scheinen sie in ihrem Gespräch unterbrochen worden zu sein; sobald wir uns wieder entfernt haben, werden sie ihren philosophischen Diskurs fortsetzen ...

Das Grabmal Philipps des Kühnen

Bevor wir Champmol verlassen, werfen wir noch einen Blick auf das Portal der Kirche. Links blicken Herzog Philipp kniend und der stehende Heilige Johannes der Täufer auf die Madonna am Mittelpfeiler des zweiflügeligen Portals, rechts kniet Herzogin Margarete von Maele, hinter ihr steht ihre Namenspatronin, die heilige Margarete. Eine kompositorische Einheit auch hier, wie am Mosesbrunnen, die eine außergewöhnliche Künstlerhandschrift verrät.

Im Geiste haben wir uns nun vorzustellen, dass bis zur Französischen Revolution im Chor der Kirche die beiden Grabmonumente von Philipp dem Kühnen und Johann Ohnefurcht standen. Bis zu diesem Zeitpunkt wurde hier der Herzöge von Burgund gedacht. Die meisten ihrer Erben, die Könige von Frankreich und später die Herrscher aus dem Habsburger Haus, suchten die beiden Grabmäler immer wieder auf. In der Französischen Revolution wurden jedoch beide Grabmäler zerstört. 1818 bis 1827 konnten sie restauriert und unter Verwendung originaler Stücke wiederhergestellt werden. Sie kamen dann in den ehemaligen Herzogspalast in Dijon.

Wir wollen nun die Grabmäler vor Ort betrachten und begeben uns ins Zentrum von Dijon, zum ehemaligen Herzogspalast, in dessen Ostflügel heute das Musée des Beaux-Arts untergebracht ist. Kommt man in den noch heute spätgotisch wirkenden Salle des Gardes mit seinen hohen, durch schlanke Fensterkreuze gegliederten Öffnungen, fällt sofort der Blick auf die beiden Grabmäler in der Mitte des Raumes. Auf der dem Eingang gegenüberliegenden Seite des Raumes bildet der große, im Flamboyant-Stil erbaute Kamin in der Achse der beiden Grabmäler einen stilvollen Abschluss, wie überhaupt dieser ehemalige Festsaal einen würdevollen Rahmen bietet.

Wir nähern uns dem Grabmal Philipps des Kühnen, das eigentlich ein Kenotaph (Leergrab) ist; der Leichnam des Herzogs wurde unter dem Chor der Kirche von Champmol beigesetzt. Die Ausführungen für dieses prächtige Kenotaph zogen sich jahrelang hin, auch weil das Geld immer wieder knapp wurde. 1381 erteilte Herzog Philipp der Kühne den Auftrag, doch erst 1410, sechs Jahre nach seinem Tod, war das Grabmal fertig gestellt. Eindrücklich sind die mächtigen, stark profilierten schwarzen Marmorplatten, zwischen denen sich die aus weißem Marmor gefertigten, gotischen, maßwerkgeschmückten Arkaden mit goldenen Verzierungen öffnen, unter denen der Trauerzug wandelt, die so genannten ›Pleurants‹. Oben auf der so genannten Tumba ruht der Verstorbene, der weiß gewandete Herzog Philipp der Kühne als vollplastische Liegefigur mit zum Gebet gefalteten Händen, zu seinen Häupten knien zwei Engel mit wundervoll geschwungenen, goldenen Flügeln, zu seinen Füßen ruht ein Löwe mit goldener Mähne.

Zunächst denkt man, dass es sich bei den ›Pleurants‹ um Kartäusermönche in ihren Kutten handelt, die um den Tod

Burgund – Drehscheibe des europäischen Handels

Unter seinen vier Herzögen erlebte Burgund zwischen 1364 und 1477 einen politischen und kulturellen Höhepunkt. Politisches Ziel des Herzogtums war es, sich als eigenständige, souveräne Macht, frei von Lehensbindungen an Frankreich, zu etablieren. Die Nähe zur Königsfamilie der Valois brachte dem Herzogtum verschiedene Privilegien und ermöglichte zudem die Bildung eines burgundischen Sonderstaates, der bis 1477 bestand. Auffällig dabei ist, dass das Territorium vor allem in nördlicher Richtung – bis zur Nordsee – vergrößert wurde. Neben der Freigrafschaft Burgund, dem heutigen Franche-Comté, kamen Flandern, Artois, Namur, Brabant, Hennegau, Holland, Seeland, Limburg, Luxemburg, Lüttich, und Geldern dazu. Die Steuer-

kraft der reichen niederländischen Provinzen erhob den burgundischen Herzog zum mächtigsten europäischen Fürsten.

Ein reger Handel prägte das reiche Herzogtum: Vor allem Wein, aber auch Getreide wurden exportiert; begehrt waren aber auch Leder, Wolle und Wollstoffe aus Burgund sowie Metalle. Burgund war aber nicht nur erfolgreicher Exporteur, sondern auch eine bedeutende Drehscheibe des europäischen Handels. Hier kreuzten sich verschiedene Handels- und Reiserouten: vom Mittelmeer über das Rhônetal in die Pariser Gegend, nach England, Flandern und Mitteleuropa, aber auch von Italien, der Lombardei über die Alpenpässe und den Genfer See nach Paris.

Händler und Handwerker am Stadttor. Dank der umsichtigen Regentschaft des burgundischen Herzogs herrscht Wohlstand. (Aus ›Chroniques et conquêtes de Charlemagne‹, um 1460.)

Transportiert wurde auf Landstraßen oder Flüssen, auf denen man zum Teil schneller vorankam. An Brücken und Grenzen mussten Zölle bezahlt werden, bei der Einfuhr in der Regel weniger als bei der Ausfuhr.

Die Städte Dijon und Chalon-sur-Saône entwickelten sich früh zu wichtigen Handelszentren. Vor allem die Beziehungen mit der Lombardei waren vielfältig und intensiv. Händler aus Mailand ließen sich in Dijon und Chalon nieder; sie kauften und handelten vor allem mit flandrischen Stoffen, die damals als die besten galten, aber auch mit Wolle aus England und dem Burgund, die für die aufblühende lombardische Textilindustrie von großer Wichtigkeit war. Nach Burgund eingeführt wurden hingegen Eisenprodukte, Rüstungen, Fassbänder, Kessel und Kochgeschirr, aber auch Kurzwaren und Gewürze. Aufgrund des Hundertjährigen Krieges (1339–1453) zwischen Frankreich und England bestand auch eine große Nachfrage nach Pferden.

Nach und nach verlor Burgund seine wirtschaftliche Bedeutung, vor allem als der Alpenübergang über den St. Gotthard ausgebaut wurde und sich aufgrund der Kriegswirren in Frankreich ein Teil der Nord-Süd-Route von Burgund weg in die Schweiz und ins Elsass verlagerte. Die Handelsplätze Dijon und Chalon verloren ab etwa 1450 an Bedeutung. Der Tuchhandel verlagerte sich nach Genf. Die so genannten Burgunderkriege (1474–1477) zwischen dem Herzogtum und den Eidgenossen und Elsässern waren auch ein Kampf um Handelsplätze und den lukrativen Nord-Süd-Handel.

Eine weitere wichtige Quelle des Wohlstandes war damals auch das Salz. Das ›weiße Gold‹ war im Mittelalter sehr kostbar und wurde oft über weite Strecken transportiert. Eine der ertragreichsten Salzquellen war Salins in der heutigen Franche-Comté. In der Zeit, als die Freigrafschaft zu Burgund gehörte, spielte der Salzhandel mit den Eidgenossen eine wichtige Rolle, wie dies der Salzvertrag Berns mit Philipp dem Guten, Eigentümer der Salzwerke von Salins, im Jahr 1448 belegt.

Das Salz von Salins war wegen seiner Qualität hoch geschätzt, wegen des relativ hohen Salzgehalts der Sole (salzhaltiges Quellwasser) von 200 Promille war es auch günstig zu fördern. In Salins arbeiteten drei Salzsiedereien, wobei die Grande-Saunerie alleine 693 Salzpfannen betrieb. Sie produzierten zwischen vier- und siebentausend Tonnen Salz pro Jahr. Wie lukrativ diese Salzsiederei war, veranschaulicht folgende Bilanz: 1459 wurde Salz im Wert von 83 000 königlichen Pfund verkauft, 25 000 Pfund mussten für Löhne und Holz ausgegeben werden, 15 000 für Renten; somit blieb den Besitzern ein Netto-Gewinn von etwa 40 000 Pfund. Mit der Zeit verschlechterten sich allerdings die Margen. Die gewaltigen Mengen Brennholz mussten von immer weiter her transportiert werden und der Salzgehalt der Sole sank auf etwa 100 Promille. Ab 1760 wurden deshalb die Installationen nach Arc-et-Senans verlagert, wo im Sinne des Absolutismus eine eindrückliche Musterstadt bei den königlichen Salinen errichtet wurde. Allerdings konnten auch dort die erwarteten 6 000 Tonnen nicht mehr gewonnen werden. Die Anlagen wurden deshalb 1895 stillgelegt.

des Herzogs trauern und für sein Heil beten. Und genau dies dachte man auch während der Französischen Revolution. Welch ein Glück für die Skulpturen! Vor den frommen Mönchen machte die Zerstörungswut nämlich halt. Betrachtet man die kleinen Figuren der Prozession näher, erkennt man, dass sich unter den in Trauermäntel Gehüllten und mit Kapuze Bedeckten auch kirchliche Würdenträger, ein Diakon, ein Bischof, Messknaben sowie Mitglieder der Herzogsfamilie und Höflinge befinden. Goldverzierungen entdeckt man bei den Würdenträgern, nicht jedoch bei den Mönchen oder einfachen Trauernden. Die heutige Forschung geht davon aus, dass es sich um jenen Trauerzug handelt, der den Leichnam des in Flandern verstorbenen Herzog 1404 nach Dijon heimholte. So ist überliefert, dass damals einige tausend Ellen schwarzen Tuches bestellt wurden, um die an dem Zug Beteiligten gleich zu gewanden. Die Trauer um ihren Herrscher fand hier einen würdigen Ausdruck durch die Kunst.

Das zweite Grabmal in der Salle des Gardes ist das von Herzog Johann Ohnefurcht, dem Sohn Philipps des Kühnen. Weil auch er ein Grabmal wie das seines Vaters wollte, entstand im Grunde genommen eine Replik des Kenotaphs von Philipp dem Kühnen. Nur haben wir es hier mit einem Doppelgrab zu tun; Johann Ohnefurcht und seine Gemahlin Margarete von Bayern ruhen als vollplastische Liegefiguren oben auf der Tumba. Auch hier zog sich die Realisierung über Jahre hin: Johanns Sohn Philipp der Gute gab 1435 den Auftrag für dieses Kenotaph, doch erst 1470 fand das fertige Grabmal seinen Platz im Chor der Kartäuserkirche von Champmol.

In diesen Grabmälern scheint die Grundstimmung des ausgehenden Mittelalters in Stein gebannt zu sein: Die extremen Gefühle und Lebensweisen, glanzvoller Reichtum und strengste Frömmigkeit, hier vereinen sie sich zur würdigen Totenehrung. Greift nicht die edle Ausführung in schwarzem und weißem Stein diese Polarität in künstlerischer Form auf?

Wir verlassen nun das Musée des Beaux-Arts im ehemaligen Herzogspalast und fahren mit dem Auto in südlicher Richtung nach Beaune, dem Zentrum des burgundischen Weinbaus und Weinhandels.

Beaune: Kanzler Rolin und das Hôtel-Dieu

Bevor die Valois-Herzöge Dijon zur Hauptstadt ihres Herzogtums erkoren, residierten die Kapetinger-Herzöge von Burgund in Beaune, der Stadt, die durch den Burgunderwein reich und weltberühmt wurde. Beaunes Altstadt ist noch heute von einer stattlichen Festungsmauer umgeben und hat ihr mittelalterliches Aussehen und Ambiente zum großen Teil bewahren können. Es lohnt sich, gemütlich durch die Gassen und Sträßchen Beaunes zu schlendern!

Hier haben sich zwar nicht die vier Burgunderherzöge verewigt, doch Nicolas Rolin, der Berater von Johann Ohnefurcht und Kanzler Philipps des Guten, setzte sich ein bleibendes Denkmal: das berühmte Hôtel-Dieu. So zählt der Besuch des ehemaligen Hospizes mit seinem Weltgerichtsaltar von Rogier van der Weyden zu den Höhepunkten einer jeden Burgund-Reise.

Der rechteckige Ehrenhof des Hôtel-Dieu in Beaune.

Infolge der Pest (um 1348) und des Hundertjährigen Krieges waren Not und Armut in Burgund groß. Vielen drohte gar der Hungertod; fast drei Viertel der Bevölkerung der kleinen Stadt Beaune befanden sich in dieser schlimmen Lage. Um ihr eigenes Seelenheil bemüht, stifteten der berühmt-berüchtigte Kanzler Nicolas Rolin und seine Frau Guigone de Salins im Jahr 1443 das Hospiz ›Hôtel-Dieu‹ (auch ›Hospice de Beaune‹ genannt). Ihre Initialen N&G finden sich dort überall. Neun Jahre nach Gründung des Hôtel-Dieu, am 1. Januar 1452, konnten die ersten Patienten aufgenommen werden.

Der wunderschöne vierflügelige mittelalterliche Bau blieb vollständig erhalten und diente bis 1971 als Krankenhaus; heute ist er größtenteils Museum. In einem Gebäudetrakt befindet sich noch heute ein Altersheim, das Teil des gro-

Karl der Kühne
(1467–1477)

Karl der Kühne (Charles le Téméraire, le Hardi) wurde am 10. November 1433 in Dijon als einziger (legitimer) Sohn des Herzogs Philipp der Gute geboren. Seine Mutter war Philipps dritte Frau, Isabella von Portugal, Tochter von König Johann I. In Gent erzogen, saß er ab 1463 als Mitregent im Kronrat. Bereits in den 50er-Jahren entwickelte sich jedoch ein wachsender Gegensatz zum Vater. Hauptstreitpunkt war die abweichende Position Karls des Kühnen gegenüber Frankreich. Im Gegensatz zur konzilianten Grundhaltung seines Vaters betrieb er eine Politik der scharfen Konfrontation gegenüber dem ebenfalls aggressiven Frankreich.

Karl rief 1465 mit anderen Kronvasallen die Adelsliga ›Ligue du bien public‹ gegen Ludwig XI. ins Leben, den er besiegte und im Oktober 1465 zum Frieden von Conflans (bei Paris) veranlasste. Dadurch gewann er die Picardie und die Grafschaft Guines zurück. Im Anschluss daran unterwarf er das Fürstbistum Lüttich, das Frankreich unterstützt hatte. Die Folge waren Aufstände der verbündeten Lütticher Städte und brutale Repressionen des Herzogs.

Die von Karl dem Kühnen eingeleitete politische Umorientierung führte zu engeren Beziehungen mit England, die 1466 in einem Handels- und Freundschaftsvertrag und 1468 in der Heirat des Herzogs mit Margarete, der Schwester König Eduards IV. aus dem Hause York, mündeten. Der Tod Philipps des Guten 1467, durch den Karl zum alleine regierenden Herzog wurde, bedeutete keinen großen Einschnitt, da Karl bereits seit mehreren Jahren die Burgund-Politik bestimmte.

Karls Ziel war es, eine Verbindung zwischen dem Nord- und dem Südteil seines Herrschaftsgebietes herzustellen und so einen starken, unabhängigen Staat zwischen Frankreich und dem Deutschen Reich aufzubauen. Sein Plan, Lothringen als Lehen zu erhalten und die Erhebung seines Reiches zu einem großburgundischen Königreich zu erlangen, scheiterte am Widerstand Kaiser Friedrich III., mit dem Karl 1473 in Trier zusammenkam. Dennoch bekräftigte der Kaiser im September 1475 das zwei Jahre zuvor gegebene Eheversprechen, das sich auf die Vermählung seines Sohns Maximilian I. mit Karls Erbtochter Maria von Burgund bezog.

Die Besetzung Lothringens 1473 verschärfte den seit der Übernahme der rheinischen Besitzungen der Habsburger im Jahr 1469 bestehenden Gegensatz zu den Schweizer Eidgenossen. Er führte zu den so genannten Burgunderkriegen (1474 bis 1477). In den Schlachten von Grandson und Murten 1476 sowie Nancy 1477 gegen die verbündeten Truppen der Schweizer, Lothringer und Elsässer erlitt Karl der Kühne schwere Niederlagen und fiel Anfang Januar 1477 bei Nancy.

Der Regierungsstil Karls des Kühnen war von Glanz und Strenge geprägt, die ihm aber nicht die Popularität seines Vaters einbrachte, sondern im Gegenteil viele Gegner auf den Plan rief. Sein ausgeprägtes Geltungsstreben verband er als großzügiger Mäzen wie schon seine Vorgänger mit einer prunkvollen Hofkultur. Diese luxuriöse Hofhaltung wurde selbst im Heerlager aufrechterhalten. So erbeuteten die Sieger von Grandson einen der wertvollsten Schätze der Zeit, den Karl der Kühne mit sich geführt

hatte, darunter 400 Kisten Gold- und Silberstoffe, 400 seidene Zelte, das ganz mit Perlen und Gold bestickte und mit den kostbarsten Geräten und Schmuck ausgestattete Zelt Karls des Kühnen sowie reich verzierte Tapisserien und Stickereien, die sich heute unter anderem im Historischen Museum in Bern und in der Schatzkammer der Wiener Hofburg befinden.

Mit Karl dem Kühnen starb das Geschlecht der Burgunder aus. Durch die Heirat Marias von Burgund, der Erbtochter Karls des Kühnen, gingen die bedeutendsten Besitzungen des Hauses Burgund-Valois an die Habsburger über. Das Herzogtum Burgund mit seiner Hauptstadt Dijon führte der französische König Ludwig XI. in den Kronbesitz über.

Karl der Kühne besucht die Werkstatt eines Kopisten. (Aus ›Histoire de Charles Martel‹, um 1470.)

ßen Krankenhaus-, Pflegeheim- und Altersiedlungskomplexes ›Hospices Civils de Beaune‹ ist mit über 700 Angestellten, verteilt auf verschiedene Standorte. Zunächst wurde das Hospiz durch die Einkünfte einer Saline in der Franche-Comté, die Rolins Frau gehörte, finanziert. Später sollte Rolin für den sicheren Fortbestand der Stiftung dem Hospiz eine Anzahl der besten Weinberge der Umgebung übertragen, auf die sich Ruhm und Reichtum des Hôtel-Dieu bis in unsere Tage gründen. Heute ist eine Anbaufläche von über 60 Hektar in seinem Besitz, die von 23 Weinbauern betreut wird.

Das Hospital zeichnete sich von Anfang an durch seine kostbare Ausstattung aus. Kanzler Rolins Ziel war es, eines der schönsten Krankenhäuser Frankreichs zu schaffen. Die Anregungen hatte er sich auf seinen zahlreichen Reisen durch Flandern geholt. Er wollte die dortigen Hospize übertreffen, scheute keine Kosten und engagierte die besten Künstler seiner Zeit – ähnlich wie die Herzöge von Burgund.

Nicolas Rolin, Sohn eines Advokaten aus Autun, diente bereits als junger Mann dem Herzog Johann Ohnefurcht. Dessen Sohn Philipp der Gute machte den knapp vierzigjährigen Rolin 1422 zum Kanzler von Burgund; das höchste Amt im Herzogtum bekleidete dieser bis zu seinem Tod 1462. Rolin soll maßgeblich am Zustandekommen des Friedensvertrages von Arras im Jahr 1435 beteiligt gewesen sein, der das Ende des Hundertjährigen Krieges einläutete und große Vorteile für Burgund mit sich brachte. Mit Ehrgeiz und geschickter Heiratspolitik gelang es Rolin, auch auf der gesellschaftlichen Karriereleiter ganz nach oben zu klettern und gleichzeitig ein sagenhaftes Vermögen zu erwerben. Der machtbesessene Kanzler war eine schillernde Figur am burgundischen Hof, die zeitlebens sowohl geschätzt als auch gefürchtet war.

Wie sieht nun das Hôtel-Dieu dieses ehrgeizigen Stifters aus? Von außen wirkt das Gebäude schlicht, kühl, ja fast abweisend. Erst im Innern entfaltet sich seine ganze Pracht. Als

Der Orden vom Goldenen Vlies

Seit Mitte des 14. Jahrhunderts war es Mode, Ritterorden zu gründen. Jeder Fürst wollte seinen eigenen Orden haben; der ›Orden vom Goldenen Vlies‹ überflügelte jedoch alle anderen und ist neben dem ›Hosenbandorden‹ der berühmteste und nobelste, der sich bis in unsere Tage erhalten hat.

Herzog Philipp der Gute stiftete den ›Orden vom Goldenen Vlies‹ (Ordre de la Toison d'Or) anlässlich seiner Vermählung mit Prinzessin Isabella von Portugal am 10. Januar 1430 in Brügge, nachdem er die Mitgliedschaft im englischen ›Hosenbandorden‹ abgelehnt hatte. 1432 wählte Philipp der Gute die Sainte-Chapelle im Herzogspalast von Dijon als Sitz des Ordens. Am 30. November ist Ordenstag, an dem auch heute noch neue Mitglieder in einer feierlichen heiligen Messe aufgenommen werden.

Der ›Orden vom Goldenen Vlies‹ beruft sich auf die beiden ursprünglichen Bedeutungen des Wortes ›Orden‹: Er ist somit eine Gemeinschaft von Rittern nach dem Vorbild der Mönchsorden; dabei wurde die Mitgliedschaft immer mehr zu einem vom König, später vom Kaiser verliehenen Privileg als Belohnung für besondere Verdienste. Die Ordensritter wurden von allen Abgaben freigestellt und unterlagen nur der Gerichtsbarkeit des Ordens selbst. Bei allen Feierlichkeiten bei Hofe hatten sie Vorrang und musste nur den gekrönten Häuptern Vortritt gewähren.

Auf zwei Quellen beruft sich der Orden: auf das Goldene Vlies von Jason aus der griechischen Sage und auf Gideons Vlies als alttestamentliches Begnadungswunder. Gegen die Verehrung eines heidnischen Helden hatten Kleriker bald nach Gründung des Ordens massive Bedenken geäußert. Man wollte jedoch nicht auf das ursprüngliche Zeichen verzichten. So fand man mit dem Richter Gideon aus dem Alten Testament einen Ausweg. Dessen trocken gebliebenes Vlies wurde typologisch als Hinweis auf die Unbeflecktheit der Muttergottes interpretiert, deren Schutz der Orden unterstellt war.

Zu den Ordensgrundsätzen gehört, dass alle Mitglieder gleichberechtigt sind und sich brüderlich verhalten sollen. Sie durften zu Anfang auch keinem anderen Orden angehören; im Laufe der Zeit wurde diese Regel jedoch gelockert. Der Orden setzte sich ursprünglich aus 30 Rittern und dem Ordenssouverän bzw. dessen Stellvertreter zusammen. Ziel des Ordens war die Erhaltung des katholischen Glaubens, der Schutz der Kirche und die Wahrung der unbefleckten Ehre des Rittertums. Er war der Jungfrau Maria gewidmet und hatte den Apostel und Märtyrer Andreas als Schutzpatron.

Das Ordenszeichen ist das Bild eines Widderfells mit einem blau emaillierten Feuerstein; die Ordenskette besteht aus 31 Gliedern, die je einen Ritter symbolisieren, wobei der Ordenssouverän durch zwei Glieder repräsentiert wird. So wie eine Kette nur dann hält, wenn alle Glieder zusammenhalten, so soll der Orden alle seine Mitglieder durch ein unzertrennliches Band zusammenhalten.

Nach dem Tod des letzten Burgunderherzogs Karl der Kühne ging der Orden 1477 auf die spanische Linie der Habsburger über. Als der letzte spanische König aus dem Hause Habsburg im Jahr 1700 starb, teilte sich der Orden in zwei Linien auf: in den spanischen Zweig der Bourbonen und in den österreichischen Zweig der Habsburger; beide bestehen heute noch, der spanische Zweig hat jedoch viel von seiner ursprünglichen Bedeutung verloren. Die Republik Österreich erkannte 1953 dem Vorstand des Hauses Habsburg das Verleihungsrecht des Ordens als ›Rechtspersönlichkeit ausländischen Rechts‹ zu. Das Archiv, der Schatz des Ordens und die Insignien der Herzöge befinden sich seit Ende des 18. Jahrhunderts in der Schatzkammer der Wiener Hofburg (zuvor in Brüssel).

Ordenskette, um 1517. Wien, Schatzkammer der Wiener Hofburg.

Erstes zieht uns der rechteckige Ehrenhof in seinen Bann. Die großen, bunt geschmückten Dächer mit den schwarz, rot und gold glasierten Ziegeln, die angeblich aus Flandern importiert wurden und von hier aus Eingang in die bur-

Nicolas Rolin als Stifter auf dem Gemälde ›Die Madonna des Kanzlers Rolin‹ von Jan van Eyck. Paris, Louvre.

gundische Architektur des ausgehenden Mittelalters fanden, sind durch zweireihige und versetzt angeordnete Fachwerkgiebel unterbrochen. Darunter öffnet sich eine feingliedrige Fachwerkgalerie auf schlanken Säulen. Stolz und prächtig wirkt der Hof; nicht zu übersehen ist auch der Brunnen mit seinem schmiedeeisernen Aufbau, der ebenfalls das Werk flandrischer Handwerker sein soll. Am liebsten würde man verweilen, doch wir sind neugierig auf die Innenräume.

Um diesen schmucken Innenhof sind die verschiedenen Säle angeordnet. In dem wie ein Kirchenraum anmutenden großen Armensaal (52 m lang, 15 m breit und 16 m hoch) im schlichten Nordflügel waren die mittellosen Kranken untergebracht. Rechts und links an den beiden Längswänden reihen sich heute noch die Krankenbetten in den hölzernen Alkoven; die Bettüberzüge und Vorhänge sind aus dunkelrotem Stoff. Im Mittelalter dürfte es wohl ein wenig ärmlicher ausgesehen haben als heute. Für das Altarbild der Kapelle vor der Ostwand hatte der Kanzler den berühmten Maler Rogier van der Weyden aus Brüssel beauftragt. Die Kranken konnten von ihren Betten aus den Gottesdienst verfolgen. Daneben gibt es noch drei weitere Säle: einen für die Versorgung der Sterbenden, einen für die Versorgung der Kranken und einen, wo einige wenige Adelige gepflegt wurden.

Erhalten sind auch die große Küche mit gotischem Kamin und die Apotheke mit wertvollen pharmazeutischen Fayence-

Gefäßen aus Nevers; auch gab es ein Backhaus, wo für die Armen der Stadt Brot gebacken wurde. Nachdem im Jahr 1828 ein Vertrag mit den Bäckern von Beaune abgeschlossen worden war, der sie zum Brotbacken für die Armen verpflichtete, wurden die alten Backöfen des Hôtel-Dieu abgerissen.

Bis heute finanziert sich das Hôtel-Dieu vor allem durch die Erträge der Weinberge, die durch den Kanzler Rolin und durch spätere Erbschaften und Vermächtnisse in den Stiftungsbesitz des Hospizes gelangten. Einmal im Jahr, während der ›Drei glorreichen Tage‹ (›Les Trois Glorieuses‹; siehe S. 160), findet die weltberühmte Auktion mit Weinfässern aus dem Stiftungsbesitz statt. Die erst 1859 eingerichtete Auktion gehört heute zu den renommiertesten Wohltätigkeitsveranstaltungen der Welt. Jeder, der als Weinhändler etwas auf sich hält, versucht, hier ein Fass zu ersteigern. Die horrenden Preise beinhalten eine Art ›Sozialzuschlag‹, sind aber auch gleichzeitig ein Indikator für die Qualität eines Jahrgangs der Burgunder-Weine. Dem Hospiz gehören Weine aus den besten Lagen der Côte d'Or: viele der Premier-Cru-Lagen und einige der Grand-Cru-Lagen. So kann hin und wieder für ein Barrique, ein Holzfass mit ca. 225 Litern, ein Auktionspreis von bis zu 40 000 Euro (umgerechnet über 250 Euro für eine Flasche) erzielt werden.

Da im Laufe der Zeit zahlreiche Kunstwerke gestiftet wurden – heute ist es eine Sammlung von über 5 000 Objekten –, erhielt das Hôtel-Dieu den Beinamen ›Palast für die Armen‹. Bereits Nicolas Rolin schenkte verschiedene Kunstwerke oder beauftragte Künstler, Werke für das Hospiz zu schaffen. Das bedeutendste Kunstwerk ist das große Polyptichon, der Weltgerichtsaltar von Rogier van der Weyden, das zu den Hauptwerken der niederländischen Malerei gehört und zu dem jahraus jahrein tausende von Kunstliebhabern pilgern. Es ist heute in einem eigenen Raum untergebracht. Die beiden Außenflügel, die man früher an den Werktagen sah, zeigen das schwarz gekleidete Stifterehepaar mit den beiden Heiligen Sebastian

Dijon
Musée des Beaux-Arts
Palais des Etats de Bourgogne,
www.ville-dijon.fr
Täglich außer dienstags von 10 bis 18 Uhr geöffnet.

Chartreuse de Champmol
1, Boulevard Chanoine Kir. – *Besichtigungen:* Office de Tourisme, 34, Rue des Forges, Hôtel Chambellan, Tel. 03 80 44 11 44, Fax 03 80 42 18 83, www.ot-dijon.fr

Beaune
Musée de l'Hôtel-Dieu des Hospices de Beaune
2, Rue de l'Hôtel-Dieu, Tel. 03 80 24 45 00, Fax 03 80 24 45 99, www.hospices-de-beaune.com – Geöffnet vom 1. bis 23. März und vom 19. November bis 31. Dezember von 9 bis 11.30 und von 14 bis 17.30 Uhr, vom 24. März bis 18. November von 9 bis 18.30 Uhr.

Route des Ducs de Bourgogne
Information: Association de la Route des Ducs de Bourgogne, 71360 Sully, Tel. 03 85 82 09 86, Fax 03 85 82 92 54, contact@routedesducs.com, www.routedesducs.com

Salinen
Salins-les-Bains, Tel. 03 84 73 01 34, www.salins-les-bains.com Führungen (1 Stunde) mehrmals täglich, Dezember und Januar geschlossen. – *Besichtigung der bis zu 200 m langen unterirdischen Gängen mit den Gewölben aus dem 13. Jahrhundert.* – Arc-et-Senans, ehemalige königliche Salinen, Tel. 03 81 54 45 45, www.salineroyale.com – Geöffnet Juli und August von 9 bis 19 Uhr, Juni und September von 9 bis 18 Uhr, April, Mai und Oktober von 9 bis 12 und 14 bis 18 Uhr, November bis März von 10 bis 12 und 14 bis 17 Uhr. – *Eines der wenigen erhaltenen Zeugnisse der Industriearchitektur des 18. Jahrhunderts (UNESCO-Weltkulturerbe).*

Darstellungen von Himmel und Hölle auf dem Weltgerichtsaltar von Rogier van der Weyden markieren die Pole der Seelenlage des Spätmittelalters.

und Antonius, darüber eine Verkündigung. Nur an den Sonn-und Feiertagen wurde damals der Altar geöffnet: Das Hauptbild in der Mitte zeigt Christus als Weltenrichter auf einem Regenbogen in goldenen Wolken; rechts und links von ihm vier Engel mit den Leidenswerkzeugen. Unter ihm steht der weiß gewandete Heilige Michael mit der Waage. Umrahmt wird er von vier Trompete blasenden Engeln. Die Mutter Gottes und Johannes der Täufer erscheinen rechts und links als Fürbitter. Hinter ihnen haben die Apostel und mehrere Würdenträger ihren Platz auf der goldenen Wolke eingenommen, um Gnade für die Menschheit zu erbitten.

Benommen von den Farben und dem rotgolden leuchtenden Hintergrund des Weltgerichtsaltars, verlassen wir das Hôtel-Dieu, um uns in einem der zahlreichen Restaurants bei einem Glas Burgunder zu stärken. Einzigartig steht diese großzügige Hospiz-Stiftung eines wohlhabenden Bürgers seiner Zeit da. In dem Kanzler Rolin zeigt sich bereits ein Repräsentant des aufkommenden stolzen Bürgertums der Renaissance, das mit der Zeit neben Fürsten und Adeligen vermehrt als Stifter auftritt.

EISEN, HOLZ, KOHLE, WASSER UND HIGHTECH – GEWINNUNG VON BODENSCHÄTZEN ALS GRUNDLAGE FÜR DIE INDUSTRIALISIERUNG

Nicht nur seine kulturelle Vielfalt, auch sein Reichtum an Bodenschätzen zeichnet Burgund vor anderen Provinzen Frankreichs
aus. Die Tradition der Metallverarbeitung führt zurück bis in die
Zeit der Gallier – und bereits im Mittelalter wurden die Grundlagen für die spätere industrielle Entwicklung der Region geschaffen. Dank des reichen Waldbestandes, besonders in den Gebieten
der heutigen Departements Côte-d'Or, Saône-et-Loire und Nièvre,
und der Kohleförderung in Saône-et-Loire und Nièvre ab dem
18. Jahrhundert konnten jahrhundertelang Eisenerze abgebaut
und vor Ort verarbeitet werden. Die vielen kleinen Gruben und
Schmieden wurden im 19. Jahrhundert von Eisenhüttenwerken
abgelöst, die bis in die 1970er-Jahre zu den wichtigsten Frankreichs zählten. Heute haben diese Produktionsstätten an Bedeutung verloren, doch die Metallverarbeitung stellt weiterhin einen
wichtigen Wirtschaftsfaktor dar.

**Antike Ursprünge
der Eisenindustrie**
Ausgrabungen im ehemaligen gallischen Oppidum Bibracte belegen,
dass bereits damals die Verarbei-
tung von Bronze und Eisen eine große Rolle spielte. Die
Schmiede von Bibracte sollen laut Cäsar zu den geschicktes-
ten der antiken Welt gehört haben. 400 Jahre lang, von der
römischen Eroberung bis ins 4. Jahrhundert n. Chr., gab es
eine florierende Eisenindustrie. Dies belegen wiederum Ausgrabungen unter anderem von Crot-au-Port und Fontaines-
Salées bei Vézelay. Man geht davon aus, dass hunderte von

Arbeitern hier tätig waren, um die Eisenerze abzubauen und das Eisen in offenen Gruben oder niedrigen Schachtöfen zu gewinnen. In der Völkerwanderungszeit kam es beim Eisenabbau zu einer Unterbrechung, sodass erst wieder im Mittelalter ein Aufschwung einsetzte.

Dass das Eisen im Mittelalter ein unentbehrlicher Rohstoff war, bezeugt eine Notiz eines Franziskanermönchs namens Bartholomäus aus dem Jahr 1260: »In vielerlei Hinsicht ist das Eisen nützlicher als das Gold, auch wenn dieses viel eher die Begehrlichkeit habgieriger Menschen weckt. Ohne Eisen könnte sich das Volk nicht gegen seine Feinde verteidigen, könnte es nicht das Landrecht durchsetzen. Eisen ist der Schutz der Schwachen und die Strafe der Übeltäter. Jedes Handwerk ist auf den Gebrauch des Eisens angewiesen; ohne Eisen könnte kein Feld bestellt, kein Haus erbaut werden.«

Fast jedes Dorf besaß seinen eigenen Schmied, der die Zugtiere des Bauern und die Rosse des Ritters und seines Gefolges beschlug sowie die landwirtschaftlichen Geräte mit Eisen verstärkte. Das Eisen war im Mittelalter zehnmal teurer als heute, da es damals noch seltener und die Herstellung viel aufwändiger war. Deshalb wurde nur die Schneide eines Spatens, einer Schaufel oder eines Pfluges mit einem Stück Eisen versehen.

Zisterzienser fördern die Eisenhüttenreviere Einen wichtigen Anteil an der Eisengewinnung in der erzreichen Region Burgund hatten die Zisterzienser. Von der Mitte des 13. bis ins 17. Jahrhundert förderten die ›weißen Mönche‹ die Eisenindustrie so sehr, dass sie zu den größten Eisenproduzenten des Burgunds und der Champagne zählten. Eisenerzlager gab es in der Nähe der burgundischen Zisterzienserklöster Vauluisant, Pontigny, Fontenay, La Bussière und Cîteaux.

Die Zisterzienser wählten für ihre Klöster bewusst abgelegene Gegenden, fern von menschlichen Siedlungen, meist

Salomo erklärt das ›Uhrwerk der Weisheit‹: Es zeugt von der Begeisterung der Mönche für die Technik, dass ihre Errungenschaften sogar Eingang in die religiöse Symbolsprache findet. (Aus ›Horologe de Sapience‹, 1470–1480.)

aber in einem fruchtbaren Tal mit einem Fluss in der Nähe. Um unabhängig und wirtschaftlich autark leben zu können, schufen sie eine »wirtschaftliche Ordnung, die auf einer hervorragenden Verwaltung und gründlichen Kenntnissen in den verschiedensten Gebieten der Technik beruhte. Die modernsten ›Fabriken‹ Europas wurden von ihnen geleitet« (Jean Gimpel). Unter diesen Fabriken muss man sich größere Werkstätten vorstellen, die nichts mit den Fabrikanlagen der Neuzeit, geschweige denn mit denen von heute gemeinsam hatten. Jedes Zisterzienserkloster besaß solche Werkstätten, ›Grange‹ (Scheune) genannt, die aus einem hallenartigen Gebäude bestanden, das meist so groß wie die Klosterkirche war. In der Anfangsphase des Zisterzienserordens, noch zu Lebzeiten von Bernhard von Clairvaux, legten die Mönche selbst Hand an, später waren es die Konversen, Laienbrüder, aber auch Fronarbeiter oder Bedienstete, die die praktischen Dinge und die schweren Arbeiten verrichteten:

das Roden von Wäldern und Dickicht, das Entwässern des Bodens, das Bestellen der Felder usw.

Eine der wenigen gut erhaltenen Zeugnisse der Anfangszeit ist die ehemalige Klosterschmiede in Fontenay. Das vom Ende des 12. und Anfang des 13. Jahrhunderts stammende Gebäude, welches 55 Meter lang ist, war nur 500 Meter von der Erzgrube entfernt. Leider ist nicht überliefert, auf welche Art hier Eisen hergestellt wurde. Im Erdgeschoss befinden sich vier Säle mit Kreuzrippengewölbe; hier, nimmt man an, waren die hydraulisch betriebenen Werkstätten eingerichtet, direkt am umgeleiteten Kanal der Ru gelegen.

Diese Schmiede gilt heute als eines der schönsten Beispiele aus dieser Zeit, auch wenn von den ursprünglichen Einrichtungen nichts mehr erhalten ist. Die übrigen Gebäude wurden während des 19. Jahrhunderts, als hier eine Papierfabrik eingerichtet war, und Anfang des 20. Jahrhunderts, als der ganze Klosterkomplex restauriert wurde, tief greifend verändert.

Man weiß heute, dass im 12. Jahrhundert die Wasserkraft zur Verhüttung des Eisenerzes noch nicht bekannt war und man somit ganz auf das Holz angewiesen war. Das hatte zur Folge, dass für die Öfen ganze Wälder abgeholzt werden mussten, die es jedoch im Burgund zur Genüge gab. Für die

Unter diesem Gewölbe der Abtei von Fontenay befand sich vermutlich die Schmiede des Klosters.

*Ehemalige Eisenerzgrube
im Wald von Châtillon, 1903.*

Herstellung von 50 kg Eisen mussten 200 kg Eisenerz verarbeitet werden und dazu brauchte man 25 Ster (25 m³) Holz.
So kann man davon ausgehen, dass ein ganzer Wald mit einem Radius von einem Kilometer innerhalb von rund 40 Tagen kahl geschlagen wurde. Wie aber die Gruben, wo das
Eisenerz abgebaut wurde, aussahen, darüber schweigen die
Quellen. Dank archäologischer Ausgrabungen konnte aber
in den letzten Jahren herausgefunden werden, dass im Tage-
bau gefördert wurde. Weiter belegen Funde, dass sich in un-
mittelbarer Nähe einer Grube jeweils eine Schmiede befand.

Ein großer Fortschritt wurde bei der Verhüttung erzielt,
als die Wasserkraft herangezogen wurde. Der Umgang mit
der Wasserkraft war im Alltag der Zisterzienser lebensnot-
wendig; nur durch deren Einsatz konnten sie ihre Autarkie
bewahren. Das Wasser brauchten sie für ihre Mühlen, für
die Entsorgung der Abfälle, für das Walken des Tuchs, das
Gerben von Häuten und eben auch für die Eisenherstellung.
»Die Wasserkraft löste in der Eisengewinnung ebenso gro-

ße und vollständige Umwälzungen aus wie im Müllergewerbe und in der Tuchherstellung. Die Schmiedehämmer wurden von nun an durch das Wasser in Bewegung gesetzt und befreiten auf diese Weise den Schmied nach und nach von der Arbeit am Amboss; die Leistung wurde dadurch verbessert. Die Schläge der Hämmer wurden regelmäßiger und ihr Gewicht konnte für die erste Bearbeitung des Roheisens auf 500 bis 1 600 kg gesteigert werden ... Andererseits erzeugten hydraulisch betriebene Blasebälge einen Luftzug, der ausreichte, um die Temperatur in den Schmelzöfen auf 1 500° C zu steigern und damit den Schmelzpunkt des Eisens zu erreichen. Wie man früher Bronze goss, so wurde jetzt auch der Eisenguss möglich. In der Geschichte der Technik ist der Beginn der Gusseisenproduktion im europäischen Spätmittelalter ein entscheidender Schritt nach vorn« (Jean Gimpel).

Bis ins 14. Jahrhundert wurde Eisen nach dem so genannten Rennverfahren produziert, d.h. in einer Grube mit einem Gemisch von Holzkohle und Erz; dabei wurde ein teigiger Stahl erzeugt. Der erste mit hydraulischen Blasebälgen ausgestattete Schmelzofen wird 1323 erwähnt, doch geht man davon aus, dass der erste richtige Hochofen erst 1380 entstand. Es waren wohl kleine Öfen, denn man spricht erst seit dem 16. Jahrhundert vom eigentlichen Hochofen.

Wie kamen nun die Zisterzienser in den Besitz der Eisen verarbeitenden Industrie? Sie erhielten Eisenerzlager und bestehende Eisenhütten als Schenkungen übertragen. Die Schenkungsurkunden enthielten fast ausnahmslos eine Klausel, die den Mönchen das Recht des Holzschlagens in den umliegenden Wäldern einräumte. Ohne dieses Recht wären die Eisenerzvorkommen nahezu wertlos gewesen. So gelang es zum Beispiel der Abtei von Clairvaux in der Champagne, sich bis ins 18. Jahrhundert hinein des größten Teils der Eisenvorkommen der Umgebung durch Schenkung oder Kauf zu bemächtigen. Die Mönche waren stets darauf bedacht, die Einrichtungen für die Eisengewinnung zu verbes-

Die Schmiede von Buffon ist heute noch weit gehend im Originalzustand erhalten. Im Bild: Schmiedehammer.

sern und mit der Leistungssteigerung auch einen Wertzuwachs zu erreichen.

Man geht heute davon aus, dass die mit hydraulischen Hämmern versehenen Schmiedewerkstätten zu Anfang wohl nur den Eigenbedarf deckten. Später wurde jedoch der Überschuss an Eisen verkauft. Die Nachfrage stieg erst nach und nach. Bis in die Zeit um 1220 hatten die Zisterzienser kaum Konkurrenz auf dem Eisenmarkt. Im Zuge der Krise des Zisterzienserordens verlor die Eisenhüttenindustrie der weißen Mönche an Dynamik. Ende des 13. Jahrhunderts verließen viele Zisterzienser ihre ländlichen Besitzungen, um am aufblühenden Stadtleben teilzuhaben. Das hatte natürlich seine Auswirkung auf ihre Eisenproduktion. Nach und nach gelangten die Erzwerke in die Hände von Weltlichen, Adligen oder reichen Bürgern. Immer mehr Facharbeiter verbreiteten das Wissen und Können in ganz Europa und unterwiesen Arbeiter anderer Hüttenzentren. Dennoch waren es die ›weißen Mönche‹, die bis ins 17. Jahrhundert die größten Eisenproduzenten Burgunds und der Champagne blieben.

Die große Schmiede von Buffon

Der Naturforscher Georges Louis Leclerc Graf von Buffon (1707–1788) gründete 1768 ›La Grande Forge‹ in Buffon, einem kleinen Ort etwa acht Kilometer von Montbard entfernt. Bereits 1769 konnte die Schmiede zum Teil in Betrieb genommen werden. Zwei Ziele verfolgte Buffon mit ihr: ein wissenschaftliches (sie diente als ›Laboratorium‹ für die Untersuchung von Gestein) und ein wirtschaftliches (der ausgedehnte Familienbesitz war ideal für einen Eisenhüttenbetrieb, denn Erz, Holz und Wasserkraft standen zur Verfügung). Zu Anfang zählte die Schmiede zu den modernsten ihrer Zeit.

Buffon betrieb ›La Grande Forge‹ zehn Jahre lang, von 1768 bis 1778; zwischen 1769 und 1774 experimentierte er mit verschiedenen Schmelzverfahren zur Herstellung von Kanonen für die königliche Marine. Für den Betrieb des Hochofens benötigte man pro Jahr 128 Hektar Wald. Im 18. Jahrhundert wurden hier an drei Öfen 300 Tonnen Eisen jährlich hergestellt, d.h. täglich im Schnitt 600 Kilo Eisen pro Ofen; bis zu 400 Arbeiter waren zu dieser Zeit beschäftigt.

Die Produktion lief sieben bis acht Monate rund um die Uhr; in zwei Schichten wurde jeweils zwölf Stunden lang gearbeitet. Bis 1866 wurde der von Buffon eingerichtete Hochofen mit Holzkohle betrieben. Die Werkstatt, in der die Eisenschmelze veredelt wurde, war in einem großen Gebäude (34 Meter lang und 12,5 Meter breit) untergebracht, wo acht Schmiede an zwei Feuerstellen arbeiteten. Die Schmiede ist noch weit gehend im Originalzustand erhalten.

Die Einrichtung der Anlage entspricht den Erfordernissen der damaligen Zeit: Produktionsstätte und Unterkünfte für die Arbeiter waren unter einem Dach vereinigt. Um einen rechteckigen, großzügig angelegten Hof befanden sich im Untergeschoss der Brennofen, die Schmiede und das Spaltwerk, daneben die Stallungen und die Remisen sowie die Wohnräume der Arbeiter, im Obergeschoss die Wohnräume des Meisters und des Verwalters sowie Lagerräume. Sozial engagiert, schuf Buffon ausreichend Wohnraum für seine Ar-

Das Spaltwerk der Schmiede von Buffon heute.

beiter in der Schmiede – etwas Seltenes für damalige Verhältnisse. Ein in drei Kanälen aufgestauter Flussarm des Armançon trieb elf Schaufelräder als Energiequelle für die Schmiede an.

Fast alle Bauwerke sind erhalten. Von 1866 bis 1913 wurde die Schmiede zeitweise als Zementfabrik benutzt. 1923 zerstörte ein Brand die Dächer der Anlage, womit das Ende ihrer industriellen Nutzung besiegelt war. Während des Zweiten Weltkrieges dienten die Gebäude der Unterbringung von kranken Pferden; zeitweilig besetzten die Deutschen das Areal und brachten hier fünfzig französische Kriegsgefangene unter. 1978 wurden die ehemaligen Werkstätten als Museum zugänglich gemacht und 1985 wurde die ganze Anlage unter Denkmalschutz gestellt. Der Ort ist ein gut erhaltenes Beispiel für eine Anlage, die verschiedene Werkstätten für die Eisenherstellung unter einem Dach vereinte. So ist auch heute noch die ganze Palette der klassischen Eisenherstellung, vom Hochofen über die Schmiede bis zum Spaltwerk, nachvollziehbar; auch sind die Kanäle mit den Wasserrädern erhalten. Vom ehemaligen Hochofen stehen heute jedoch nur noch die Außenmauern, der Rest wurde zerstört, als die Zementfabrik eingerichtet wurde.

La Grande Forge, 21500 Buffon, Tel. 03 80 92 10 35, Fax 03 80 92 41 64. – Vom 1. April bis 30. September von 10 bis 12 und von 14.30 bis 18 Uhr geöffnet, dienstags geschlossen.

Burgund war eine der ersten Gegenden auf dem Kontinent, wo die technischen Errungenschaften der Stahlherstellung im 18. Jahrhundert von England übernommen wurden. Die Schmieden zu Beginn der Neuzeit waren jedoch noch weit davon entfernt, als Fabriken im heutigen Sinne gelten zu können. Sie waren noch ganz in die ländliche Umgebung eingebettet und ähnelten gar Bauernhöfen. Die Arbeiter, meist gleichzeitig auch Bauern, wohnten in den Dörfern, während der Schmiedemeister vor Ort in einem herrschaftlichen Gebäude wohnte. Es war eine harte Arbeit, von der wir uns heute kaum noch eine Vorstellung machen können. Madame de Sévigné (1626–1696) beschreibt in einem ihrer berühmten Briefe an ihre Tochter den Besuch einer Schmiede folgendermaßen: »Gestern Abend in Cosne haben wir uns in eine wahre Hölle begeben, in eine richtige Schmiede des Vulkan. Wir fanden da acht oder zehn Cyklopen, nur schmiedeten sie nicht Waffen für Aeneas, sondern Anker für Schiffe. Nie haben Sie so wunderbar im Takt Schlag auf Schlag fallen hören. Ab und zu kamen die Dämonen näher an uns heran, schweißbedeckt, mit fahlen Gesichtern, wild blickenden Augen, zerzausten Schnurrbärten und langem schwarzem Haar ...« Ein eindrückliches und gut erhaltenes Beispiel aus dieser Zeit ist die Schmiede von Buffon (siehe S. 116f.).

Le Creusot: Aufschwung, Krise und Neuorientierung

Innerhalb von etwas mehr als 50 Jahren, zwischen 1782 und 1836, konnten die wichtigsten Grundlagen für die Industrialisierung im Becken von Le Creusot gelegt werden: Bereits seit dem ausgehenden Mittelalter wurden hier Eisen-, Mangan- und Bleierze abgebaut, im 16. Jahrhundert kam die Ausbeutung der Steinkohlevorkommen in dieser Region hinzu und 1782 wurden die neuen englischen Verhüttungsmethoden in Frankreich bekannt. Dies veranlasste das französische Königshaus, 1785 in Montcenis bei Le Creusot Hochöfen zu errichten, aus denen das erste Gusseisen auf Koks-Basis gewonnen wurde. Diese erste Eisengießerei nach englischem Verfahren gab in der Region den eigentlichen Anstoß zur Industrialisierung. Erleichterung verschaffte zudem der ›Canal du Centre‹ (1794 vollendet) – er öffnete Le Creusot der Welt, wie es damals hieß (siehe S. 141). Der Kanal trug zur Erschließung der kohlereichen Talebene bei, ja er wurde zur Lebensader für den Handel in einer Zeit, wo Straßentransporte nur begrenzt möglich waren und es die Eisenbahn noch nicht gab. Gebremst wurden diese Neuerungen aber durch die Französische Revolution und die nachfolgenden Kriege zwischen 1792 und 1815.

Der wirkliche Aufschwung der Ortschaft Le Creusot begann somit erst im 19. Jahrhundert, als hier die größte Schmiede Frankreichs entstand. Die Einwohnerzahl stieg in dieser Zeit von 1 500 auf 30 000. Den entscheidenden Schritt zur Industrialisierung machten die legendären Brüder Eugène und Adolphe Schneider, Schmiedemeister aus Bazeilles in den Ardennen, als sie die ursprünglich königliche Gießerei von Le Creusot, die zwischen 1787 und 1832 in Betrieb war, zusammen mit 280 Hektar Land kauften. Das Unternehmen wuchs rasch und mit ihm die Stadt Le Creusot; es brachte dem damals nur 3000 Einwohner zählenden Ort großen Wohlstand. Vier Jahre später begannen die Brüder mit der Eisenverhüttung und Stahlfabrikation. 1837 wurde der Bau von Dampflokomotiven – die ersten Frankreichs überhaupt – und Antriebselementen für Schiffe aufgenommen. 1840 erfand François Bourdon den Dampfhammer (›marteaupilon‹), der der Stahlverarbeitung neue Möglichkeiten eröffnete. Ab 1877 wurde der 21 Meter hohe Riesendampfhammer mit 100 Tonnen Gewicht in den Schneider'schen Hüttenwerken eingesetzt. So konnten hier erstmals Großausrüstungsteile für Eisenbahn, Brücken, Kraftwerke, Hafen- und Industrieanlagen hergestellt werden. Ein prominentes ›Produktbeispiel‹ hierfür ist der Bahnhof von Austerlitz in Paris.

Den Schneider-Brüdern gelang es, ihre Fabrik innerhalb von gut 30 Jahren zum Mittelpunkt von Frankreichs wichtigstem Industriezentrum auszubauen. 1867 war das Gesamtareal der Fabrikanlage auf über 120 Hektar angewachsen; 20 Hektar davon waren Industriebauten. Die Bergwerke der Umgebung lieferten 300 000 Tonnen Eisenerz pro Jahr, das Kohlebergwerk von Le Creusot 250 000 Tonnen Steinkohle und 15 Hochöfen stellten jährlich 130 000 Tonnen Eisen her. In Förderung und Produktion waren hier insgesamt etwa 10 000 Arbeiter tätig.

Zwischen 1867 und 1900 erlangte das Industriezentrum um Le Creusot darüber hinaus internationale Bedeutung. Es war im wahrsten Sinne des Wortes an vorderster Front, als 1867 mit der Rüstungsproduktion das große Zeitalter der Stahlindustrie begann, denn von nun an wurden vor allem Panzerplatten, Kanonen und Geschützteile angefertigt. Während des Ersten Weltkriegs lief die Waffenproduktion für die Front in den Vogesen, in den Ardennen und an der Somme auf Hochtouren. Es kamen aber auch zivile Aufträge aus Übersee: So wurden zwischen 1895 und 1900 Brücken für Chile, Tongkin (im Norden des heutigen Vietnam) und China angefertigt. Weitere prominente zivile Projekte für Frankreich waren der Pont Alexandre III. in Paris, die Straßenbeleuchtung der Rive Gauche in Paris oder die elektrische Straßenbahn in Grenoble.

Um eine vage Vorstellung von der rasanten Entwicklung der Schneider-Werke zu bekommen, seien ein paar Zahlen genannt: 1912 betrug die Gesamtfläche 5 715 Hektar, wobei auf einer Fläche von 570 Hektar Industriebauten standen. Auf dem Werksareal befand sich ein Eisenbahnnetz von 270 Kilometern Schienenlänge mit 62 Lokomotiven und 5 400 Wagons. Die Gesamtleistung betrug damals 65 000 PS (Dampfkraft und Gas) und 42 000 Kilowatt Strom. 435 Kilometer Telefonleitungen verbanden 650 Posten.

Das Dorf Le Creusot war in dieser Zeit sprunghaft ge-

*Der historische Dampf-
hammer (›marteau-pilon‹)
der Schneider-Werke
am Ortseingang von
Le Creusot. Mit einer
Schlagkraft von 500
Tonnen war er lange Zeit
einer der größten welt-
weit und galt als Symbol
für die Überlegenheit der
Industrie von Le Creusot.*

wachsen, das Industriegebiet breitete sich in die Nachbar-
ortschaften aus; der Kohleabbau wurde sogar bis nach Autun ausgeweitet. Man stelle sich vor: Zu Beginn der Schnei-
der-Ära begann zwar die Urbanisierung von Le Creusot, aber
der ländliche Eindruck war weiterhin stark dominant. Häuser, Gärten, Industrieanlagen gingen noch ineinander über.
Anfang des 20. Jahrhunderts dagegen waren der industrielle
und der städtische Bereich klar getrennt. Qualmende Hochöfen, Fabrikanlagen im Tal und Arbeiterhäuser aus Back-
stein an den Hängen prägten das Bild von Le Creusot. Man
kann es sich heute kaum vorstellen: Um 1900 hingen dicke,
schwere, schwarze Wolken über der Stadt. Der Himmel war
fast nicht zu sehen. Hunderte von Kaminen qualmten. Am
helllichten Tag war es fast dunkel. Und Kohlestaub hing in
der Luft, brannte in den Augen, bedeckte die Haut, schwärz-
te die Kleidung. Die Häuser, die Straßen, die Fenster, alles
war von einer schwarzen Schicht bedeckt. Der Geruch von
Kohle und Teer zog in die Nase, nahm den Atem, drückte auf
die Brust, ein beißender Geschmack von Eisen und glühen-

dem Metall kratzte im Hals. Ein dumpfer, brummender Lärm ließ die Stadt wie von einem Vulkan erzittern.

Nichts von alledem ist geblieben. Nur einzelne Gebäude erinnern noch an diese Zeit, ansonsten haben alte Fabrikhallen den modernen Platz gemacht. Heute strahlt der Himmel blau, die Sonne scheint. Keine rußigen Rauchschwaden ziehen mehr über das Land. Die sanften Hügelketten, die Le Creusot umgeben, sind deutlich zu erkennen. Doch das große Dampfhammer-Denkmal gleich am südlichen Eingang der Stadt ruft Le Creusots Vergangenheit in Erinnerung. Was geschah im 20. Jahrhundert mit der Stadt? Wie entwickelten sich die Schneider-Werke weiter?

Industrielle Entwicklung im 20. Jahrhundert Während die burgundische Kohle- und Energiegewinnung überregional wenig Gewicht hatte, war die auf ihr aufbauende Stahlindustrie von weltweiter Bedeutung. Im Zuge der Industrialisierung wuchs neben Le Creusot die Stadt Chalon-sur-Saône. 1839, schon drei Jahre nach der Gründung ihres Unternehmens, errichteten die Gebrüder Schneider in Chalon eine Werft an der Einmündung des ›Canal du Centre‹ in die Saône, wo man die in Creusot gefertigten und über den ›Canal du Centre‹ herantransportierten Einzelteile zusammenfügte. Bald wurden in den ›Chantier Naval des Usines Schneider du Creusot‹ auch andere Großteile gefertigt, die sich über die Saône transportieren ließen. Um 1850 wurde der Brückenbau zur Spezialität Chalons. Später wurden hier Dampfschiffe, aber vor allem Torpedoboote, Unterseeboote und Torpedo-Zerstörer für verschiedene Länder hergestellt, allein zwischen 1889 und 1906 baute man 81 Torpedoboote. Das größte hier gefertigte Schiff war der für Bolivien produzierte Torpedo-Zerstörer ›Mangini‹, der im Dezember 1911 vom Stapel lief. Da er eine Länge von 78,10 Meter und einen Tiefgang von 3,08 Meter hatte, konnte er nicht Saône-abwärts fahren, sondern muss-

*Blick auf die Schmiede Marmont von
Ste-Colombe bei Châtillon-sur-Seine, 1855.*

te auf einem Transportschiff zum Mittelmeer befördert werden. Später wurden auch U-Boote für den Export nach Bolivien und Japan gebaut; die Produktion wurde jedoch mit
dem Zweiten Weltkrieg eingestellt.

Das Industriezentrum Chalon-sur-Saône war besonders
als Ergänzungsraum für das Becken von Creusot von Bedeutung. Die Stahlindustrie besaß hier sozusagen einen ›Au-
ßenposten‹ und der Creusot-Ableger war bis zur Errichtung
der neuen Industriezonen und der Ansiedlung von Kodak
(Foto, Film), St-Gobain (Glas), Framatome (Nukleartechnik), Air Liquide (Gas) und Water Queen (Angelzubehör)
seit 1970 der größte Arbeitgeber der Stadt. 1968 beschäftigte die ehemalige ›Société des Forges et Ateliers du Creusot‹,
später ›Creusot-Loire‹ genannt, 1 576 Personen; die Zahl der
Beschäftigten sank aber seither stetig. Für die Stahlindustrie war dieses Werk in Chalon besonders für schwer trans-

portierbare, überdimensionale Erzeugnisse von Bedeutung. Große Maschinen, Brückenteile usw. wurden hier zusammengeschweißt und meist auf dem Wasserweg transportiert. Chalon war Endpunkt des auf 1 000 Tonnen ausgelegten Schifffahrtsweges von Marseille aus.

In der ersten Hälfte des 20. Jahrhunderts wuchsen die Schneider-Werke weiter, sodass sie im Jahr 1949 mit einer Niederlassung in Bordeaux zur Gesellschaft ›Société des Forges et Ateliers du Creusot‹ zusammengeschlossen wurden, zu der bis 1970 noch Niederlassungen in St-Etienne, Anzin, Toulouse, Nantes und Tarbes hinzukamen. 1970 wurde durch Zusammenschluss mit dem Stahlgroßproduzenten ›Compagnie des Ateliers et Forges de la Loire‹ aus St-Etienne der Großkonzern ›Creusot-Loire‹ geboren. Das gesamte Unternehmen zählte über 30 000 Beschäftigte. Das größte Werk war die Fabrikationsstätte in Le Creusot; auf einer Betriebsfläche von rund 480 500 Quadratmetern arbeiteten Anfang der 1970er-Jahre 9 000 Angestellte, über 50 Prozent der Beschäftigten der Stadt.

1960 schied die Familie Schneider aus dem Unternehmen aus, nachdem vier Generationen 124 Jahre lang das Leben von Le Creusot bestimmt hatten. Beinahe hätte Le Creusot ›Schneiderville‹ geheißen, wenn es nach dem Willen seiner Bewohner gegangen wäre – doch die Petition von 1856 zwecks Umbenennung der Stadt zu Ehren der mächtigen Fabrikantendynastie fand in Paris kein Gehör. Man muss sich vor Augen halten: Der Schneider-Dynastie gehörten nicht nur die Fabriken, sondern auch Schulen, Kirchen, Krankenhäuser und Altersheime der Stadt. Sie vereinte die Funktionen eines Unternehmers, Bankiers und Politikers. Viele der Einwohner von Le Creusot waren deren Angestellte – eine nicht unproblematische Situation.

Väterlich patriarchalisch umsorgten – und kontrollierten – die Schneiders ihre Untergebenen; als Gegenleistung erwarteten sie Fügsamkeit. Politische Opposition oder Ge-

Lokomotive 241 P der Firma Schneider

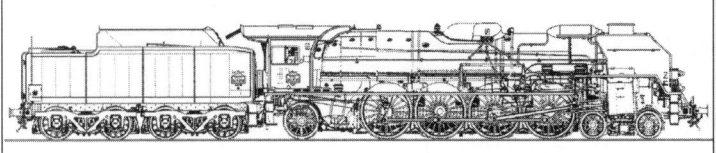

Der Prototyp dieser imposanten Lokomotive wurde 1931 gebaut. Nach dem Krieg bestellte die SNCF für die Strecken
mit schwierigem Profil (z.B. Paris–Lyon) Lokomotiven mit einer Leistung von 4 000 PS, die die langen, steilen Rampen be-
wältigen und auch Passagierzüge mit einer Dauerhöchstleis-
tung von 120 km/h ziehen konnten. Zu diesem Zwecke baute
man Triebräder mit einem Durchmesser von über zwei Metern.
Um die Reichweite zu steigern wurde der Tender vergrößert
und mit einer mechanischen Förderanlage versehen. Pro Stunde produzierten die Kessel über 20 Tonnen Dampf bei einem
Verbrauch von etwa 2 500 kg Kohle. Die 241 P wog zusammen mit dem Tender 212 Tonnen und war die größte Dampf-
lok Westeuropas.

werkschaftsgeist waren nicht erwünscht. Das hielt die Arbeiter jedoch nicht davon ab, im Mai 1899 und im Mai 1901
für mehr Lohn und die Einrichtung einer Gewerkschaft zu
streiken. Denn, obwohl das französische Gesetz Arbeiterge-
werkschaften seit 1884 erlaubte, gab es bis 1899 keine solche
Einrichtung in Le Creusot und Montceau-les-Mines. Doch
man darf nicht vergessen: Die Motivation der Angestellten
war für die Schneiders kein Fremdwort, richteten sie doch
ein besonderes Augenmerk auf die Berufsausbildung, auf
soziale Einrichtungen, Schulen, das Gesundheitswesen und
den Bau von Arbeitersiedlungen. So hatten die Beschäftigten
von Le Creusot weitaus bessere Lebens- und Arbeitsbedingungen als ihre Kollegen in den anderen großen Industrie-
zentren Europas.

Diese enge Verbindung zwischen Ort und Unternehmen fand seinen Abschluss, als Charles Schneider 1960 als letzter der Schneider-Dynastie starb und dessen Witwe das riesige Familienvermögen der Stadt Le Creusot vermachte.

Niedergang des Stahl-sektors und wirtschaft-liche Neuorientierung Das inzwischen als Großkonzern ›Creusot-Loire‹ agierende Unternehmen konnte in den 1970er-Jahren einen Wachstumshöhepunkt verzeichnen. Doch 1984 wurde ›Creusot-Loire‹ durch die europäische Stahlkrise schwer getroffen: Es musste Konkurs anmelden und ging in den Firmen C.L.I. (Tochtergesellschaft von Usinor-Sacilor), Alsthom Creusot Rail und Framatome auf. Tausende von Beschäftigten verloren ihre Arbeit oder mussten umgeschult werden. Im Zuge der Umstrukturierung konnten jedoch neue Branchen wie die Nukleartechnik oder der hoch technisierte Maschinenbau hinzugewonnen werden, und zwar vor allem durch die Ansiedlung des Herstellers von Flugzeugmotoren und Reaktorzubehör S.N.E.C.M.A., die Entwicklung einer Textilindustrie, mit Betrieben der Glasverarbeitung sowie des fotografischen Gewerbes und durch die Schaffung einer Industriezone mit technologisch hoch qualifizierten Betrieben des Elektronik- und Hochenergiesektors. Doch kaum war die Neuorientierung auf den Weg gebracht, führte die Rezession der 1990er-Jahre erneut zu Restrukturierungsmaßnahmen und weiterem Stellenabbau. Auch wenn Le Creusot ein wichtiger Wirtschaftsfaktor der Region darstellt, bleiben die Zukunftsaussichten weiterhin durch eine hohe Arbeitslosigkeit getrübt.

Die Überlegungen, aus der Vergangenheit Nutzen zu ziehen und den Beginn der Industrialisierung der Städte Le Creusot und Montceau-les-Mines zu dokumentieren, standen Pate, als die Gemeinden sich entschlossen, hier den Industrietourismus zu fördern. Die stillgelegten Industriebetriebe, Bergwerke, Arbeitersiedlungen wurden somit nicht alle abgerissen, sondern zum Teil als technische Denkmäler und Zeugnisse der Industriearchäologie erhalten, ja zum Teil wieder hergerichtet. So ist die ehemalige königliche Kristallmanufaktur, die nach dem Ende der Glasproduktion der Familie Schneider als Wohnsitz diente, zum ›Ecomusée‹ von Le Creusot/Montceau-les-Mines umfunktioniert worden, in dem die Industriegeschichte der Region aufgezeigt wird.

Die Holzflößer vom Morvan Auch wenn das Burgund kein typisches Industriegebiet ist wie etwa Lothringen, veränderte die Industrialisierung diese Gegend gewaltig. In der zweiten Hälfte des 19. Jahrhunderts setzte nämlich die Landflucht ein und führte zu einem massiven Bevölkerungsrückgang, von dem sich die Region bis heute nicht wirklich erholen konnte. Von 1886, als die Bevölkerungszahl ihren Höchststand erreicht hatte, bis ins Jahr 1946 verlor Burgund rund 300 000 Einwohner. Dazu kam, dass die Urbanisierung oftmals nicht mit der Industrialisierung und der ständigen Abwanderung der Landbevölkerung Schritt halten konnte. Mit dem Auflösen der alten Gesellschaftsschichten, dem Entstehen neuer Bevölkerungsgruppen, der Restrukturierung der Wirtschaft und dem Aufkommen der Konsumgesellschaft veränderte sich das Leben der Menschen auch hier gewaltig. Es verschwanden somit auch Traditionen, Tätigkeiten und Berufe, die bislang zum Alltag gehörten. Tiere wie Esel, Pferde und Maultiere, die jahrhundertelang den Menschen in seiner Arbeit begleiteten und unterstützten, waren besonders nach dem Zweiten Weltkrieg nicht mehr nötig; sie wurden durch Traktoren und Lastwagen ersetzt. Die Schaf- und Ziegenhaltung ging mit dem Zusammenbruch des Wollmarktes zurück (die Textilindustrie setzte vermehrt auf Baumwolle und Kunstfaser); nur die Haltung von Rindern und Kühen nahm zu.

Was das Leben der einfachen Leute im Laufe des 19. Jahrhunderts auch gravierend veränderte, war der Bau der Ei-

Die 241 P der Schneider-Werke, eine der leistungs-fähigsten Lokomotiven ihrer Zeit und Spezialist für schwierige Strecken. Aufnahme von 1949.

senbahnverbindung Paris–Lyon–Marseille, die sich ihren Weg durch Burgund bahnte. Eindrücklich beschreibt dies der burgundische Schriftsteller Henri Vincenot, der selbst bei der französischen Eisenbahngesellschaft angestellt war. Mit der Eisenbahn entstanden ganz neue Berufe (Lokführer, Weichensteller, Billeteur usw.), traditionelle Berufe und Tätigkeiten wiederum verschwanden nach und nach. Die Straßen leerten sich: Man sah immer weniger fahrende Händler mit ihren Wagen, umherziehende Spielleute, durch die Lande ziehende Handwerksburschen, Kesselflicker, Boten, Kuriere, die Kolportageromane verkauften. Mit dem Bau der Eisenbahn verschwanden aber auch die Bräuche nach und nach, man versammelte sich immer weniger zur Abendstunde im Dorf, man trug immer weniger die traditionelle Kleidung, man pilgerte immer weniger zur Heil bringenden Quelle. So verschwanden nicht nur Berufe und Tätigkeiten, sondern jahrhundertelang gepflegte Bräuche, Geburts- und Sterberiten – und eine ganze Lebenshaltung. Henri Vincenot nannte es das Verschwinden der ›Civilisation lente‹ (der langsamen Kultur), das sich bereits im 19.

Anisbonbons von Flavigny

Eine besondere regionale Spezialität sind die Anisbonbons von Flavigny (›Anis de Flavigny‹), angeblich der älteste Markenartikel Frankreichs. Die hübschen ovalen Blechdosen im traditionellen Stil, meist ein junges Schäferpaar abbildend, sind weltbekannt. Die kleinen, runden, weißen Bonbons mit dem feinen, lieblichen Geschmack erfreuen sich nicht nur in Frankreich, sondern auch in Europa, den USA und Asien großer Beliebtheit. Wohl jeder hat sie schon mal probiert und dabei ein wenig Nostalgie verspürt! Hergestellt werden die Anisbonbons seit 1915 in der ehemaligen Benediktinerabtei von Flavigny-sur-Ozerain, einem kleinen mittelalterlichen Ort der nördlichen Côte-d'Or. Hier schlug Cäsar sein Heerlager auf, als er das gallische Alesia belagerte, und ließ ein Krankenhaus einrichten. Womöglich waren es auch die Römer, die die Anispflanze von Ägypten nach Burgund brachten. Zwei Wochen dauert es, bis die weißen Pastillen hergestellt und verkaufsfertig sind. Herzstück des knapp ein Gramm wiegenden, erbsengroßen Bonbons ist ein Anissamen, der von mehreren Zuckerschichten umgeben und mit verschiedenen Aromen angereichert wird. 14 verschiedene Geschmackssorten stehen heute zur Verfügung: mit Veilchen-, Jasmin- und Rosenaroma, Orangenblüten, Orange, Pfefferminz, Lakritze, Kaffee, Vanille,

›Anis de Flavigny‹, der angeblich älteste Markenartikel Frankreichs, hier von den Ausgangsprodukten bis zu den fertig verpackten Pastillen.

Zimt, Zitrone, Mandarine, Himbeere und natürlich mit reinem Anisgeschmack.

Der grüne Anis (lat. ›pimpinella anisum‹) – ein Doldengewächs, nicht zu verwechseln mit dem Sternanis, der Frucht eines exotischen Baumes aus China – ist seit der Antike für seine appetitanregende, magenstärkende, verdauungsfördernde, harntreibende, krampfstillende und reinigende Wirkung beliebt und wird gerne bei Husten, Bronchitis, Blähungen und zur Milchbildung verwendet. Er diente früher nicht nur als Heilkraut, sondern auch für religiöse Zwecke. Verschiedene Legenden ranken sich um die Ursprünge dieser Pastillen, deren Erfinder unbekannt ist: Die einen sagen, bereits im 9. Jahrhundert hätten die Mönche die Pastillen hergestellt und 873 dem Papst Johannes VIII. während seines Aufenthaltes in Flavigny drei Pfund Anis geschenkt. Eine schriftliche Quelle von 1591 besagt, dass die nicht weit von Flavigny gelegene Stadt Semur-en-Auxois den Brauch pflegte, ihren noblen Gästen Anisbonbons anzubieten. Weiter wird überliefert, dass die Ursulinen, die sich im 17. Jahrhundert in Flavigny niederließen, bis zur Französischen Revolution Anisbonbons herge-

stellt und vertrieben haben. Damals brauchte man für die Herstellung rund sechs Monate. Eine teure und aufwändige Angelegenheit, weshalb die Pastillen nur für Adlige und reiche Bürger erschwinglich waren. Nach der Revolution sollen sie bis Ende des 19. Jahrhunderts von verschiedenen kleinen Süßwarenherstellern produziert worden sein, von denen Anfang des 20. Jahrhunderts nur noch einer übrig war.

Diese Süßwarenfabrik besteht auch heute noch und ist das einzige Unternehmen, das die Tradition des ›Anis de Flavigny‹ bewahrt. Seit 1923 ist sie im Besitz der Familie Troubat. Die geniale Idee, die Pastillen in ovalen Metalldosen zu verpacken und in den Pariser Verkaufsautomaten an den Bahnhöfen und in der Metro anzubieten, machte sie mit einem Schlag berühmt. Erst vor drei Jahren verschwand der letzte dieser Automaten.

1999 übernahm die 39-jährige Catherine Troubat in dritter Generation die Leitung des Unternehmens mit seinen 25 Angestellten.

Heute werden jährlich 250 Tonnen Bonbons hergestellt (da ein Bonbon ein Gramm wiegt, sind das 250 Millionen Bonbons pro Jahr). 30 % sind für den Export

Moderne Produktionstechnik im historischen Gemäuer der ehemaligen Abtei von Flavigny.

bestimmt (in die USA, die Schweiz, nach Kanada, Japan, Holland, Belgien, Italien, England, Deutschland, Spanien, Schweden, Dänemark, Finnland, Portugal, Tschechei, Norwegen, Brasilien, Chile, Mexiko ...). Seit 2002 produziert Flavigny auch Bonbons mit Zucker in Bio-Qualität für den Verkauf in den Bioläden Frankreichs, Deutschlands und der Schweiz.

Dank der Anisbonbons kam Flavigny 1994 auf die Liste der 100 bedeutendsten ›Gschmacks-Orte‹ (›Sites remarquables du goût‹) Frankreichs. Diese Ehre teilt nun das Unternehmen mit weiteren burgundischen Orten: dem Schloss Clos-de-Vougeot, der Weinauktion im Hospiz von Beaune und dem Fest der Charolais-Rinder in Saulieu.

Die Anispastillen sind so eng mit der Gegend ihrer Entstehung verbunden, dass man sich in der Region um Flavigny gerne erzählt, die Märchenfigur Däumling habe keine weißen Steine, sondern runde Anisbonbons ausgestreut, um den Rückweg zu finden ...

Fabrique d'Anis de l'Abbaye de Flavigny, 21150 Flavigny-sur-Ozerain, Tel. 03 80 96 20 88, Fax 03 80 96 21 43, www.anisdeflavigny.com Fabrikbesuch: Montag bis Freitag 8 bis 10.30 Uhr. Gruppen auf Anfrage.

Jahrhundert ankündigte, zwischen den Kriegen verstärkte, um besonders nach dem Zweiten Weltkrieg einer neuen Lebenshaltung Platz zu machen.

Welche Begleiterscheinungen und Auswirkungen dieser Wandel im 19. Jahrhundert für die Menschen hatte, lässt sich am Beispiel der abgeschiedenen Gegend des Morvan sehr anschaulich zeigen. Denn das waldreiche, hügelige, an Bodenschätzen arme Gebiet des Morvan ist eines der stärksten Abwanderungsgebiete gewesen. Bereits vom 16. Jahrhundert an bis zum Ende des 19. Jahrhunderts waren die Männer, meist Bauern, als Holzflößer tätig. Die aufstrebende Stadt Paris brauchte Holz zum Heizen und Bauen, das Morvan hatte das gewünschte Material in Hülle und Fülle. Der Handel lief. Die geschlagenen Stämme wurden im Frühjahr zunächst in den künstlich angelegten Seen gesammelt, die vielerorts an den Flüssen wie Yonne und Cure aufgestaut wurden. Bei Bedarf und hohem Wasserstand wurden dann die Wehre geöffnet und die Stämme nach Paris geflößt.

Der Holzhandel brachte den Flößern zwar nur ein klägliches Einkommen, förderte aber den Wohlstand eines Ortes wie Clamecy, von wo aus die im Morvan geschlagenen Baumstämme, zu 75 Meter langen Flößen vertäut, auf der Yonne (und dann über die Seine) nach Paris transportiert (geflößt) wurden – die Yonne war erst ab Clamecy schiffbar. Ab Mitte des 19. Jahrhunderts ging der Holzhandel jedoch zurück – die Hauptstadt verfügte mehr und mehr über andere Energiequellen, beispielsweise Kohle, die zunehmend mit der Eisenbahn nach Paris transportiert wurde. Im Zuge dieser Entwicklung verarmte die Bevölkerung des Morvan. 1927 verließ das letzte Holzfloß Clamecy.

Als Amme in Paris Auch in den Zeiten des noch florierenden Holzhandels war der größte Teil der Bevölkerung arm. Um dieser ständigen Armut ein wenig Abhilfe zu schaffen, gingen im 19. Jahrhundert hunderte von jungen Müttern als Ammen nach Paris, um reiche Aristokraten- und Bürger-Babys zu stillen. Später kamen auch Babys von Arbeiterinnen dazu, die vermehrt in den Fabriken arbeiteten und so auf Ammen angewiesen waren. Zwischen 1858 und 1864 verließen zwei Drittel der Mütter das Morvan, um in Paris eine Anstellung als Amme zu finden. Die im Morvan verbliebenen jungen Mütter mussten die verlassenen Kinder stillen. Das Ammengeschäft florierte und es entstand ein regelrechter Kinder- und Frauenhandel. Bereits im 19. Jahrhundert wurde dieser ›Menschenhandel‹ kritisiert, denn viele der unerfahrenen Landmädchen wurden Opfer skrupelloser Zuhälter und landeten als Prostituierte in Paris.

Viel Elend brachte diese Entwicklung: Familien wurden auseinander gerissen, die von ihren Müttern verlassenen Kinder litten enorm und die Säuglingssterblichkeit im Morvan nahm so stark zu, dass sie in Frankreichs die höchste Rate darstellte. Hinzu kam: Manche Frauen fanden Gefallen an dem Leben in Paris und zogen die Stadt dem Land vor. Henri Vincenot beschreibt, wie die Ammen in Paris aufblühten. Auf Vorwürfe entgegneten die jungen Frauen, dass sie dort gute Umgangsformen lernen würden, z.B. könnten sie sich nun täglich waschen und würden zudem gut verdienen. Die Männer dagegen arbeiteten weniger oder gar nicht mehr oder auch sie verließen das Morvan, zumindest saisonweise, um anderswo als Bedienstete, Erntehelfer, im Baugewerbe oder beim Eisenbahnbau Arbeit zu finden.

Seit Ende des 19. Jahrhunderts ging im Morvan die Bevölkerung um zwei Drittel zurück, nach dem Zweiten Weltkrieg verlor die Gegend nochmals ein Viertel ihrer Einwohner. Vor allem waren es die Jungen, die gingen, sodass die Bevölkerung im Durchschnitt immer älter wurde und die Geburtenrate stark sank – und damit das Wirtschaftswachstum stagnierte. Diejenigen, die zurückkamen, waren meist Rentner, die die Ruhe und Abgeschiedenheit des Morvan genießen wollten.

Ein Lichtblick war dann der aufkommende Tourismus, der ab den 1970er-Jahren langsam begann, Fuß zu fassen. Entscheidend für diese Entwicklung war, dass 1970 die französische Regierung den größten Teil des Morvan zum Naturpark erklärte (›Parc Naturel Régional du Morvan‹). Seitdem gilt das Morvan-Gebiet als grüne Lunge der Region und zieht um die vier Millionen Besucher pro Jahr an. Die meisten Stauseen aus der Flößerzeit gehören nun zu den attraktiven Orten der Erholung. Beliebt ist die Region vor allem wegen ihrer Möglichkeiten für alle Arten von Wassersport, zum Wandern, Reiten und, sofern es das Klima zulässt, für den Wintersport. Doch nicht nur als Erholungsgebiet ist der Wald heute von Nutzen, er ist auch weiterhin eine wichtige Erwerbsquelle: Das Holz dient der Möbel- und Papierherstellung und darüber hinaus kommen 25 Prozent aller Weihnachtsbäume des französischen Marktes aus dem Morvan.

Nach dem Zweiten Weltkrieg: Veränderung und Kontinuität

Burgund litt nach dem Zweiten Weltkrieg zunächst unter dem zentralistisch geführten Staat. Doch mit der Zeit akzeptierte die französische Regierung in Paris, dass jedes Gebiet seine Besonderheiten hat, und so wurde den einzelnen Regionen in gewissen Bereichen ihr Selbstbestimmungsrecht wieder eingeräumt, unter anderem auch Burgund. 1960 entstand aus den vier Departements Côte-d'Or, Saône-et-Loire, Nièvre und Yonne wieder die Region Burgund, ähnlich wie sie vor der Französischen Revolution bestanden hatte. Der durch Direktwahlen sich konstituierende ›Conseil Régional de Bourgogne‹ (Regionalrat) konnte von nun an über regionale Angelegenheiten wie Kultur, Schul- und Ausbildungswesen, Regionalplanung, Wirtschaftsentwicklung, Landwirtschaft und die Umsetzung nationaler und europäischer Förderprogramme bestimmen.

Die wichtigsten Agglomerationsräume sind die verkehrsgünstig gelegenen Städte Dijon und Chalon-sur-Saône in Ostburgund. Die Nachkriegsjahre waren von einem Bevölkerungszuwachs gekennzeichnet, doch fand weiterhin eine Landflucht in Richtung der Städte statt: in die Agglomerationsräume Burgunds, in Richtung Paris im Norden, in Richtung Besançon im Osten oder in Richtung Lyon im Süden. Das Departement Yonne in Nordburgund wurde nach und nach Teil des sich rasch ausbreitenden Pariser Ballungszentrums. Dies bedeutet, dass immer mehr Einwohner der Hauptstadt hier ihren Wohnsitz oder Zweitwohnsitz haben, zumal die Autobahn ›Autoroute Soleil‹ von Paris nach Marseille, die das Departement durchquert, eine schnelle Verkehrsanbindung gewährleistet.

Der Wirtschaftsraum Burgund heute

Burgund ist weder eine ausgesprochene Industrieregion noch eine typische Agrarregion, auch wenn 59 Prozent der Gesamtfläche Agrarland sind. Fruchtbare, für den Getreide- und Gemüseanbau geeignete Ebenen wechseln mit weniger fruchtbaren, bewaldeten Höhenzügen, deren Hänge aber für den Weinbau ideal sind. Wiesen und Weiden bilden einen weiteren wichtigen Teil der Agrarfläche. Burgund verfügt über knapp eine Million Hektar Wald. Dieser besteht hauptsächlich aus Laubbäumen wie Eichen, Buchen und Pappeln. Die bedeutendste Baumart ist die Burgunder Eiche, die für die Weinfassherstellung besonders wichtig ist; die Lagerung des Weins in Eichenholzfässern wird immer noch bevorzugt (siehe S. 149ff.).

Der Dienstleistungssektor

Wie in allen hoch entwickelten Ländern ist auch in Burgund der Dienstleistungssektor inzwischen der wichtigste Wirtschaftszweig. Der Anteil weiblicher Beschäftigter ist überproportional hoch. Trotz der schnellen

Entwicklung des Tertiärsektors in den letzten 20 Jahren konnte der Beschäftigungsrückgang in den anderen Wirtschaftszweigen nicht aufgefangen werden und damit konnte sich auch Burgund dem Trend steigender Arbeitslosenzahlen nicht entziehen.

Auch Ausbildungs- und Forschungsstätten sind als wichtiger Wirtschaftsfaktor nicht zu unterschätzen. Allein Dijons Universität zählt 40 000 Studenten. Weitere wichtige nationale Forschungseinrichtungen finden sich in Nevers, Chalon-sur-Saône, Le Creusot und Cluny.

Hervorzuheben ist auch die Tourismusbranche, die in den letzten 30 Jahren ein enormes Wachstum verzeichnen konnte, in letzter Zeit rezessionsbedingt aber ein wenig an Schubkraft verloren hat. Da Burgund nicht am Meer liegt und somit über keine Strände verfügt, ist es kein Ziel für den Massentourismus. Es spricht vor allem kulturell und gastronomisch Interessierte an, d.h. vor allem finanzkräftige Besucher, die außerdem viel zur Entwicklung der Gastronomie, der Lebensmittel- und Getränkebranche im Allgemeinen sowie der Weinwirtschaft im Besonderen beigetragen haben.

Industriesektor Als Industriestandort liegt Burgund ausgesprochen verkehrsgünstig. Die Nähe zum Wirtschafts- und Verwaltungszentrum Paris und zur Region Lyon sowie die gute Verkehrsanbindung an die östlichen Nachbarländer haben sich positiv auf den wirtschaftlichen Modernisierungsprozess ausgewirkt. Zu den Industriebranchen Burgunds zählen heute neben dem produzierenden Gewerbe die Logistik, die Nahrungsmittelindustrie und die IT-Branche.

Einen wesentlichen Beitrag haben mittelständische Industriebetriebe zur neuen Wirtschaftskraft geleistet, was an den wachsenden Industriezonen an den Ausfallstraßen der Städte Dijon, Chalon-sur-Saône, Mâcon, Auxerre usw. abzulesen ist. Die Produktpalette ist vielfältig und reicht vom

Le Creusot heute: Schmutz, Lärm und Gestank des frühindustriellen Zeitalters sind der Tristesse moderner Zweckbauten gewichen.

Dampfkochtopf über medizinische Geräte, Arzneimittel, EDV-Anlagen, Fototechnik, optische Betriebe, Feinmechanik, Elektromechanik, Autozubehör, Nukleartechnik bis hin zu den TGV-Waggons, die in Le Creusot hergestellt werden. Nicht zu vergessen ist die Lebensmittelindustrie. Zahlreiche Betriebe haben sich in den städtischen Agglomerationen von Dijon, Chalon-sur-Saône, Mâcon, Nevers und Auxerre angesiedelt, aber auch kleinere Städte wie Clamecy oder Beaune verfügen über eigene Industriegebiete. Hauptabnehmer der Industrieexportgüter sind Deutschland, Italien und Großbritannien.

Mit rund 18 500 Angestellten ist die Metall verarbeitende Industrie wichtigster Arbeitgeber der Region und liegt damit prozentual über dem nationalen Durchschnitt. Über 600 Unternehmen sind in Burgund in den Bereichen Hüttenwesen und Metallverarbeitung aktiv. An zweiter Stelle steht der Bereich Chemie, Kunststoffe und Materialverbindungen mit 15 000 Beschäftigten (und damit zweimal mehr als im nationalen Durchschnitt), dahinter die Mechanik mit 15 000

Angestellten. In diesem sowohl traditionellen als auch innovativen Industriezweig nimmt Burgund gar eine Vorreiterrolle ein (Höchstgeschwindigkeitsverarbeitung, neueste Metallschneidetechniken usw.). Mehr als 600 Unternehmen produzieren Ausrüstungsgüter von der Konstruktion des größten Tunnelbohrers der Welt bis hin zur Feinmechanik. Daneben gibt es mehr als 10 000 Beschäftigte in über 80 Unternehmen im Bereich neuer Technologien und rund 7 000 Angestellte verdienen ihren Lebensunterhalt bei Herstellern von Haushaltgeräten und Unterhaltungselektronik.

Landwirtschaftssektor Obwohl die Beschäftigtenzahl auch im Agrarbereich stark rückläufig war, sank sie im Vergleich zum Landesdurchschnitt dennoch unterproportional, d.h. die Landwirtschaft ist auch heute noch ein wichtiger Wirtschaftsfaktor. Von den zwei Millionen Hektar landwirtschaftlicher Nutzfläche entfällt eine Hälfte auf Äcker, die andere Hälfte auf Weiden und sonstige Flächen. Nur auf einem Prozent wird Wein angebaut. Ein Viertel der Betriebe betreibt Viehzucht, 20 Prozent Ackerbau und 15 Prozent beides zusammen.

Angebaut werden neben Weizen, Gerste, Mais und Raps auch Sonnenblumen und Erbsen. Zu den Sonderkulturen zählen Zuckerrüben im Saône-Tal, Gemüseanbau (vor allem Zwiebeln) in Auxonne, Blumenzucht (besonders Chrysanthemen) in Saint-Marcel, Gurken und Erdbeeren im Auxerrois und Brombeeren in den Hautes Côtes zwischen Dijon, Beaune und Chalon-sur-Saône.

Die Fleischviehhaltung hat zu einem großen Teil die Milchviehhaltung ersetzt. Auch wenn noch rund 15 Prozent der französischen Milcherzeugung auf Burgund entfallen, gewinnt die Region als Fleischlieferant für Paris, das übrige Frankreich und den Export an Bedeutung. Den größten Anteil am Viehbestand von 1,3 Millionen Tieren bildet die Rinderrasse Charolais, die in dieser Gegend heimisch ist.

Die Schafzucht ist in Burgund zwar rückläufig, die Bestände der einheimischen Rasse der Charolais-Schafe konnten sich aber halten. Die Zucht der weißen Bressehühner im Ostburgund dagegen ist weiterhin auf Erfolgskurs. Sie sind weltweit die einzigen Hühner mit Qualitätssiegel (›Appellation d'Origine Contrôlée‹, kurz AOC), die die Einhaltung strenger Anforderungen an die Haltungsbedingungen garantieren (nur im Freiland auf grasbewachsenen Flächen, gefüttert nur mit Getreide, vor allem Mais, und gestockten Milchprodukten wie Quark oder Ricotta).

Infrastruktur Burgund ist Teil einer der wichtigsten internationalen Nord-Süd-Transitverkehrsachsen Frankreichs, ja Europas. Inzwischen liegen 750 Kilometer Autobahnstrecke auf burgundischem Gebiet und das Autobahndreieck bei Beaune ist einer der frequentiertesten Verkehrsknotenpunkte Europas. Ende der 1970er-Jahre wurde die Autobahn Paris–Lyon–Mittelmeer gebaut.

Dem Ausbau des Straßennetzes folgte die Verbesserung des Schienennetzes. So wurde 1982 der Hochgeschwindig-

---

Zahlen und Fakten zum Wirtschaftsraum Burgund

Die Region Burgund umfasst ein Gebiet von knapp 32 000 Quadratkilometern mit über 2 000 Gemeinden (›communes‹), von denen 350 weniger als 100 Einwohner haben. Sie zählt 1,6 Millionen Einwohner, davon sind 620 000 erwerbstätig.
59 Prozent von ihnen arbeiten inzwischen im Dienstleistungssektor (in Frankreich insgesamt 65 Prozent), 26 Prozent in der Industrie (nicht gerechnet sind Handwerksbetriebe und andere gewerbliche Zweige) und weniger als 10 Prozent in der Landwirtschaft. 60 Prozent der Bevölkerung lebt in Städten, 40 Prozent in ländlichen Gebieten. Die einst von der Agrarwirtschaft geprägte Region hat sich in der zweiten Hälfte des 20. Jahrhunderts zu einem der gewerblichen Zentren Frankreichs entwickelt.

keitszug TGV (›Train à Grande Vitesse‹) zwischen Paris und Lyon in Betrieb genommen; inzwischen führt die Trasse, die quer durch Burgund verläuft, bis an die Côte-d'Azur. Für den Frachtverkehr stehen zwölf Güterbahnhöfe zur Verfügung. Der zweitgrößte Verschiebebahnhof Frankreichs befindet sich in Perrigny (Dijon).

Burgund verfügt über 1 000 Kilometer moderner Kanäle für Binnenschiffe und 5 000 Tonnen Ladefähigkeit. Die Verbindung zwischen der Nordsee und dem Mittelmeer wurde vor ein paar Jahren bei Auxonne fertig gestellt.

Kanäle Das Gebiet zwischen Saône und Loire wird von zahlreichen kleinen und größeren Flüssen durchzogen. Die Seine entspringt in Burgund, um ihren Weg Richtung Norden gemeinsam mit ihrem großen Nebenfluss Yonne zum Ärmelkanal zu nehmen; die Saône im Osten fließt in Lyon in die Rhône, später ins Mittelmeer – und die Loire durchquert den Westen Burgunds, um dann durch Westfrankreich in Richtung Atlantik zu fließen.

Um diese Flussläufe miteinander zu verbinden und schiffbar zu machen, entstanden im 17., 18. und 19. Jahrhundert zahlreiche Kanäle, die auch die westeuropäische Wasserscheide überbrücken. Burgund verfügt somit über ein reiches Netz an Wasserwegen, die die Flusssysteme von Seine und Loire, aber auch von Rhein und Rhône verbinden. Es sind schmale Kanäle, die für die Frachtkähne des 18. und 19. Jahrhunderts geschaffen wurden und heutigen Transportanforderungen nicht mehr genügen. Die Binnenkanäle sind nur für Schiffe (›péniches‹) von 250 bis 300 Tonnen passierbar, die eng sind und geringen Tiefgang (nur 2 bis 2,5 Meter) haben. Außerdem behindern viele von Hand betriebene Schleusen den Verkehr. Somit dienen die über 1 000 Kilometer Flussläufe und Kanäle heute fast nur noch Ausflugsbooten und Hotelschiffen oder Freizeitschiffern mit ihren Hausbooten. Um den Touris-

Kanäle in Burgund

Das burgundische Kanalsystem gehört zu dem wichtigsten Frankreichs. Sieben Kanäle sind schiffbar: Der Canal de Bourgogne, der Canal du Nivernais, der Canal latéral à la Loire, der Canal de Briare, der Canal du Centre, der Canal de Roanne à Digoin und der Canal de la Marne à la Saône.

Tunnel bei Pouilly-en-Auxois (historische Aufnahme).

Canal du Centre
Dieser 112 Kilometer lange Kanal zwischen Digoin und Chalon-sur-Saône ist der einzige Kanal, der seine kommerzielle Bedeutung bis heute bewahrt hat, vor allem in Richtung Saône, zwischen Montceau-les-Mines und Chalon-sur-Saône, wo alle Schleusen automatisiert worden sind. Insgesamt hat er 61 Schleusen und ist relativ wenig befahren. In Ecuisses ist in der Nachbarschaft von sieben Schleusen ein Schleusenmuseum, das ›Musée du Canal‹, zu besichtigen. Im Schleusenwärterhaus aus der Kanalentstehungszeit wird die Geschichte des Kanalbaus, im zum Museumsschiff umfunktionierten alten Lastkahn ›Armançon‹ die Entwicklung der Kanalschifffahrt gezeigt.

Canal de Bourgogne
Der 242 Kilometer lange Kanal zwischen Laroche-Migennes und St-Jean-de-Losne hat 189 Schleusen und verbindet die Yonne mit der Saône, dann durchzieht er das Armançon-Tal, folgt der Brenne, bis er die ›Schwelle von Burgund‹ bei Pouilly-en-Auxois erreicht, um danach durch das Ouche-Tal flussabwärts bis Dijon zu fließen. Bei St-Jean-de-Losne erreicht er die Saône. Bei Pouilly verläuft er auf einer Länge von 3 300 Metern unterirdisch. Hier überwindet der Kanal die Höhenrücken des Morvan mit Hilfe eines drei Kilometer langen Tunnels, der aus dem Jahr 1832 stammt und dessen Bau fast 200 Todesopfer forderte. Lange Zeit galt

diese Schwelle als höchster Kanal-Scheitelpunkt Europas, bis er 1990 durch den Rhein-Main-Donau-Kanal übertroffen wurde.

Canal du Nivernais
Der 174 Kilometer lange Kanal zwischen Auxerre und Decize hat 110 Schleusen. Der mittlere Teil dieses Kanals, 60 km zwischen Cercy-la-Tour und Sardy, kann nur von Booten bis 30,5 m Länge und 5 m Breite befahren werden. Deshalb ist er nur für Hausboote geeignet.
Von Auxerre bis Clamecy und Corbigny folgt der Kanal dem Verlauf des Yonne-Tals. Nach der Schleusentreppe von Sardy und der Durchquerung zweier Tunnel bei Collancelle erreicht man die Seen von Vaux und Baye, den höchsten Punkt dieses Kanalverlaufs. Danach geht es in das Loiretal hinab.

Canal de la Marne à la Saône
Er ist 225 Kilometer lang mit 114 Schleusen. Nur der südliche Teil berührt Burgund im Departement Côte-d'Or. Wie sein Beiname ›Bourgogne-Champagne-Kanal‹ verrät, fließt er ins Gebiet der Champagner-Herstellung. Er verbindet Burgund mit dem Kanalsystem von Nordfrankreich und Belgien.

Canal de Roanne à Digoin
Dieser Kanal verlängert den ›Canal du Centre‹ und den Seitenkanal der Loire in Richtung Süden. Er ist nur 56 Kilometer lang und hat 10 Schleusen. Digoin selbst ist heute das Zentrum der Wasserwege des Departements Saône-et-Loire, denn hier treffen sowohl der ›Canal du Centre‹, der Seitenkanal der Loire und der ›Canal de Roanne à Digoin‹ als auch die Flüsse Loire, Arroux, Bourbince, Vouzance und Aronce aufeinander. Diese Position ermöglichte es Digoin in der ersten Hälfte des 19. Jahrhunderts, sich zu einem bedeutenden Warenumschlagplatz für Holz, Kohle aus der nördlichen Bergbauregion und für Wein aus dem Mâconnais und Beaujolais zu entwickeln. Längst ist diese Geschäftigkeit aus Digoin verschwunden, dafür nimmt heute der Hausboottourismus eine wichtige Stellung ein.

Der Seitenkanal der Loire
Dieser Kanal verläuft von Briare nach Digoin auf einer Strecke von 197 Kilometern. Auf dem linken Flussufer beginnend, überquert er bei Digoin über eine spektakuläre Kanalbrücke die Loire und verläuft dann par-

Kanalbrücke bei Briare über die Loire.

allel zum Fluss. Es ist ein ruhiger Kanal mit nur 38 Schleusen.

Canal de Briare und Canal du Loing

Der in den Jahren 1604 bis 1642 erbaute ›Canal de Briare‹ (56 Kilometer lang mit 32 Schleusen) ist der Prototyp für alle Kanäle Frankreichs. Er entstand durch Maximilien Sully, Minister unter Heinrich IV. Die Kanalbrücke von Briare und die sieben Schleusen von Rogny sind die wichtigsten Sehenswürdigkeiten dieses Kanals, die es zudem ermöglichen, einen Höhenunterschied von 39 Metern zu überwinden.

Der ›Canal du Loing‹ entstand ein Jahrhundert später; er verläuft zwischen Saint-Mammes und Montargis auf einer Distanz von 49 Kilometern mit 19 Schleusen. Beide Wasserstraßen werden heute noch oft von Frachtkähnen befahren, die Getreide transportieren.

mus weiter zu fördern, ist für die nächste Zukunft die Modernisierung der Kanäle und ihrer Schleusen geplant.

Bereits um 1604 hatte Herzog von Sully, Minister unter König Heinrich IV., Pläne für ein Kanal-Großprojekt, ein System von Flüssen und Kanälen, die die Verbindung der Seine mit der Loire, der Loire mit der Saône, der Saône mit der Meuse usw. schaffen sollten. Nur der ›Canal de Briare‹ zwischen Loire und Seine wurde damals gebaut. Die Wasserwege waren zu Beginn der Neuzeit wichtig, da der Transport auf dem Wasser schneller war als auf dem Landweg; ein Boot mit vier Pferden und sechs Männern transportierte genauso viel wie 200 Männer mit 400 Pferden auf Fuhrwerken.

Der Gouverneur der burgundischen Provinz, der Fürst von Condé, wollte Dijon durch Binnenwasserwege im Norden mit Paris und im Süden mit dem Mittelmeer verbinden. Er plante darüber hinaus, die Saône über den ›Canal du Centre‹ in den Oberlauf der Loire umzuleiten, um somit eine Verbindung zum Atlantik herzustellen. 1784 legte er den ersten Stein für die Schleuse von Saint-Jean-de-Losne. Im selben Jahr wurde mit dem Bau des ›Canal du Centre‹ und des ›Canal du Rhône au Rhin‹ begonnen. Die Französische Revolution unterbrach dieses Vorhaben des ›Canal des Deux-Mers‹, sodass erst unter Napoleon das erste Schiff aus Südfrankreich in den Hafen von Dijon einlaufen konnte (ein Obelisk aus den Achtziger-Jahren des 18. Jahrhunderts am Eingang des ›Port du Canal‹ von Dijon erinnert heute an den Ausbau des Hafens) und das erste Schiff aus Paris sogar erst 1820. Die Verbindung zum Atlantischen Ozean wurde nie realisiert.

Den 1794 eröffneten ›Canal du Centre‹ baute man als Verkehrsader für die burgundischen Industriestädte. Von Chalon, wo der Kanal von der Saône abzweigt, bis zu seiner Mündung in die Loire bei Digoin verläuft er im Becken der Dheune und der Bourbince. Entlang seines Verlaufs haben sich im 19. Jahrhundert zahlreiche Industriebetriebe angesiedelt, doch hat er heute keine wirtschaftliche Bedeutung mehr; statt dessen ist der ›Canal du Centre‹ nun die Nummer eins für den Tourismus.

Der ›Canal de Bourgogne‹, der Saône und Yonne (ein Nebenfluss der Seine) verbindet und Dijon auf dem Wasserweg Anschluss an die wichtige Nord-Süd-Achse verschaffte, wurde erst 1834 eröffnet. Bereits im 18. Jahrhundert begann man, sich auf den Ausbau der Straßen zu konzentrieren, und somit geriet der Ausbau der Kanäle ein wenig ins Hintertreffen. Ab Mitte des 19. Jahrhunderts bekamen die Kanäle zudem starke Konkurrenz durch den Bau der Eisenbahnlinien, deren besseren, schnelleren und kostengünstigeren Bedingungen sie nichts entgegenhalten konnten.

Phasen der Industrialisierung

Die burgundische Industrialisierung ist in drei Phasen zu untergliedern: Zwischen 1880 und 1910 fand die erste Welle statt, die zweite Phase folgte zwischen den beiden Weltkriegen und die dritte setzte mit der 1954 verabschiedeten Dezentralisierungspolitik Frankreichs ein. Ziel war dabei, die bislang vernachlässigte ›Provinz‹ zu fördern, um damit gleichzeitig der wirtschaftlichen Überentwicklung des Pariser Ballungszentrums ein Gegengewicht zu geben.

So lassen sich drei Typen industrieller Ansiedlung vor allem in Ostburgund ausmachen: 1. die Schwerindustrie, deren Anfänge im 19. Jahrhundert liegen, die aber inzwischen aufgrund der Stahlkrise der 1980er-Jahre stark zurückgegangen ist; 2. die traditionelle Industrie, die sich aus dem Handwerk entwickelte (Betriebe der Metallindustrie, Leder- oder Textilbranche) oder aber durch Fusionen überregionalen Charakter erhielt (Lebensmittelindustrie) und 3. die jüngere Industrie mit nationalem und internationalem Charakter im Bereich Chemie und Elektromechanik. Besonders in den 1960er-Jahren siedelten sich nationale und internationale, besonders US-amerikanische Firmen in Burgund an. Neben den vielen international tätigen Unternehmen haben sich jedoch auch zahlreiche Familienbetriebe in Burgund gehalten, z.B. die Anisfabrik in Flavigny (siehe S. 129ff.), die Senffabrik Fallot in Beaune (siehe S. 199), der Honigkuchenhersteller Mulot-Petitjean in Dijon (siehe S. 190f.).

Entscheidend für den Wirtschaftsstandort Burgund ist die günstige Verkehrslage: die gute Anbindung durch die verschiedenen Autobahnen und den Hochgeschwindigkeitszug TGV Paris – Le Creusot – Mâcon – Lyon und Paris – Dijon – Besançon (geplant ist eine weitere TGV-Route Rhin–Rhône, deren Achse Dijon, Paris, Lyon und Mulhouse bilden soll). Um von der günstigen Verkehrslage zu profitieren – 40 Prozent des europäischen Transportstroms geht durch Burgund –, haben sich seit Ende des 20. Jahrhunderts immer mehr Transport- und Logistikfirmen in der Region angesiedelt. Der Ausbau der Straßen, Schienen und Wasserwege ist außerdem in Planung. Das Ganze wird vom ›Conseil Régional de Bourgogne‹ mit finanziellen Mitteln unterstützt.

Das Durchgangsland Burgund möchte für Austausch und Öffnung stehen – der einzige Weg, wahrgenommen zu werden und den Anschluss an die Zukunft nicht zu verpassen. Die Zukunft sieht die Region in den neuen Kommunikationstechnologien: ein weiterer Schritt zur Dezentralisierung. Bis 2006 sollen fast 20 Millionen Euro für ein regionales Hochgeschwindigkeits-Kommunikationsnetz investiert werden, um so die Entwicklung von Unternehmen, von Ausbildungs- und Forschungsstätten sowie des Gesundheitswesens der Region zu fördern. Vorteil der neuen Medien ist, dass Menschen aus entlegenen Ortschaften genauso vernetzt sind wie die Städter. Der Austausch über den Computer ist nicht mehr nur für Privilegierte; denn schon mit einem kleinen Budget findet man Anschluss an die Datenautobahn.

**Comité Régional du Tourisme
de Bourgogne**
Conseil Régional, BP 1602, 21035
Dijon cedex, Tel. 03 80 28 02 80,
Fax 03 80 28 03 00, www.burgund-tourismus.com

Grande Forge de Buffon
21500 Buffon, Tel. 03 80 92 10 35, Fax 03 80 92 41 64.
Geöffnet vom 1. April bis 30. September von 10 bis 12 und
von 14.30 bis 18 Uhr.

Ecomusée du Creusot-Montceau
Château de la Verrerie, BP 53, 71202 Le Creusot cedex,
Tel. 03 85 73 92 00, Fax 03 85 73 92 09, www.creusot.net
Geöffnet vom 5. Januar bis 31. Mai und 20. September bis 31.
Dezember von 10 bis 12.30 und von 14 bis 18 Uhr, am Wochenende und an Feiertagen von 14 bis 18 Uhr; vom 1. Juni bis
19. September von 10 bis 19 Uhr, am Wochenende und an Feiertagen 14 bis 19 Uhr. – *Der Besuch des Schlosses, einer ehemaligen Glashütte, schließt den des ›Musée de l'Homme et de
l'Industrie‹ (Ökomuseum), die Ausstellung ›Le métal, la machi-
ne et les hommes‹ (Académie François Bourdon) und das kleine Theater ein. – Auskunft über* Office du Tourisme, Tel. 03 85
55 02 46).

Musée la Mine
34, rue du Bois Clair, 71450 Blanzy, Tel. 03 85 68 22 85,
Fax 03 85 68 16 65. – Geöffnet vom 14. März bis 30. Juni und
vom 1. September bis 11. November am Wochenende von 14
bis 17 Uhr; im Juli und August täglich von 14 bis 17 Uhr.

Musée du Canal du Centre
Canal du Centre Association, BP 3, 71210 Ecuisses.
Reservierung (von 14 bis 18 Uhr) unter Tel./Fax 03 85 78 97 04
oder per E-Mail unter ecuisses.bateaumusee@tele2.fr

Site des Sept Ecluses

Office de Tourisme, 20, rue Hugues-Cosnier, 89220 Rogny-les-7-Ecluses, Tel./Fax 03 86 74 57 66. – Geöffnet vom 1. April bis 30. September täglich 10 bis 12 und 14 bis 18 Uhr. Führungen für Gruppen ganzjährig nach Voranmeldung. – *Der bereits 1642 fertig gestellte Kanal mit der Stufenleiter von sieben Schleusen (daher der Name des Ortes) ist beliebtes Fotomotiv.*

Parc naturel Régional du Morvan

Office de Tourisme de la Maison du Parc, Espace Saint-Brisson, 58230 Saint-Brisson, Tel./Fax 03 86 78 79 57, www.parcdumorvan.org, www.patrimoinedumorvan.org
Seit 1970 Naturpark auf einer Fläche von über 170 000 Hektar mit fünf großen Stauseen, vielen Wander- und Reitwegen sowie Waldlehrpfaden.

Institut Charolais

79, Route Nationale, BP 44, 71120 Charolles, Tel. 03 85 88 04 00, Fax 03 85 88 04 09, www.institut-charolais.com – Geöffnet vom 2. Januar bis 24. Dezember von 10 bis 18 Uhr. – *Das Institut beschäftigt sich mit der berühmten Rinderrasse der Region. Hier finden sich auch allgemeine Informationen über die Region, die Charolais-Rinder und ihre Zucht. Probiermöglichkeit des Charolais-Fleisches.*

Maison de la Volaille de Bresse

Bois de Chize, 71500 Louhans/Branges, Tel. 03 85 75 10 07, Fax 03 85 75 28 99, www.pouletbresse.com – Geöffnet jeden Tag außer Samstag und Sonntag von 9 bis 12 und von 14.30 bis 17.30 Uhr. *Sitz der Berufsgenossenschaft der Masthuhnzüchter der Bresse.*

Fabrique d'Anis de l'Abbaye de Flavigny

21150 Flavigny-sur-Ozerain, Tel. 03 80 96 20 88, Fax 03 80 96 21 43, www.anisdeflavigny.com – Fabrikbesuch Montag bis Freitag, 8 bis 10.30 Uhr. Gruppen auf Anfrage.

DER WEIN LIEBT DIE TRADITION – DIE GESCHICHTE DES BURGUNDISCHEN WEINBAUS

Fährt man von Dijon Richtung Beaune auf der Route Nationale 74, sieht man, wie sich Weinberg an Weinberg reiht. Ein berühmter Weinort wetteifert mit dem anderen. Bereits beim Klang ihrer Namen wie Fixin, Gevrey-Chambertin, Vougeot, Vosne-Romanée glaubt man, das Bukett ihrer Weins am Gaumen zu spüren. Am Osthang des Kalksteinplateaus, der so genannten Côte de Nuits, bilden die Weinberge einen schmalen, aber geschlossenen Streifen. Erst in der südlicheren Region der Côte Chalonnaise bei Chalon-sur-Saône wechseln sie mit von Hecken umgebenen Weiden, um dann im noch südlicheren Mâconnais in ein Wechselspiel von Weinbergen, Feldern und Wiesen überzugehen, aus denen hin und wieder die steilen, weiß leuchtenden Kalkfelsen herausragen. Auf dieser Fahrt staunt man über die stattlichen Schlösser und Herrenhäuser sowie über die kleinen, mittelalterlich anmutenden Dörfer, die fast wie in einem Dornröschenschlaf versunken scheinen. Hier und da schmiegen sich die alten Häuser an eine romanische Kirche, deren stolzer Turm von weitem zu sehen ist.

Hat Tradition noch Zukunft? Burgund liebt die Tradition und der Wein liebt die Tradition. Veränderungen brauchen hier ihre Zeit. Das prägt Land und Leute. Grund und Boden, der Weinanbau und das Renommee eines Weingutes binden die Menschen an ihren Ort. Denn: Der Wein nimmt sich viel Zeit zum Gedeihen und Reifen. Manche Sorten entfalten ihre Charakteristik erst nach jahrelanger Lagerung. Es scheint, als bestimme der Wein den Rhythmus der Menschen. Hier laufen die Uhren anders, die Hektik der modernen Städte ist weit weg. Tief verwurzelt zeichnet sich die Rebe durch Beständigkeit aus. Ausdauer und Stabilität, zwei altmodische Begriffe heute, scheinen hier noch zu den besonderen Qualitäten zu gehören.

Kein echter Weintrinker stürzt ein Glas Wein die Kehle hinunter, sondern genießt den Wein mit Bedacht. So gehört ein guter Tropfen zu einer traditionell gepflegten Esskultur, ja er ist Bestandteil einer ganzen Lebensweise, eines ausgefeilten Savoir-vivre. Wegen des Weins – nicht der Kunst! – kamen die ersten Touristen im 18. Jahrhundert nach Burgund. Auch heute noch ist eine Reise in das Herz Frankreichs, wie Burgund gerne genannt wird, kaum ohne den Wein- und Gaumengenuss vorzustellen. Wie wichtig der Wein für die Menschen hier ist, veranschaulicht eine Inschrift an einem alten Haus in Savigny-lès-Beaune: »Es gibt fünf Gründe zum Trinken: Die Ankunft eines Gastes, der gegenwärtige Durst, der zukünftige Durst, die Güte des Weins und alle Gründe, die dir sonst noch einfallen.«

Doch die Zeiten haben sich geändert. Die Winzer müssen sich nicht nur vor dem Hagel und dem Frost fürchten, sondern vor allem vor dem kalten Wind der Konkurrenz. Die vielen neuen Weine aus Australien, Neuseeland, Südafrika und Kalifornien laufen den traditionellen Weinsorten den Rang ab. Auch wächst eine jüngere Generation heran, zu deren Lebensgewohnheit nicht unbedingt der Wein gehört. Das sichere Gefühl, der Wein verkaufe sich von selbst, gehört definitiv der Vergangenheit an. Wein aus Burgund kann nicht mehr nur auf Tradition und die Treue seiner Liebhaber zählen, sondern muss durch gute Werbung und geschickte Verkaufsstrategien neue Konsumenten erreichen und sich so von den Konkurrenzprodukten absetzen.

Doch vergessen wir nicht: Ein Blick in die Geschichte zeigt uns, dass der burgundische Wein viele Höhen und Tiefen er-

*Der Weinbau prägte Leben und Jahreslauf der burgundischen Bevöl-
kerung. Fassadenmalerei im Weinort Buxy der Côte Chalonnaise.*

lebt hat. Fette Jahre lösten magere Jahre ab und umgekehrt.
Doch der Burgunder fand immer wieder treue Kunden und
neue Liebhaber.

**Ursprünge des
Weinbaus**   Die Römer brachten den Weinbau
nach Gallien. Wann genau der Rebstock nach Burgund kam, ist jedoch
nicht bekannt. Julius Cäsar jedenfalls, der sich um das Jahr
52 v. Chr. in der burgundischen Region (siehe die berühmte Schlacht von Alesia, S. 22f.) aufhielt, erwähnt den Wein
mit keinem Wort in seinem ausführlichen Kommentar zum
›Gallischen Krieg‹.

Doch bereits Mitte des 1. Jahrhunderts n. Chr., also 100
Jahre nach der Belagerung von Alesia, muss es einen regen
Weinhandel in Burgund gegeben haben. Denn seitdem wurden keine Weinamphoren mehr eingeführt; der Wein wurde entweder in lokal hergestellten Krügen oder in Holzfässern

Die vier wichtigsten Rebsorten in Burgund

Während Weine aus anderen Regionen Frankreichs oft als ›Verschnitt‹ (›Coupage‹ oder ›Assemblage‹), das heißt als Mischung unterschiedlicher Sorten, Lagen oder Jahrgänge auf den Markt kommen, werden die in Burgund produzierten Weine überwiegend sortenrein angeboten: Rotwein aus der Pinot-Noir-Traube oder als Beaujolais aus der Gamay-Traube, Weißwein aus der Chardonnay-Traube oder als schlichterer Tischwein aus der Aligoté-Traube.

Pinot Noir
Bereits die Kelten sollen die edle blaue Spätburgundertraube (Pinot Noir) im Rhône-Tal angebaut haben. Sie ist somit Stammform zahlreicher Sorten, aus der seit langem die klassischen Rotweine Burgunds gewonnen werden. Philipp der Kühne ließ diese edle Rebe 1395 durch eine Verordnung vor der aufkommenden Konkurrenz der verbreiteten Gamay-Sorte schützen. Die mittelgroßen, dicht besetzten roten Trauben tragen kleine, rundlich bis ovale Beeren, die eine dünne, violettblaue Schale haben. Die Reben bevorzugen gute Lagen mit tiefgründigen, nährstoffreichen und nicht zu trockenen Böden. Der Pinot Noir ist rubinfarben, vollmundig und samten mit einem feinen, an Bittermandel erinnernden Aroma. Er zeichnet sich durch große Haltbarkeit aus. Spitzenweine aus dieser Rebe brauchen bis zu 15 Jahre Lagerzeit, um zu ihrer vollen Reife zu gelangen (wie Gevrey-Chambertin, Vougeot, Vosne-Romanée).

Gamay
Gamay ist eine alte rote Rebsorte, die schon zur Zeit der Römer angepflanzt wurde. An ihren kompakten Trauben reifen kleine, rundliche und dünnhäutige Beeren heran. Aus der spät reifenden Sorte werden leicht fruchtige, frische, überwiegend süffige Weine von violettroter

Farbe mit angenehm lebhaftem Bukett hergestellt, die eher für den alltäglichen Konsum bestimmt sind. Man kennt sie heute vor allem als Beaujolais, der ab Mitte November als junger Wein (›Beaujolais Primeur‹) auf den Markt kommt.

Chardonnay
Chardonnay ist eine Weißweinrebe, die nach einem Ort im Mâconnais benannt wurde. In diesem Gebiet gedeiht sie auch am besten. Aus ihr werden die Spitzenweine der Côte-d'Or (wie Montrachet oder Meursault), die berühmten Weißweine der Côte Chalonnaise (Rully), die erstklassigen Weine aus dem Mâconnais (Pouilly) und natürlich die berühmten Weine des Chablis ge-

wonnen. Dort, im Nordburgund, wird die Rebe jedoch ›Beaunois‹ genannt. Sie ist eine eher pflegeleichte Sorte und ergibt wunderbar funkelnde, körperreiche Weine. Sie verdrängte teilweise die Gamay-Reben.

Aligoté
Die Weißweinsorte Aligoté wird dort angebaut, wo weder die Reben des Pinot Noir noch die des Chardonnay gut gedeihen, z.B. in Bouzeron im Chalonnais. Sie bildet weiße Trauben mit rötlichem Schimmer und rötlichen Flecken aus. Ihre Weine reifen rasch und sind mit ihrem kräftigen, leicht säuerlichen und oft herben Geschmack sehr beliebt. Im Burgund werden sie gerne mit dem Cassis-Likör zum Kir gemischt.

transportiert. Überliefert ist auch, dass die römischen Präfekten der Provinz Sequania, der Gegend des heutigen Französischen Jura, den Burgunderwein ganz besonders schätzten.

Der erste schriftliche Hinweis auf den Weinbau stammt aus der Zeit um 310 n. Chr. In einem Brief beschwerte sich ein gewisser Eumenes – als angesehener Advokat gehörte er zur gallorömischen Elite der Stadt Autun, dem damaligen Augustodunum – im Namen der Stadt beim Kaiser, dass die heimischen Weinstöcke an der Côte vollkommen überaltert wären. Aufgrund dieser Quelle kann man davon ausgehen, dass das Land bereits seit längerem über eine gewisse Weinkultur verfügte.

Wein ist keine Sünde So viel ist sicher: Mit dem Niedergang des Römischen Reiches führten die Klöster die Tradition des Weinbaus fort. Bereits 587 schenkte der Burgunderkönig Gontran den Mönchen von Saint-Bénigne in Dijon Weinberge. Die großen burgundischen Klöster kontrollierten im Mittelalter den Boden, die Erzeugnisse und den Handel. Dabei spielten vor allem zwei Klöster eine wichtige Rolle: Im 10. und 11. Jahrhundert Cluny im Mâconnais, im 12. und 13. Jahrhundert die Zisterzienser von Cîteaux unweit von Nuits-Saint-Georges, dessen Weingut ›Clos de Vougeot‹ – heute das älteste in Burgund – als Weinlieferant wie auch als Weinversuchsgut diente und bis heute Spitzenweine liefert. Beide Klöster legten Weinberge an, die bis heute überdauert haben, und besonders die Cluniazienser entwickelten sich zu den besten Kennern des Weinbaus. Zeit, Ausdauer und Stabilität, die Tugenden des Weins, kamen dem Klosterleben, das alles Ewige über das Vergängliche stellt, entgegen. Zudem erlaubte die Benediktinerregel den Mönchen maßvolles Weintrinken. Die besten Voraussetzungen waren erfüllt! Der Wein verhalf den Mönchen nicht nur zu dem geweihten Tropfen für das tägliche Abendmahl, sondern vor allem zu Ansehen und Reichtum.

Auch die Bischöfe verdankten Besitz und Wohlstand ihren Weinbergen. Der Wein war darüber hinaus das bevorzug-

Die Weinernte gehörte zu den beliebten Motiven in mittelalterlichen Darstellungen der Monatsarbeiten. Aus den ›Très Riches Heures‹ des Jean de Berry, Monat September.

Weinbaugebiete in Burgund

In allen vier Departements von Burgund – Yonne, Nièvre, Côte-d'Or und Saône-et-Loire – werden Qualitätsweine mit kontrollierter Herkunftsbezeichnung (›Appellation d'Origine Contrôlée‹) erzeugt. Der Wein bedeckt mit seinen rund 26 000 Hektar Land jedoch nur einen kleinen Teil, weniger als ein Zwanzigstel, der landwirtschaftlichen Nutzfläche Burgunds. Dabei liefert ein Prozent des angebauten Bodens 50 Prozent des landwirtschaftlichen Ertrags. Die Jahresproduktion beläuft sich im Durchschnitt auf rund 1 400 000 Hektoliter. Burgund ist Frankreichs drittgrößtes Weinanbaugebiet nach der Region Provence-Languedoc-Roussillon und dem Bordelais.

Im Norden werden in der Umgebung von Chablis ausgezeichnete trockene, anspruchsvolle und fruchtige Weißweine mit dem zum Teil typischen ›Feuersteingeschmack‹ produziert (der Ortsname Chablis gilt heute weltweit als Synonym für hochwertige trockene Weißweine), auf den Hängen des Auxerrois (Irancy, Coulanges-la-Vineuse) angenehme, leichte Rosé- und Rotweine. Aus Pouilly-sur-Loire kommt der Pouilly-Fumé, ein heller, leichter und trockener Weißwein ausschließlich aus der Sauvignon-Blanc-Rebe. Die berühmte Côte-d'Or, das Herzstück des burgundischen Weinanbaus, ist ein schmaler Streifen, der sich von Dijon über Beaune bis Santenay erstreckt. Dieses Gebiet ist unterteilt in die Côte de Nuits zwischen Dijon und Beaune, die als ›Champs-Elysées Burgunds‹ bezeichnet wird und fast ausschließlich edle Rotweine wie Gevrey-Chambertin, Morey-Saint-Denis, Chambolle-Musigny, Vougeot, Vosne-Romanée und Nuits-Saint-Georges erzeugt, und der sich anschließenden Côte de Beaune, die sowohl die sehr edlen Rotweine Aloxe-Corton, Savigny-lès-Beaune, Pommard, Volnay als auch die überaus beliebten Weißweine Corton-Charlemagne, Meursault, Puligny-Montrachet und Chassagne-Montrachet aus der Chardonnay-Rebe liefert. Ausgezeichnete Rotweine wie Givry und Rully, aber auch Weißweine wie Rully-Montagny kommen aus dem Gebiet bei Mercurey an der Côte Chalonnaise. Hier werden auch Schaumweine wie der Crémant de Bourgogne mit seinem feinperligen, fruchtigen Geschmack erzeugt. Das

Mâconnais, das überwiegend bukettreiche, fruchtige und teilweise erdige Weine aus der Chardonnay-Rebe anbietet, darf auf seinen erstklassigen Weißwein Pouilly-Fuissé stolz sein. Das südlichste Weinbaugebiet ist das bekannte Beaujolais, wo auf einer beinahe 22 500 Hektar großen Fläche durchschnittlich 1 250 000 Hektoliter Wein im Jahr erzeugt werden. Die Beaujolais-Weine sind zu 99 Prozent Rotweine und stammen von der Gamay-Rebe. Als bester Wein gilt der Moulin-à-Vent, der fünf bis zehn Jahre gelagert werden kann. Bekannt sind auch die eher fruchtigen Tropfen des Juliénas, Chénas und Fleurie sowie die lieblichen, leichten Sorten Saint-Amour, Chiroubles, Brouilly und Régnié-Durette, die jedoch nicht zu lange lagern dürfen.

Die Böden sind ausschlaggebend für die Eigenschaften der Reben: Der ideale Boden ist steinig, trocken, wasserdurchlässig und erwärmt sich schnell. Auf den Kalkböden der Côte de Nuits und Côte de Beaune z.B. gedeihen somit bukettreiche, haltbare Weine mit hohem Alkoholgehalt, dagegen auf den Böden aus Kiesel, Kalk und Lehm eher leichte Weine wie der Chablis. Zum großen Teil wird der burgundische Wein in Höhenlagen zwischen 200 und 500 Metern angebaut.

te Geschenk für Kardinäle und Könige, für Päpste und Kaiser. Wie kostbar der Wein im Mittelalter war, zeigt die Tatsache, dass es schon im 12. Jahrhundert harte Strafen für Traubendiebe gab: ein Bußgeld von fünf Talern oder den Verlust eines Ohres. Bis heute hat sich im Französischen der Ausdruck »Vin d'une oreille« für einen besonders guten Wein erhalten.

Wein im Dienste der Politik   Im 14. und 15. Jahrhundert waren es die großen Herzöge von Burgund, die stolz behaupteten, sie seien »les seigneurs des meilleurs vins de la Chrétienté« (die Herrscher über die besten Weine der Christenheit). Sie verhalfen dem burgundischen Wein zu seinem außerordentlichen Ruf weit über die Region hinaus. Er hatte seinen festen

Platz bei den ausgiebigen herzoglichen Gelagen und wurde in edelsten Gold- und Silberbechern oder Marmorkrügen serviert. Auch am französischen Hof trank man ihn sehr gerne. Das führte natürlich dazu, dass alle, die etwas auf sich hielten und es sich leisten konnten, burgundischen Wein genossen. Der edle Tropfen aus dem Herzen Frankreichs wurde daher besonders von den Adligen und dem aufstrebenden Bürgertum Flanderns und der Niederlande gekauft und konsumiert.

Burgunds Herzöge beschenkten alle wichtigen Herrscher Europas mit ihren Weinen, bei denen sie sich großer Beliebtheit erfreuten. Der Wein wurde zum Mittel der Politik. 1371 ließ zum Beispiel Philipp der Kühne 36 rund 400 Liter fassende Weinfässer auf der Saône zum Papst und seinen Kardinälen nach Avignon bringen. Besonders der rote Burgunder wurde damals genossen, zumal er besser transportiert werden konnte als der weiße. Zu dieser Zeit lagerte man den Wein selten über längere Zeit, sondern trank ihn im Laufe eines Jahres.

1395 unterzeichnete Philipp der Kühne den berühmten Erlass, wonach die qualitätvollere Rebe Pinot Noir anstelle der Gamay-Sorte angebaut werden sollte. Er betonte, dass Burgund die besten und edelsten Weine Frankreichs für die Ernährung und Versorgung der Menschen hervorbrächte! Wirtschaftlich gesehen ein geschickt formuliertes Argument, das der Region und damit natürlich den Herzögen zugute kam. Zwei Märkte entstanden daraufhin: ein lokaler mit Weinen aus der Gamay-Rebe und ein europäischer, auf dem die Pinot-Weine für die Herrscherhäuser gehandelt wurden.

Ein erster Schritt zum Schutz von Einheit und Qualität des burgundischen Weins war die königliche Verordnung von 1416, die vor allem die Weine betraf, die in Paris verkauft wurden. König Karl VI. unterteilte bereits damals die Weine Frankreichs in vier ›Appellations‹, in Weine aus der Gegend um Sens, von der Loire, aus der Champagne und aus Burgund, welches das Gebiet von Sens bis zum Mâconnais umfasste. Diese ›Appellations‹ waren Vorläufer für die späteren komplexeren Qualitätsbezeichnungen des 20. Jahrhunderts.

Ein Ereignis aus der Zeit der ›großen Herzöge‹ trägt bis heute zum Ansehen der Stadt und der Weinkultur Burgunds bei: die Gründung des Armenhospizes Hôtel-Dieu 1443 in Beaune durch Nicolas Rolin, Kanzler Philipps des Guten, zu dessen Finanzierung der Kanzler wertvolle Weinlagen stiftete – eine sehr weitsichtige Entscheidung. Die dort alljährlich Ende November abgehaltenen berühmten Weinversteigerungen, bei denen zum Teil astronomische Preise erzielt werden, sind bis heute ein Gradmesser für die Weinkonjunktur Burgunds und zählen zu den größten Wohltätigkeitsveranstaltungen der Welt.

Der Wein als Seismograf für Erfolge und Misserfolge
Für zwei Jahrhunderte verlor der Burgunderwein ab Mitte des 15. Jahrhunderts seine Bedeutung. Frankreich, durch viele Kriege und Konflikte gebeutelt und ausgezehrt, nahm machtpolitisch eine schwache Position in Europa ein. Zudem litt Europas Bevölkerung von 1618 bis 1648 erbärmlich unter den Folgen des Dreißigjährigen Kriegs. Wirtschaft und Handel lagen zu dieser Zeit in vielen Ländern brach. Während des 16. und 17. Jahrhunderts war Burgunds einziger Rivale die Champagne mit ihren Schaumweinen.

Einen regelrechten Aufschwung erlebte der burgundische Wein, nachdem der Sonnenkönig Ludwig XIV. an die Macht gekommen war. Denn Fagon, der Leibarzt des Königs, verbot dem kränkelnden Monarchen sein bisheriges Lieblingsgetränk, den Champagner, und verordnete ihm roten Burgunder – wohl weniger aus Sorge um seine Gesundheit, viel eher vor dem Hintergrund einer Hofintrige. Doch die Kur war ein großer Erfolg. Bald tranken die Höflinge in Versailles, die Städter in Paris und wer es sich leisten konnte in der Provinz ebenfalls Burgunder. Dafür ging der Absatz des Champagners zurück. Der nun folgende jahrelange Rechtsstreit zwischen Burgund und der Champagne wurde mit ausführlichsten medizinischen Gutachten geführt. Es wird erzählt, dass die Richter eine solche Freude hatten, die Prozessakten zu lesen, dass sie das Urteil immer wieder aufschoben. Der Burgunder behielt seinen Platz auf der Tafel des Königs.

Burgund war durch seine Rotweine im Herzen der Monarchie angesiedelt. Und da die Sitten und Bräuche vom französischen Hof in ganz Europa übernommen wurden, verbreiteten sich der Burgunder und damit sein Ansehen weit über Frankreichs Grenzen hinaus.

Neuerungen im Weinhandel

Das 18. Jahrhundert brachte einige Neuerungen für den Weinhandel. Mit der Gründung der Glasmanufaktur in Epinac Mitte des 18. Jahrhunderts wurde der Wein nicht mehr in Fässern, sondern in Flaschen befördert. Jetzt kam auch die Idee eines Qualitätssiegels auf, was für den regen Weinhandel innerhalb Frankreichs, aber auch in Belgien, auf den Britischen Inseln und in deutschen Landen nur von Vorteil war. Als günstige Handelsrouten dienten damals vor allem die verschiedenen Wasserwege (über die Yonne, die Seine, die Saône, die Rhône usw.).

Mit dem 18. Jahrhundert, der Zeit der Aufklärung, verfeinerte sich der Geschmack. Und man begann sich erstmals wissenschaftlich mit der ›Materie‹ Wein auseinanderzusetzen. So erschien 1728 in London das erste französischsprachige Buch über den burgundischen Wein. Der Autor, ein gewisser Abbé Claude Arnoux aus Beaune, beschreibt darin die verschiedenen Lagen und Qualitätsmerkmale und gibt darüber hinaus Empfehlungen für den Kauf und die Lagerung. Das Werk wurde auch auf Englisch und Deutsch herausgegeben. So kam es, dass das Ausland sich mehr für Burgund interessierte und begeisterte als die Franzosen selbst. Der burgundische Weinanbau bekam im Ausland Vorbildcharakter.

Die ersten Touristen kamen vor allem aus England, nicht jedoch um die Kirchen, Klöster und Kunstwerke anzusehen, sondern um Weingüter zu besuchen, dessen Erzeugnisse – unter ihnen besonders der Chambertin – sie zu Hause schätzen gelernt hatten. Der berühmteste damalige Tourist, der im Frühjahr 1787 Burgund besuchte, kam aus Amerika: Es war Thomas Jefferson, einer der Gründerväter und dritter Präsident der Vereinigten Staaten, der von 1785 bis 1789 Gesandter am französischen Hof in Versailles war und seinen Europa-Aufenthalt nutzte, um den gesamten Kontinent zu bereisen – jedoch inkognito. Seine Reiseaufzeichnungen sind die ersten Beobachtungen eines Amerikaners – und Ausländers – über den burgundischen Weinanbau, wobei er seine Aufmerksamkeit besonders auf die Arbeiten im Weinberg, die Situation der Winzer, den Zustand der Weinfässer und die Transportmöglichkeiten richtete. Jefferson kam aber nicht nur als

›Les Trois Glorieuses‹

Nach der Weinlese und der Kelter bildet das dreitägige Fest der ›Trois Glorieuses‹ – der Name ist eine Anspielung auf die Revolutionstage vom 27. bis 29. Juli 1830 – den Höhepunkt des Weinjahres. Es beginnt an einem Samstag nach dem 11. November mit der ›Confrèrie des Chevaliers du Tastevin‹, einem prachtvollen Umzug der in roten Roben gekleideten Winzer, und endet mit einem großen Festgelage mit 500 Gästen auf dem renommierten ehemaligen Zisterziensergut Clos de Vougeot. Höhepunkt ist die feierliche Ernennung der neuen Mitglieder nach einem genau festgelegten Ritus zu Ordensrittern durch den Großmeister.

Am nächsten Tag folgt die weltberühmte Versteigerung der edlen Weine im Hospiz Hôtel-Dieu in Beaune, wo mancher Tropfen zu astronomischen Preisen erstanden wird. Der Erlös kommt sozialen und karitativen Einrichtungen zugute.

Abschluss dieser ›Drei Glorreichen‹ bildet montags das Fest der Winzer in Meursault, ›La Paulée‹ genannt. Dabei steht ein Bankett mit der Verleihung eines Literaturpreises im Zentrum, zu dem jeder seinen eigenen Wein mitbringen muss.

Beobachter, sondern auch als Kunde, der sich als ausgezeichneter Weinkenner auswies. So kaufte er nicht nur viele Flaschen der besten Weine wie Montrachet, Clos de Vougeot, Romanée, Chambertin, Pommard, Meursault, Volnay; er nahm auch Weinstöcke mit, um sie in Virginia anzupflanzen. Doch diese ersten Versuche scheiterten, denn die Stöcke waren der in Amerika heimischen Reblaus nicht gewachsen. Hier also ein erster Hinweis auf die spätere Katastrophe ...

Mit der Französischen Revolution gingen die Weingüter, die bislang vor allem im Besitz der Klöster, der Adligen und anderer Privilegierter waren, in bürgerliche Hände über. Die erbrechtliche Regelung der Realteilung durch den napoleonischen Code Civil brachte eine starke Zersplitterung der Anbauflächen. Dadurch erstarkten die Weinhandelshäuser in den Städten wie Beaune und Dijon; die berühmten Négociants-Eleveurs kauften den Winzern, die oft nur noch kleine Parzellen bewirtschafteten, die Trauben ab und gingen sogar dazu über, ganze Weinberge zu übernehmen. Die cleveren Vertreter dieser Handelshäuser bereisten zunächst ganz Frankreich, dann England, die Niederlande, später auch Skandinavien, die Schweiz und Deutschland.

Während der Revolution wurde die alte Provinz Burgund in vier Departements aufgeteilt. Dabei hatte ein einfacher Abgeordneter aus Dijon die geniale Idee, dem Departement Seine-et-Saône oder Haute-Seine, das man bisher ›la Côte‹ oder ›la bonne Côte‹ nannte, den Namen ›Côte-d'Or‹ zu verleihen. Damit schuf er den einzigen Phantasienamen auf der ganzen Departementsliste! Ohne es zu ahnen, hatte er die beste Werbeidee geboren.

Qualität und Identität werden immer wichtiger Im Laufe des 19. Jahrhunderts wurde der burgundische Wein zu einem immer wichtigeren Exportgut, das sowohl auf den traditionellen Märkten in Belgien, England und Deutschland gehandelt, aber auch bis nach Amerika und

Russland verkauft wurde. Qualität und Name wurden immer wichtiger; der Burgunder wurde zum Markenzeichen. Dank eines starken Schirmherrn und Gönners verbreitete sich sein guter Ruf rasch: Napoleon trank nur einen Wein, den Chambertin, der ihn bis nach Ägypten begleitete; auch seine Armee hatte ihren Burgunder auf allen Schlachtfeldern dabei, so auch bei Moskau und Waterloo.

Wie aber prägte der Weinbau das Leben, den Jahreslauf der burgundischen Bevölkerung? Die Briefe des Erfinders und Privatgelehrten Nicéphore Niépce aus Saint-Loup-de-Varennes bei Chalon-sur-Saône an seinen Bruder Claude Anfang des 19. Jahrhunderts vermitteln einen lebendigen Eindruck davon. So schrieb Niépce am 19. Mai 1816 an seinen Bruder: »Der Raureif, den wir zu Beginn des Monats spürten, hat den Weinstöcken nicht sichtbar geschadet, sie sitzen voller Trauben. So Gott will, wird es reichlich Wein, Heu und Obst geben. Das Getreide hat gelitten, aber es erholt sich wieder. Die Flur ist üppig, und der sanfte reichhaltige Regen, der heute Nacht gefallen ist, hat ihr sehr gut getan.«

Und zwei Jahre später, am 27. September 1818, wieder an seinen Bruder Claude: »Deine Weinernte [Nicéphore verwaltet die Güter für den in England lebenden älteren Bruder] ist seit einigen Tagen beendet: Lacroix rechnet damit, übermorgen Dein großes Fass in Le Gras zu füllen. Alles weist darauf hin, dass der Wein ausgezeichnet sein wird. Ich glaube, dass Du Deinerseits wenigstens über zwanzig Fässer sowohl roten als auch weißen Weins haben wirst. [...] Das Wetter war warm und für Ernte und Gärung wunderbar, und wenn das nur noch ein bisschen so bliebe, könnte es für die Aussaat auch nicht besser sein. Vor acht Tagen sind wir in Jambles [rund 15 Kilometer westlich von Chalon] gewesen; wir wollten die Weinberge mit eigenen Augen beurteilen. [...] Tatsache ist, wenn die Anhöhen durch die Hitze und die langen Trockenperioden nicht so ausgetrocknet wären, hätte Jambles ein wirklicher Weinbrunnen sein können. In

Obwohl nur ein Prozent der landwirtschaftlichen Anbaufläche für den Weinbau genutzt wird, ist er auch heute noch einer der wichtigsten Wirtschaftsfaktoren der Region.

den Niederungen trugen die Rebstöcke schwer an Trauben mit einem leichten Schimmer, der sie blau erscheinen ließ; es gibt weder Würmer noch Fäule, was in unserer Gegend selten vorkommt; so stand die Freude auf allen Gesichtern. Man kann daher davon ausgehen, dass es dank der guten Weinqualität einen hervorragenden Jahrgang für die Winzer geben wird. Wir haben während der Weinernte jemanden dort gelassen. Und da die Fässer diese Woche gefüllt werden, schicken wir am ersten Tag wieder jemanden hin. Nach Überschlagen der Menge werden wir kaum weniger als 70 Stückfässer haben.«

Der Wein prägte auch das Leben eines Nicéphore Niépce, der sich sonst eher mit seinen fotografischen Experimenten und Erfindungen beschäftigte (siehe S. 201ff.). Seine Briefe zeigen deutlich, dass er regen Anteil an der Entwicklung und

Sidonie-Gabrielle Colette:
›Ganz tief in der Erde‹

»Ein harter Winter hat seinen Schlaf verlängert. Für den Passanten, der sie nicht kennt, ruht die Rebe noch. Die Weinberge der Côte-d'Or enthüllen, kahl geworden, ihre strengen Fluchten, ihr feines, gegliedertes Skelett. Doch etwas hat sich schon in der Erde gerührt, und die gleiche Allmacht, die Maßliebchen mit roten Blütenblättern und das gelbe Rad des ersten Löwenzahns zum Erblühen bringt, die Raupe der Haselnusssträucher entrollt und das honigsüße Weidenkätzchen, der gleiche herrscherliche Beschluss erweckt am Rebstock eine spitze Knospe, geschwollen von einer Zähre Safts. Schon wimmelt Leben auf den sonoren Hängen von Nuits; die Hand, der Gedanke des Menschen wärmen das kostbare Erdreich, das eine lange humane Pflege bezeugt ...

Die Rebe ruht aus, aber die ›Marke‹ arbeitet. Unter dem Rundbogen des Gewölbes, unter dem funkelnden Salpeter, unter den langen Stalaktiten der Spinngewebe arbeitet die ›Marke‹ im Warmen, in der Lauheit ihrer beständigen dreizehn Zentigrade. Im Sommer dagegen verwandeln die gleichen dreizehn Grad die Keller in Kühlhäuser.

Wir steigen in das unterirdische Reich hinab. Ein sehr feiner blauer Dunst – man hat die Fässer geschwefelt – verdickt die Luft unter dem mit elektrischen Birnen bestirnten Gewölbe. So weit das Auge reicht, den endlosen Perspektiven ähnlich, welche der Traum ersinnt, reihen sich Fässer, Fässer und nochmals Fässer an den Wänden. Wenn wir im Vorübergehen mit dem Fingerknöchel anklopfen, so singen alle, dass sie fest verschlossen und voll Burgunderweins sind. Aber jedes antwortet auf seine Art, jedes hat einen eigenen, gedämpften, von fern her kommenden Xylophon-Ton ... Hier hortet man für die Gegenwart und Zukunft, man wirkt, um zu dauern, vielleicht sollte ich sagen: um zu widerstehen.

Der Streit, der sich schon früher einmal zwischen einem Teil der Champagne und dem Champagner entspann, wird er nun auch Burgund gegen den Burgunder stellen? Merkwürdig und schon alt ist er, dieser Kampf zwischen dem ›Wachstum‹ und der ›Marke‹. Das Wachstum, eng, begrenzt, verharrt eigensinnig auf seinem Adelsstolz und seinem Anspruch: ›Ich bin die Rasse‹, versichert es, ›wird nur mein Name genannt, glänzen die Augen, befeuchten sich die Lippen. Ich habe Namen, dem Ohre schmeichelnder als Liebesworte, klangvoller als Kriegsgeschrei. Selbst wenn ich Anfälle von Blutarmut durchmachte, Not- und Regenjahre, oder wenn ich in einem wasserlosen Sommer vertrockne, enthalte ich allein das edle Burgunderblut.‹ ...

Wir besuchen heute die Abgefallene, die dem Wachstum die Stirn bietet, die Firma, die ›burgundischen Wein‹ verkauft. ›Untersucht mich, prüft mich‹, sagt sie. ›Meine Weine führen, wie die klassischen, Gold und Rubine mit sich, sie sind frei von Mesalliancen. Nur füge ich mich nicht den Launen der Sonne, den überraschenden Dürrejahren. Ich sammle alle Weine, die von burgundischen Weinbergen stammen. Ich vereinige das feurige Blut der Nebenlinien – edel, aber verstreut –, die das Wachstum wie Bastarde behandelt, wenn es sie nicht beschlagnahmt ...‹

Man wird sagen, dass ich umschreibe, dass ich mich einigermaßen lyrischer Ausdrücke bediene. Aber wie soll man kühl reden, wenn es um einen Nationalstolz geht, den Burgunderwein? Glaubt mir: Die Streithähne sind kaum weniger lyrisch als ich,

wenn sie ihre persönlichen Überzeugungen vorbringen. Psychologie des Geschmacks, Kult des lebendigen, feinfühligen, gesunden Weins: In eurem Namen pflegt und reift man im Keller den ruhmreichen Tropfen. Man zeigt mir in diesen Kellern voll Stolz eine staubige ›Bibliothek‹: Reihen von Fläschchen, in denen die Musterweine, die Lieblinge des Verbrauchers, aufbewahrt werden.

Es ist ein Vergnügen, unter diesen Gewölben zu lernen, wo die Stimme gedämpft klingt und die Schritte kaum auf dem gesiebten Kies knirschen. Überall wird gearbeitet, aber der Rhythmus dieses Wirkens passt sich den Gewohnheiten des Weins an, der weder Hast noch Grobheit liebt. Um uns herum herrschen gedämpfte Geräusche, Ruhe und jener höchste, unserer Existenz bald unzugängliche Luxus: die durchdachte Langsamkeit, das Maß. Draußen galoppieren selbst noch die Windbö, die Straße bedeckt sich mit Automobilen, das Telefon läutet ohne Unterlass. Doch in der Zelle des klösterlichen Weins schläft die Zeit ein, und vielleicht hören auch wir einen Moment auf zu altern ...?«

Aus ›Prisons et Paradis‹.

dem Ertrag der Reben nahm, denn sie brachten der Familie Niépce die notwendigen Einkünfte.

Auch der über die Landesgrenzen hinaus bekannte Schriftsteller Alphonse de Lamartine besaß im Mâconnais rund 50 Hektar Weinberge. Wie verbunden er mit diesem Besitz war, zeigt ein Brief an seine Schwester vom 21. September 1848, den er mit ›Winzerbrief‹ betitelte: »Sagen Sie meinen Weinbauern, dass ich zu ihnen gerne gehöre. Ich bin kein Dichter, sondern ein großer Winzer.« Der Wein war der ganze Stolz seiner Besitzer, gleichzeitig förderte er durch die Jahrhunderte das Bewusstsein einer eigenen Identität, auf die alle Burgunder stolz sind.

Bruderschaften Die Reben verschafften den Klöstern, dem Adelsstand und dem Bürgertum Wohlstand und Reichtum. Im Laufe der Jahrhunderte kamen aber auch weniger Begüterte in den Besitz eines Weinberges. Bereits seit dem 14. Jahrhundert gab es neben den Weinbauern, die im Dienste der hohen Herren standen, einfache Bürger, Handwerker oder Winzer, die Rebstöcke ihr Eigen nennen konnten. Diese begannen nun, sich zu organisieren. So entstanden im 19. Jahrhundert die ersten Bruderschaften, meist unter der Schirmherrschaft des Heiligen Vinzenz, des Schutzpatrons des Weins, mit dem Ziel, sich in Notzeiten gegenseitig zu helfen. Alles war hier geregelt: Wurde zum Beispiel einer der Brüder krank, sprang ein anderer ein und bestellte unentgeltlich seinen Weinberg. Eine solche Organisation sicherte auch nach dem Tod eines Winzers für ein Jahr das Auskommen seiner Witwe und ihrer minderjährigen Kinder. Diese Zusammenschlüsse wurden so beliebt, dass allein das Departement Côte-d'Or über 47 Bruderschaften im Jahr 1857 verfügte. Inzwischen gibt es tausende, die versuchen, über die Qualität und das Ansehen des Weins zu wachen.

Die Reblaus-Katastrophe Gegen die große Katastrophe durch die aus Amerika stammende Reblaus war aber niemand gewappnet. Im Juli 1878 entdeckten Weinbauern erstmals das Insekt in Meursault und in Dijon. Es breitete sich um 1880 sehr rasch, vom Rhône-Tal aus dem Süden kommend, in Burgund aus und vernichtete innerhalb kurzer Zeit ein Drittel des gesamten Rebbestandes; ein weiteres Drittel war befallen. Viele Winzer standen vor dem Ruin. Durch das Pfropfen französischer Rebsprossen auf reblausresistente amerikanische Weinstockwurzeln konnte der Weinbau ohne große Qualitätsverluste gerettet werden. Doch er konnte sich in den folgenden Jahrzehnten nicht wirklich von dem großen Einbruch erholen. Die Landflucht nahm im Zuge der Industrialisierung während des Ersten Weltkrieges und in den Nachkriegsjahren zu. Ganze Dörfer wurden verlassen. Wegen der Weltwirtschaftskrise Ende der 1920er-Jahre und der aufkommenden Konkurrenz aus Südfrankreich und Algerien konnte sich der Weinbau nur sehr langsam erholen.

In den 1930er-Jahren gab es verschiedene Bemühungen, den qualitätsorientierten Weinbau zu fördern. Man ging vermehrt dazu über, den Wein direkt beim Winzer zu kaufen, der ihn selbst abfüllte und etikettierte. Während man bisher nicht wusste, welche verschiedenen Weinlagen gemischt worden waren, sorgte nun der Name für Authentizität und der Winzer bürgte für die entsprechende Qualität. Damit haftete dem Wein nicht mehr der Makel einer anonymen Provenienz an und er konnte sich einer steigenden Wertschätzung erfreuen. Auch fand im August 1933 das erste nationale Weinfest in Mâcon statt. Weitere Schritte folgten. So wurde 1934 die ›Confrérie des Chevaliers du Tastevin‹, die renommierteste und bedeutendste Weinbruderschaft Frankreichs, gegründet. Sie ist bis heute wie ein Ritterorden organisiert und hat ihren Sitz im Château de Vougeot. Sie sollte, wie auch andere Weinbruderschaften, dem Burgunderwein wieder zu seinem

Der Kir

Der Kir, eine Art Nationalgetränk der Franzosen, bestehend aus Johannisbeerlikör und Weißwein, verdankt seinen Ruhm dem Kanoniker Félix Kir, der 23 Jahre lang, von 1935 bis 1968, Bürgermeister von Dijon war. Er hat diesen Aperitif zwar nicht erfunden, ihn aber regelmäßig bei offiziellen Empfängen serviert und dadurch berühmt gemacht. Heute zählt der Kir zu den am häufigsten konsumierten Aperitifs Frankreichs – sowohl im Café als auch zu Hause.

Erfunden wurde die ›Crème de Cassis‹ 1841 von einem Likörfabrikanten aus Dijon. Die für diesen Likör notwendigen schwarzen Johannisbeeren wuchsen überall in den Gärten Burgunds. Dieser Likör wurde sehr rasch so beliebt, dass bereits 1857 mehr als zehn Betriebe um Dijon über 10 000 Hektoliter auslieferten und die Côte-d'Or im Jahr 1873 über rund 300 Hektar Land mit ungefähr einer Million Johannisbeer-Sträuchern verfügte. Der Anbau von Johannisbeeren rettete manchen burgundischen Winzer vor dem Ruin, nachdem seine Weinstöcke um 1880 durch die Reblaus vernichtet worden waren.

In den 20er-Jahren des 20. Jahrhunderts pflanzte man dann die schwarze Johannisbeere sogar in 36 Departements Frankreichs an. Die Gegend um Dijon, die Côte-d'Or, blieb aber als Herstellungsort mit einer Produktion von 1 500 Tonnen Früchten an der Spitze. Nachdem einige französische Likörhersteller begonnen hatten, den Cassis-Likör nachzumachen, beschlossen Dijons Hersteller, die Marke ›Cassis de Dijon‹ gesetzlich schützen zu lassen. Seit 1923 heißt das nicht nur, dass dieser Likör aus Dijon stammen muss, sondern dass er nach den entsprechenden Bestimmungen herzustellen ist. So müssen mindestens 400 gr Zucker pro Liter hinzugefügt werden und der Alkoholgehalt sollte mindestens 15 % betragen.

Für einen guten Kir sollte man einen nicht zu alkoholhaltigen Cassis-Likör (am besten 16 %) verwenden, damit dessen Süße durch die Säure eines trockenen Weißweins wie z.B. des ›Bourgogne Aligoté‹ ausgeglichen wird. Das ideale Mischungsverhältnis besteht aus einem Viertel Cassis und drei Viertel Wein. Nimmt man Champagner statt Wein, wird der Aperitif zum ›Kir Royal‹.

einstigen Ruhm verhelfen. Eine weitere sehr wichtige Neuerung war im Jahr 1937 die Einführung der ›Appellations Contrôllées‹. Diese Klassifizierung, die in Frankreich bis heute ihre Gültigkeit hat und sogar in den 1970er-Jahren von anderen europäischen Staaten übernommen wurde, sorgte für eine Qualitätssicherung der verschiedenen Weinsorten.

Im Laufe des 20. Jahrhunderts spielte der Winzer eine immer größere und entscheidendere Rolle. Nach dem Ersten Weltkrieg gaben immer mehr Adlige und reiche Bürger ihre Weingüter auf; diese wurden in Parzellen aufgeteilt und von kleinen und mittelständischen Winzern aufgekauft. Nun gehörten die Weinberge dem, der sie anbaute und pflegte. Aus den 50 Weingütern zu Anfang des 19. Jahrhunderts entstanden über die Jahrzehnte viele kleinere Güter mit verhältnismäßig geringen Anbauflächen, sodass es heute rund 3 200 Güter mit einem Weinberg von durchschnittlich rund acht Hektar gibt.

Nach dem Zweiten Weltkrieg, in der Zeit der Hochkonjunktur und des Wirtschaftswunders, konnte die burgundische Weinproduktion mit Hilfe der Mechanisierung und durch den Einsatz von Chemie und Kunstdünger verdreifacht werden. Sie stieg von 458 000 Hektoliter im Jahr 1969 auf eine Million Hektoliter 1979 und auf 1,6 Millionen Hektoliter 1999. Der Wein floss in Strömen – und verkaufte sich zu Hause und auf dem Weltmarkt wie von selbst.

Absatzkrise – Qualität alleine genügt nicht mehr

Es scheint nun, als seien die goldenen Jahre vorbei: Übersättigung, Rezession, Globalisierung und Konkurrenzkampf schlagen den Winzern auf den Magen. In letzter Zeit liest man häufig in den Medien über die Krise des französischen Weins. Schlagzeilen wie ›Vin de Krise 2004‹, ›Notstand in Frankreichs Weinbergen‹, ›Panik im Winzerland‹ oder ›Krieg der Weine‹ verweisen mit Nachdruck auf die ernste Situation. Französischer Wein wird nicht mehr so viel getrunken, weder im Heimatland noch im Ausland. Die ausländische und überseeische Konkurrenz hat aufgeholt. Haben die erfolgsverwöhnten französischen Winzer die Entwicklung verschlafen? Ruhte sich Frankreich zu lange auf seinen Lorbeeren aus? Gibt es jetzt ein böses Erwachen?

Die Winzer mussten 2003 einen Exportverlust von etwa neun Prozent schlucken. Die Ernte war zwar von guter Qualität, mengenmäßig auf Grund des langen, heißen Sommers jedoch die schwächste seit Jahren. Ähnlich sieht es in anderen französischen Weinregionen aus. Frankreich bleibt auf seinem Wein sitzen. 2003 sind erstmals die französischen Exporte – 148 Millionen Kisten zu je 12 Flaschen – von den so genannten neuen Weinländern mit 161 Millionen Kisten überholt worden. Eine große Belastung für das Land, denn mit einem Jahresumsatz von 17 Milliarden Euro, 200 000 Betrieben, rund 900 000 Hektar Anbaufläche, 12 000 Winzern und 3 Millionen Angestellten ist der Weinbau einer der wichtigsten Landwirtschaftszweige. Das rote Gold steht als Exportgut an fünfter Stelle nach Autos, Flugzeugen, pharmazeutischen Produkten und Elektronik. Bislang war Frankreich größter Weinerzeuger der Welt, der bis vor zehn Jahren noch 50 Prozent des internationalen Weinmarktes beherrschte; inzwischen sind es nur noch 40 Prozent.

Die wachsende internationale Konkurrenz hat nicht geschlafen. Die Nachfrage nach australischen, kalifornischen und chilenischen Weinen, die sich einen Marktanteil von über 20 Prozent erobert haben, wächst. Es geht inzwischen bereits so weit, dass die französischen Tropfen nicht nur ihre Führungsposition eingebüßt haben, sondern in einigen Märkten schon gar nicht mehr vertreten sind. Die Alarmglocken läuten Sturm.

Branchenkenner sind sich einig, dass das französische Angebot wegen der vielen ›Appellations‹ zu kompliziert und zu unübersichtlich ist. Für die französischen Weinbauern ist es

*Allein mit modernen Anbaumethoden und Qualitäts-
bewusstsein lässt sich die Absatzkrise nicht lösen. Nur zeit-
gemäßes Marketing kann dem Burgunder wieder zu einer
Spitzenposition auf dem Weltmarkt verhelfen.*

ein ungleicher Wettbewerb mit den Erzeugern aus Übersee:
Denn dort sind Methoden erlaubt, die in Frankreich per Gesetz verboten sind, etwa das Hinzufügen von Zucker, Säure
und Aromastoffen je nach Bedarf. Auch dürfen dort Holzspä-
ne in die Tanks gegeben werden, damit der richtige Gehalt an
Tanninen (Gerbstoffen) möglichst schnell erreicht wird und
unabhängig von Jahrgang und Lage Weine mit gleich bleiben-
dem Geschmack produziert werden können.

Aber nicht nur im Ausland, sondern auch auf dem heimischen Markt ging der Konsum stark zurück. In den 1960er-
Jahren trank noch jeder Erwachsene durchschnittlich 135 Liter Wein pro Jahr, 2001 waren es noch 54 Liter. Bis vor ein
paar Jahren gehörte in Frankreich der Wein zum Essen wie
das Salz in die Suppe. Ärzte empfahlen sogar ein paar Gläser

Klassifizierung

Die Namen vieler Burgunderweine stammen aus dem 13. und 14. Jahrhundert und lassen auch heute noch ihre frühmittelalterlichen Wurzeln erkennen – wie der Chambertin, der erstmals 1276 als ›Campus Bertini‹ erwähnt wurde. Mit der Zeit bekam jede Gegend ihren eigenen Namen (›terroir‹), zu dem der Name der Parzelle (›climat‹) hinzugefügt wurde. Aus diesen Angaben kann die Qualität des jeweiligen Weins abgeleitet werden, denn Bodenbeschaffenheit, Lage und Klima sind für seinen Charakter und seine Qualität ausschlaggebend. Im Gegensatz zu den meisten anderen französischen Weinen ist es hier nicht das Weingut (›domaine‹) wie beim Bordeaux, nicht die Marke wie in der Champagne oder die Rebsorte wie im Elsass, sondern eben der Boden (›terroir‹), der auf die Qualität hinweist.

In jedem Dorf ist das Weinbaugebiet in parzellierte Einzellagen (›climats‹) eingeteilt. Generell werden die Bezeichnungen für die günstigsten Einzellagen, die theoretisch auch die besten Weine hervorbringen, dem Namen ihres Herkunftsortes angefügt. Bei einigen edlen Weinen wie Chambertin, Musigny, Clos de Vougeot und Richebourg genügt der Name ohne Zusatzbezeichnung.

Praktisch alle Burgunderweine gehören zur höchsten Qualitätsstufe, die mit der Abkürzung AOC (›Appellation d'origine contrôlée‹) auf den Etiketten vermerkt ist. Die ›Appellations‹ weisen das Erzeugungsgebiet, die zugelassenen Rebsorten, den Mindestalkoholgehalt vor Zuckerzugabe, den Höchstertrag pro Hektar, die Anbaumethoden, den Rebschnitt, die Behandlung der Reben und die Weinbereitung (›élevage‹) nach.

Es gibt vier Rangstufen: die einfacheren Weine mit der Bezeichnung ›Bourgogne‹ und den dazugehörigen weitläufigeren Herkunftsnamen wie Bourgogne Hautes-Côtes de Nuits oder Bourgogne Hautes-Côtes de Beaune. Darüber liegen die Weine mit dem Zusatz ›Villages‹. Zur zweithöchsten Kategorie ›Premier Crus‹ gehören die besten Weinlagen Burgunds. Sie werden mit dem Namen des Ortes und/oder der Lage bezeichnet, aus dem sie stammen, z.B. Beaune-Clos des Mouches. Die höchste Qualitätsufe mit Weinen aus absoluten Spitzenlagen wird als ›Grand Crus‹ bezeichnet.

pro Tag zur Stärkung und Blutbildung. Seit 1980 ist der Absatz in Frankreich um ein Drittel zurückgegangen. Man geht zwar davon aus, dass jeder vierte Franzose täglich noch rund einen halben Liter Wein zum Essen trinkt – doch die Tendenz ist fallend. Ein weiteres Problem sehen die Winzer neben der Gesundheitswelle vor allem in den von Innenminister Nicolas Sarkozy angeordneten Alkoholkontrollen im Zuge der Pariser Verkehrskampagne gegen Alkohol am Steuer, die es bisher so nicht gab und die, wie man annimmt, dazu führten, dass seit 2003 der Weinkonsum in der Gastronomie um 15 Prozent sank.

Die französische Regierung versucht nun, den Weinproduzenten unter die Arme zu greifen: Die jährlichen Exporthilfen sollen um 50 Prozent auf 20 Millionen Euro erhöht werden. Das Landwirtschaftsministerium bemüht sich ebenfalls darum, dass die teuren Eichenfässer durch Metalltanks ersetzt werden und das Beifügen von Holzspänen legalisiert wird. Der Bordeaux und der Burgunder sollen jetzt auch als Landwein in den Handel kommen. Zwar hatten die strengen Qualitäts- und Herkunftskriterien der AOC-Weine (›Appellation d'origine controlée‹) Frankreichs zum Weltmarktführer gemacht, doch heute scheinen diese eher hinderlich zu sein. Das Angebot müsste vereinfacht werden und das hieße auch eine Reform des allzu starren AOC-Systems.

Besonders Burgund mit seinen kleinsten, am genauesten nachgewiesenen ›Appellations‹ in Frankreich – so gibt es neben denen der Ortschaften noch solche für die Premier Crus und Grand Crus – hat es besonders schwer. Da die meisten Winzer lediglich ein paar Hektar Land ihr Eigen nennen, der Weinanbau oft noch in Handarbeit erfolgt und es sich meist um höchste Qualität handelt, sind die Burgunderweine vergleichsweise teuer. Sie können in dieser Hinsicht nicht einmal mit denen aus Bordeaux konkurrieren, die – auf größeren Flächen angebaut – zu günstigeren Preisen verkauft werden.

Für den Durchschnittskonsumenten, der im Supermarkt

und ohne weitere Beratung seine Auswahl trifft, ist die Vielfalt eher verwirrend. Er kann mit dem ›Château X‹ oder der ›Domaine X‹ nicht viel anfangen, ihn interessiert eher die Rebsorte. Bei den neuen Weinen aus Übersee werden Chardonnay, Pinot usw. verkauft, die der Kunde mit einem bestimmten Geschmack verbindet und anhand des Etikettes einfach identifiziert. Daneben sind Preis und Aufmachung für den Verkaufserfolg immer wichtiger geworden. Zudem beobachten die Händler in den letzten Jahren, dass sich die Vorlieben geändert haben: Bei der jüngeren Generation sind die vollmundigen, weichen Weine aus Übersee beliebter als die leicht säurehaltigen Burgunder, die erst mit der Zeit ihr Aroma entfalten. Dennoch hat der burgundische Wein seine Liebhaber und verkauft sich gut, wie auf französische Weine spezialisierte Händler bestätigen. Besonders bei den Spitzenweinen spürt man kaum etwas von einer Krise. Sie haben ihre treue Kundschaft, doch die wird immer älter.

Die reizvolle Vielfalt der burgundischen Landschaft und Kultur lockt die Touristen ins Land. Der Individualismus setzt Akzente und macht den Charme Burgunds aus – auch den des Burgunderweins. Dieser wird heute aber eher als Schwäche gesehen. Und trotzdem: Qualitätsliebende Individualisten und traditionsbewusste Liebhaber kommen auf ihre Kosten; denn sie schätzen diese Gegend mit ihrem unverwechselbaren Charakter, ihrer reichen Kultur und Tradition, die sich auch in den Burgunderwein eingeprägt haben. Sie gilt es – wieder – zu entdecken.

Beaune
Musée du Vin de Bourgogne
Hôtel des Ducs de Bourgogne, Rue d'enfer, 21200 Beaune, Tel. 03 80 22 08 19, Fax 03 80 24 56 20. – Geöffnet vom 1. April bis 20. November von 9.30 bis 12.30 und von 13.30 bis 18 Uhr, vom 1. Dezember bis 31. März von 9.30 bis 12.30 und von 13.30 bis 17 Uhr (außer dienstags). – *Geschichte des Weinbaus, Wein- und Tischkultur.*

L'Ecole des Vins de Bourgogne
Bureau interprofessionnel des Vins de Bourgogne (BIVB), 6, Rue du 16ème Chasseur, 21000 Beaune, Tel. 03 80 26 35 10, Fax 03 80 26 35 11, www.vins-bourgogne.fr
Kurse und Weinproben.

Chenôve
Pressoires des Ducs de Bourgogne
8, Rue Roger Salengo, 21300 Chenôve, Tel. 03 80 51 55 00, Fax 03 80 51 55 01. – *Zwei alte Weinpressen aus dem 13. Jahrhundert, die bis 1926 benutzt wurden.*

Coulanges-La-Vineuse
Musée du vieux pressoir et de la vigne
55 bis, Rue André Vildieu, 89580 Coulanges-La-Vineuse, Tel. 03 86 42 20 59, Fax 03 86 42 51 77. – Geöffnet von April bis Oktober, montags bis samstags von 14.30 bis 18 Uhr, mittwochs geschlossen.

Massingy-les-Chatillon
Ampélopsis – Musée du Clos de l'Abbaye Notre-Dame
L'Univers de la Vigne au Vin, Domaine Brigand, Rue de l'Eglise, 21400 Massingy-les-Chatillon, Tel. 03 80 91 15 12, Fax 03 80 91 34 66, monsite.wanadoo.fr/musee.ampelopsis.vin

Nuits-Saint-Georges
Le Cassissium
Avenue du Jura, Rue des Frères Montgolfier, Tel. 03 80 62 49 70,
Fax 03 80 62 49 71, www.cassissium.com – Geöffnet von April
bis Dezember von 9.30 bis 11.30 und 14 bis 18 Uhr. Führungen
auf vorherige Anfrage möglich. – *Museum der schwarzen
Johannisbeere.*

Romanèche-Thorins
Plaisirs en Beaujolais, La Gare
71570 Romanèche-Thorins, Tel. 03 85 35 22 22,
Fax 03 85 35 02 66, www.hameauenbeaujolais.com
Geöffnet vom 17. Januar bis 30. April und vom 1. November
bis 31. Dezember von 10 bis 18 Uhr, vom 1. Mai bis 31. Oktober von 10 bis 19 Uhr. – *Vergnügungspark und Ausstellung
rund um das Thema Wein mit Weinproben.*

Vougeot
Château du Clos de Vougeot
21640 Vougeot, Tel. 03 80 62 86 09, Fax 03 80 62 87 75,
www.tastevin-bourgogne.com, www.closdevougeot.com –
Geöffnet April bis September von 9 bis 18.30 Uhr (samstags
von bis 17 Uhr), ansonsten von
9 bis 11.30 und 14 bis 17.30 Uhr
(samstags bis 17 Uhr). – *Ältestes
und berühmtestes Weingut Burgunds. Seit 1944 im Besitz der
Weinbruderschaft ›Confrèrie des
Chevaliers du Tastevin‹. Der erste Tag des berühmten dreitägigen
Weinfestes ›Les Trois Glorieuses‹
findet hier statt.*

*Musée du Vin de
Bourgogne, Beaune.*

Route Touristique des Grands Crus de Bourgogne

Information: Association Route des Grands Crus de Bourgogne, CCI Dijon, BP 370, 21010 Dijon Cédex, Tel. 03 80 65 91 00, Fax 03 80 65 37 09, dgr@dijon.cci.fr – *Oder:* Comité Régional du Tourisme de Bourgogne, Conseil Régional, BP 1602, 21035 Dijon Cédex, Tel. 03 80 50 90 00, Fax 03 80 30 59 45, domentation@crt-bourgogne.fr, www.bourgogne-tourisme.com

Route Touristique des Grands Vins de Bourgogne
Information: siehe Association Route des Grands Crus de Bourgogne.

Route Touristique des Vignobles de l'Yonne
Information: Comité Départemental du Tourisme de l'Yonne, 1–2, Quai de la République, 89000 Auxerre, Tel. 03 86 72 92 00, Fax 03 86 72 92 09, www.tourisme-yonne.com

Route du Cassis
Information: Office de Tourisme de Nuits-Saint-Georges, 3, Rue Sonoys, 21700 Nuits-Saint-Georges, Tel. 03 80 62 11 17, Fax 03 80 61 30 98, www.ot-nuits-st-georges.fr

La Route des Grands Crus
Information: Chambre de Commerce et d'Industrie de Dijon, Tel. 03 80 65 91 00, Fax 03 80 65 37 09. – *80 Kilometer von Dijon bis Santenay.*

La Route Touristique des Grands Vins
Information: Chambre d'Industrie et de Commerce de Chalon-sur-Saône, Tel. 03 85 42 36 00, Fax 03 85 42 36 01, www.chalon-saone.cci.fr – *Rund 100 Kilometer von Santenay bis Saint-Gengoux-le-National.*

La Route des Vins Mâconnais-Beaujolais

Information: Office de Tourisme de la Route des Vins Mâconnais-Beaujolais, Tel. 03 85 38 09 99, Fax 03 85 39 88 48.
Rund 500 Kilometer durch 65 Dörfer.

La Route touristique des Vignobles de l'Yonne

Information: Bureau Interprofessionnel des Vins de Bourgogne, Délégation Chablis-Auxerrois,
Tel. 03 86 42 42 22,
Fax 03 86 42 80 16.

Weitere Websites zu den Weinen der Region:
www.bourgogne.net
www.frenchwines.com

MANCHE MÖGEN'S SCHARF – ZUR GESCHICHTE UND HERSTELLUNG DES SENFS

Obwohl jedes Land beim Speisesenf seine eigenen geschmacklichen Vorlieben entwickelt hat – eher mild oder süß, kräftig oder scharf –, verbindet man Burgund beziehungsweise Dijon bis heute mit der Senfproduktion. Und dies nicht zu Unrecht. So gehört der Dijon-Senf (›Moutarde de Dijon‹) mit dem Johannisbeerlikör (›Crème de Cassis‹) und dem Honigkuchen (›Pain d'épice‹) zu den klassischen burgundischen Spezialitäten und ist neben dem Wein das bekannteste Exportprodukt der Region.

Das Senfkorn breitet sich aus Man höre und staune: Bereits in der Bibel wird das Senfkorn im symbolischen Sinn erwähnt; so im Neuen Testament bei Matthäus, Markus und Lukas. Die schönste Huldigung erfährt es jedoch im Matthäus-Evangelium: »Mit dem Himmelreich ist es wie mit einem Senfkorn, das ein Mann nahm und auf seinen Acker säte; das ist das kleinste unter allen Samenkörnern; wenn es aber gewachsen ist, so ist es größer als alle Kräuter und wird ein Baum, sodass die Vögel unter dem Himmel kommen und in seinen Zweigen wohnen« (Matthäus 13,31–32). Aufgrund seiner unbändigen Kraft und seines besonders schnellen Wachstums wird das Senfkorn, das zu den kleinsten Körnern überhaupt zählt, als Symbol der Fruchtbarkeit betrachtet. So bedienten sich die Apostel seiner, um die Kraft des Glaubens und der Wunder bildlich auszudrücken.

Bereits die Chinesen haben vor rund 3000 Jahren den Senf verwendet und seitdem hat er alle Kulturen überdauert.

Als Opfergaben fand man Senfkörner in ägyptischen Gräbern. Griechen und Römer wussten bereits von der therapeutischen und verdauungsfördernden Wirkung des Senfs und setzten ihn als Medizin, aber auch als Gewürz ein, wobei zunächst die ganzen oder gemahlenen Samenkörner verwendet wurden – wie beispielsweise beim Koriander oder Pfeffer üblich.

Man nimmt an, dass die Griechen die Ersten waren, die ihn zum Würzen ihrer Speisen verwendeten; denn bereits im 5. Jahrhundert v. Chr. empfahl Herodot, etwas später auch Aristophanes und Aristoteles, Senfkörner zu Fleisch und anderen Speisen. Theophrastus erwähnte zudem die Kultivierung der Senfpflanze. Im 1. Jahrhundert n. Chr. beschrieb dann der römische Geschichtsschreiber Plinius d. Ä. den Senf in seiner enzyklopädisch angelegten ›Naturalis historia‹ (Naturgeschichte). Überliefert ist auch, dass die Römer Senfkör-

---

›Moutarde de Dijon‹

Dijon-Senf ist eine Senfspezialität mit typischem Weißweingeschmack, deren traditionelle Rezeptur seit 1937 durch ein Gütesiegel garantiert wird. Die Bezeichnung ›Moutarde de Dijon‹ ist eigentlich irreführend, da sie für ein Herstellungsverfahren steht und nicht bedeutet, dass ein Produkt wirklich aus Dijon kommt. Dabei müssen ganze Senfkörner des Braunen oder Schwarzen Senfs verwendet werden und nicht Senfmehl, wie beispielsweise bei englischen Senfsorten. Zwischen 48 und 72 Stunden muss der Senf reifen, damit er sein würzig-scharfes Aroma entfalten kann. Für den klassischen Dijon-Senf werden die Senfkörner angequetscht, um die festen Schalen vom Inneren der Saatkörner zu trennen, denn das Endprodukt darf nicht mehr als zwei Prozent ungeschälter Körner enthalten und der Anteil an gemahlenem Senf darf nicht unter 22 Prozent sein. Die Körner dürfen nur in Essig, Wein, Alkohol, Cidre, Saft unreifer Trauben (›verjus‹), Traubenmost oder Wein mit Wasser eingeweicht werden. Es dürfen Aromastoffe und Gewürze, nicht jedoch Getreide- oder Hülsenfruchtmehle, ätherische Senföle, Stabilisatoren, Farb- und Süßstoffe hinzugefügt werden.

Von der Senf-pflanze über das Korn zum fertigen Gewürz: Die Vielfalt bestimmt heute das Angebot unterschiedlicher Senferzeugnisse.

ner zusammen mit Honig und Essig zum Einlegen von Wur-zelgemüse und Fleisch benutzten. Man geht davon aus, dass Griechen und Römer die Körner in ähnlicher Weise zube-reiteten, wie wir sie auch heute noch verwenden. Im Koch-buch ›De Re Coquinaria‹ des Apicius, römischer Feinschme-cker zur Zeit Augustus' und Tiberius', findet sich beispiels-weise ein Rezept von ›Senapi confecta‹, einem gemahlenen Senf, der mit Essig und Honig zubereitet und zu gekochtem Gemüse und Würsten gereicht wurde.

Von den Römern lernten die Germanen die Herstel-lung und Anwendung kennen. Ende des 8. Jahrhunderts kam dann die Pflanze nach Mitteleuropa, nachdem Karl der Große den Senfanbau in seiner Verordnung ›Capitulare de villis‹ um 794 empfahl. Andere Quellen gehen davon aus, dass sich der Senf von arabischen Pflanzungen in Spanien ab dem 10. Jahrhundert nach Deutschland und Frankreich so-wie ab dem 12. Jahrhundert auch nach England ausbreite-te. Auf jeden Fall wurde er im Mittelalter als Teil der Fruchtwechselfolge auf den Feldern ganz Mitteleuropas angebaut, daneben wurde er aber auch als Tierfutter und für die Ölproduktion verwendet.

Damals war die Pflanze vor allem als Würzmittel für gepökeltes Fleisch beliebt. Sie galt zum Teil als Würze der armen Leute und blieb bis zur Einfuhr außereuropäischer Gewürze wichtigstes Mittel zum Verfeinern der Speisen. Bekannt war aber auch damals schon die verdauungsfördernde Wirkung, für die die ätherischen Senföle verantwortlich sind. Sie sind es, die den Speichelfluss und die Magensaftproduktion anregen. Überliefert ist auch, dass die Seefahrer auf ihren langen Seerouten Senf zu sich nahmen, um sich vor Skorbut zu schützen. Besonders im 19. Jahrhundert wurde Senfpulver als Hausmittel, ja als Allheilmittel eifrig verschrieben: für Senfbäder, Senfumschläge oder als Senfpflaster gegen Erkältung, Grippe, Bronchitis oder andere Brusterkrankungen sowie bei Rheuma, Neuralgien oder Hexenschuss.

Die beliebte Würzpaste wurde und wird natürlich nicht nur in Burgund hergestellt, doch seine Hauptstadt Dijon ist seit Jahrhunderten ein wichtiges Zentrum der Senfproduktion. Jehan Millet, ein Kanoniker aus Lille, schreibt bereits im 14. Jahrhundert, dass der einzig wahre Senf derjenige aus Dijon sei.

Wann und wie der Senf sich in Burgund etabliert hat, weiß man nicht genau. Es gibt nur Vermutungen, dass sein Ursprung nicht im Keller eines Weinhändlers oder Essigherstellers, sondern in einem der Klöster zu suchen sei. Dies scheint nicht abwegig, da die Mönche von Cîteaux und von Cluny – überhaupt die Klöster, was Küche und Keller anbelangt – über einen guten Ruf verfügten und auch heute noch verfügen. In den Klosterläden kann man sich selbst davon überzeugen: Es gibt ein reiches Angebot von verschiedensten Weinen und Spirituosen, Süßigkeiten, Keksen, Käsesorten usw. Warum aber wurde Dijon schon im Mittelalter zum bevorzugten Standort für die Senfherstellung?

Die Senfpflanze

Der Senf ist eine schnell wachsende, krautige, einjährige Pflanze aus der Familie der Kreuzblütler. Er gehört zu den unscheinbar blühenden Kulturpflanzen, die zum Teil auch wild wachsend vorkommen, und ist botanisch mit Raps, Rettich und Kresse verwandt.

Es gibt rund 40 Senfarten, von denen ungefähr zehn in Europa vorkommen. Die bekanntesten sind neben dem weit verbreiteten gelb blühenden Ackersenf (›sinapis arvensis‹), der häufig in den Sommergetreidefeldern, auf Schuttplätzen und an Wegrändern als so genanntes Unkraut zu finden ist, der Weiße oder Gelbe Senf (›sinapis alba‹), der Braune Senf (›brassica juncea‹) oder der Schwarze Senf (›brassica nigra‹), auch Senfkohl genannt. Der Weiße und der Schwarze Senf sind alte, aus dem Mittelmeerraum stammende Kulturpflanzen und werden heute für die Speisesenfherstellung ein-

gesetzt. Der Braune Senf ist ein Hybrid und wird erst seit Beginn des 20. Jahrhunderts angebaut und verwendet.

Die Senfpflanze wurde als Sommerölpflanze in Europa, Indien, Nord- und Südamerika angebaut. Da sie schnell wächst und über starke Pfahlwurzeln verfügt, diente sie auch als Zwischenfruchtpflanze (Gründüngung) auf Europas Feldern, bevor sie von der rentableren Rapspflanze verdrängt wurde.

Der Weiße oder Gelbe Senf ist ein steifhaariges, zwischen 30 und 60 cm hohes Kraut mit ungeteilten oder leierförmig-fiederspaltigen bis fiederteiligen Blättern und hellgelben, violett geaderten, duftenden Blüten. Blütezeit ist Juni bis Juli. Die gestielten, geschnabelten Schoten enthalten sechs bis acht kugelrunde, 1,8 bis 2,5 mm große, weißlich bis blassgelb gefärb-

Blüte der Senfpflanze.

te Samen, die bitter schmeckenden Senfkörner. Sie enthalten das Glucosid Sinalbin, das von dem Ferment Myrosin in Sinalbin-Senföl gespalten wird.

Der Schwarze Senf ist eine zwischen 50 cm und 1,5 m hohe Pflanze mit gestielten, leierförmigen, gezahnten unteren und lanzettförmigen oberen Blättern. Von Juni bis September entwickelt sie ihre goldgelben Blüten. Die runden, kurz geschnäbelten, etwa 2 cm langen Schoten liegen eng am Stängel an. Sie enthalten bis zu zehn braune bzw. schwarze Samenkörner, die kleiner als die des Weißen Senfs sind und nur bis zu 1,6 mm groß werden. Seit der Antike ist diese Sorte eine verbreitete Gemüse- und Gewürzpflanze. Außer für die Speisesenfproduktion wird sie auch für Senfmehl und Senfpflaster verwendet. Ihre sehr kleinen Samenkörner – 500 000 Körner ergeben ein Kilo – enthalten das Glucosid Sinigrin, aus dem mit Hilfe von Flüssigkeit und dem Enzym Myrosin das Allylsenföl entsteht.

Die für die Schärfe verantwortlichen ätherischen Senföle liegen im Senf gebunden vor und werden erst durch den Kontakt mit Flüssigkeit aufgeschlossen bzw. freigesetzt. Betritt man eine Senffabrik, ist es der beißende Geruch dieses Öls, der einem in die Nase steigt und die Augen reizt. Dieser aggressive Geruch lässt jedoch nach einem Reifungsprozess von rund 14 Tagen nach.

Der Braune Senf ist in den älteren botanischen Büchern nicht zu finden. Er kommt ursprünglich aus Indien und China, wo er seit langem als Gewürz und Heilkraut dient. Seit Beginn des 20. Jahrhunderts hat er den Schwarzen Senf in der burgundischen Senfherstellung zum großen Teil verdrängt.

Renaissance des Senfanbaus in Burgund? Blühende Senffelder prägen heute wieder das Bild der Landschaft.

Auf den Kalkböden Burgunds wird seit alters her Wein angebaut. Dieser liefert wiederum den für die Senfherstellung notwendigen Saft der unreifen Trauben (›verjus‹); später wurde dieser durch Weinessig oder Weißwein ersetzt. Daneben bestand Burgund zum größten Teil aus Wald, sodass sich eine rege Holzkohlenproduktion entwickelte. Wegen der Köhlereien wiesen die Böden einen hohen Pottascheanteil auf. Dies wiederum bot die ideale Voraussetzung dafür, dass ölhaltige, scharfe Senfkörner heranreifen konnten. Und den nicht gerade wohlhabenden Köhlern verhalf dieser Anbau zu einem zusätzlichen Einkommen. (Bis zum Zweiten Weltkrieg wurde der Senf in den Kohle- und Eisenindustriegebieten bei Montbard und Châtillon, im Morvan und bei Le Creusot angebaut.)

Seine Verbreitung und seinen guten Ruf verdankt der Senf aber den Herzögen von Burgund, die im 14. Jahrhundert seinen Verzehr bei ihren opulenten Festessen einführten, schätzten sie doch dessen verdauungsfördernde und antiseptische Wirkung. In diesem Zusammenhang wird der Senf bereits 1336 erwähnt, als der Kapetinger-Herzog Eudes von Burgund ein denkwürdiges Festessen zu Ehren Philipp VI., König von Frankreich, veranstaltete. Für diesen Anlass wurden angeblich zwischen 200 und 300 Liter der Würzpaste angeschafft. Nicht zu unterschätzen ist der Umstand, dass es in Dijon und in ganz Burgund viele wohlhabende Bürger und Adlige gab, die sich Fleisch und somit auch das geschätzte Würzmittel leisten konnten. Durch die Herzöge kam später der Senf auch an den französischen Hof in Paris. Um 1450 wurde er regelmäßig in den Büchern von Isabella von Portugal, der Ehegattin Philipps des Guten, erwähnt. Der Arzt der Könige Franz I. und Heinrich II. empfahl später sogar, dieses Gewürz zum Essen zu nehmen. Da alle Blicke Europas auf den Hof des französischen Königs gerichtet waren und man darin wetteiferte, die dortigen Bräuche und Modeerscheinungen zu übernehmen, gelangte der

Senf auch an andere europäische Höfe und fand Eingang in die Küche der Untertanen.

Zu dieser raschen Verbreitung des Senfs trug auch die verkehrsgünstige Lage Dijons als bedeutendes Handelszentrum bei: Die Stadt war an wichtige Handelsstraßen angeschlossen, darunter eine der bedeutendsten Gewürzrouten Europas von Süden nach Norden, und mit verschiedenen Binnenwasserstraßen verknüpft.

Mit der Renaissance begann das Goldene Zeitalter der Gewürze, die zu jedem festlichen Mahl gehörten und denen regelrecht gehuldigt wurde. Viele französische Dichter rühmten ihre Qualitäten, Rabelais zum Beispiel verewigte den Senf in seinem Werk ›Gargantua‹. Der Titelheld, der Riese Gargantua, verschlingt Unmengen Fleisch und literweise Wein zu jeder Mahlzeit, zu der er auch mit übermäßig viel Senf verköstigt wird (21. Kapitel). Den Burgundern wird nachgesagt, dass sie die größten Schlemmer Frankreichs seien. Die ausgedehnten und üppigen Essgelage der Herzöge von Burgund haben dieses Urteil sicher mit beeinflusst.

Der Riese Gargantua kostet den Senf. Illustration aus Rabelais' Roman ›Gargantua und Pantagruel‹.

Qualität per Gesetz   Der Senf wurde im Mittelalter zunächst von fahrenden Händlern verkauft. Das königliche Steuerregister von 1292 erwähnt erstmals das Gewerbe des Senfherstellers und -verkäufers, der oft gleichzeitig Essig-, Öl- und Weinhersteller und -händler war. Um eine hohe Qualität zu gewährleisten und zum Schutz vor minderwertigen Senfprodukten wurde die Herstellung in Paris ab 1351, in Dijon ab 1390 gesetzlich geregelt. Diejenigen, die sich nicht an die Regeln hielten, mussten ein entsprechendes Bußgeld bezahlen. 1634 erlässt die Stadt Dijon die ersten Statuten für Senfhersteller. Auf dieser Grundlage schlossen sie sich zur Zunft der Essig- und Senfhersteller zusammen – als Maßnahme der Qualitätssicherung und zum Schutz vor Außenstehenden. Auch außerhalb von Dijon, im Gebiet der Côte d'Or, wurde Senf produziert, so auch im südlich von Dijon gelegenen Beaune, das von Weinbergen umgeben ist. 1647 folgte Beaune dem Beispiel Dijons und erließ ebenfalls Statuten, die z.B. saubere Senfmühlen verlangten und vorschrieben, dass die Hersteller bei bester Gesundheit sein müssten, um keinen Ekel zu erregen.

Fast wären die Burgunder Senfhersteller über ihren eigenen Erfolg gestolpert und hätten den Anschluss verpasst; denn um 1740 waren die Pariser Senfhersteller mit ihren raffiniert gewürzten Senfsorten, die die Burgunder bislang ignorierten, auf dem damaligen französischen Markt führend. Die burgundischen Hersteller besannen sich nun aber eines Besseren. Damit begann ein regelrechter Konkurrenzkampf zwischen den Senfherstellern in Paris und Dijon. Sie rivalisierten mit den verschiedensten Rezepten: So gab es Sorten mit Knoblauch, Kapern, Koriander, Kardamom, Kümmel, Zitrone, Estragon, Liebstöckel, Majoran, Meerrettich, Pfeffer, Honig, Pilzen, Cassis oder gar mit der besonderen burgundischen Spezialität ›Pain d'épice‹.

Anwendungen

Die Blätter der Senfpflanze wurden früher, ähnlich wie beim Spinat, als Gemüse gekocht. Angaben dazu finden wir bei Hildegard von Bingen, Albertus Magnus und Konrad von Megenberg. Heute noch werden in Südost- und Ostasien die Blätter als Salat gegessen.

Die Senföle wirken günstig bei Schnupfen, Kreislaufschwäche und Bronchitis und haben positiven Einfluss auf Darm, Leber und Galle. Die gemahlenen Samen (Senfmehl) werden als Hausmittel zu hautreizenden Umschlägen (als so genannte Senfpackungen besonders bei Bronchitis und Lungenentzündung) oder für Senfbäder verwendet. Durch Pressen der Samen und Wasserdampfdestillation wird das Senföl (›oleum sinapis‹) gewonnen. Dieses verursacht auf der Haut Brennen und Blasenbildung und wird deshalb, stark verdünnt, als hyperämisierendes (stark durchblutungsförderndes) Mittel für Einreibungen verwendet.

Senfpulver oder -mehl, das bereits alle für Speisesenf nötigen Gewürze enthält und nur noch mit kaltem Wasser, eventuell unter Hinzufügen von Essig, Wein, Portwein oder Bier angerührt werden muss, ist besonders in England und in den USA verbreitet.

In der Küche findet der Senf jedoch nicht nur als Würzpaste, sondern auch ungemahlen Verwendung: zum Einlegen von Gewürz- und Senfgurken, für Mixed Pickles, in Gewürzmischungen, Fischmarinaden, zum Verfeinern von Fleischprodukten, Krautgerichten und Saucen. Zudem findet er sich – wer hätte es gedacht? – im Ketchup.

Der Erfolg der burgundischen Produktion

Ein Meilenstein für den Erfolg des Senfs aus Burgund war eine wichtige Rezeptänderung für den ›Moutarde de Dijon‹ um 1750 durch Jean Baptiste Naigeon aus Dijon: Er ersetzte den bislang verwendeten Essig durch den Saft unreifer Trauben (›verjus‹), wodurch eine relativ gleich bleibende Geschmacksqualität garantiert werden konnte. Das verhalf dem Dijon-Senf zu seinem Ruhm, ja es war das

Erfolgsrezept schlechthin. Nur der in Burgund hergestellte Senf wurde mit diesem ›verjus‹ versehen. Nach der Reblausplage Ende des 19. Jahrhunderts, die in ganz Europa einen Großteil der Weinstöcke vernichtete, wurden jedoch edlere Rebsorten angebaut, die für den ›verjus‹ nicht mehr so geeignet waren. Und man musste wieder zum Essig zurückgreifen. Auf den Senftöpfen verschwand der Satz ›Moutarde au verjus de Bourgogne‹, stattdessen fanden Bezeichnungen wie ›Moutarde fine‹ oder ›Moutarde extra-fine‹ ihren Platz. Heute besteht der ›verjus‹ aus einem Gemisch von Essig, Wasser und Salz.

Ein Pariser Urteil vom Anfang des 19. Jahrhunderts traf Dijon nochmals hart: Denn dieses verkündete, dass die Herstellung des Dijon-Senfes nicht an den Ort Dijon gebunden wäre, sondern es sich um ein bestimmtes Herstellungsverfahren nach genauer Rezeptur handle, das überall angewandt werden könne. Doch auch dieses Verdikt konnte die burgundische Produktion nicht zu Fall bringen. Um ihre Marktposition zu behaupten, eröffneten pfiffige Senfhersteller aus Burgund Mitte des 19. Jahrhunderts eine Niederlassung in Paris, das als Zentrum Frankreichs und des guten Geschmacks galt. 1865 wurde Poupon, Senfhersteller von Dijon, offizieller Lieferant Napoleons III. – ein Indiz für die nach wie vor unübertroffene Qualität des burgundischen Senfs. Als Goldenes Zeitalter des Senfs aus Dijon werden die Jahre 1855 bis 1870 angesehen, wobei die Zeit zwischen 1865 und 1870, in der die Stadt Dijon 39 und Beaune um die 30 Hersteller zählte, als Höhepunkt gilt. Der Krieg von 1870 und der Erste Weltkrieg haben jedoch dazu geführt, dass viele Betriebe schließen mussten.

Industrialisierung der Senfproduktion Die industrielle Revolution brachte im 19. Jahrhundert für den bislang in Handarbeit hergestellten Senf einige Veränderungen mit sich. Als 1853 Maurice Grey den Ertrag seines Betriebes durch die Entwicklung einer Ma-

Pain d'épice
(Honig- oder Gewürzkuchen)

Eine weitere Spezialität Dijons ist der ›Pain d'épice‹, ein brauner, trockener Kuchen, der manchmal mit kandierten Früchten dekoriert und in den verschiedensten Formen hergestellt wird. Er schmeckt ähnlich wie Lebkuchen mit deutlichem Honiggeschmack und wird zum Frühstück, zum Dessert, als Zwischenverpflegung mit oder ohne Butter verzehrt. Bis ins 19. Jahrhundert wurde er mit Roggenmehl hergestellt, später verwendete man in Dijon Weizenmehl, während in Reims der Honigkuchen weiterhin mit Roggenmehl zubereitet wurde. Seitdem die Produktion in Reims durch den Ersten Weltkrieg zum Erliegen kam, wird nur noch das Rezept aus Dijon mit Weizenmehl, Honig, Eigelb und Gewürzen wie Anis, Nelken, Ingwer, Orange oder Vanille verwendet. Der Teig

musste bis Anfang des 20. Jahrhunderts drei bis zwölf Monate gekühlt in Holzbottichen ruhen, heute hat man diese Zeit auf einen Monat verkürzt.

Die Griechen kannten bereits einen ähnlichen Kuchen. Dennoch scheinen die Ursprünge des heutigen ›Pain d'épice‹ in China zu liegen. Dort wurde er sogar als Hauptnahrungsmittel gegessen. Im 13. Jahrhundert gehörte der Honigkuchen angeblich auch zur Verpflegung der Reiter von Dschingis Khan. Über die Araber kam er während der Kreuzzüge nach Europa.

Der Legende nach soll ›Pain d'épice‹ aus Flandern durch Philipp den Guten 1452 nach Dijon eingeführt worden sein. Texte aus dem 14. Jahrhundert erwähnen, dass ein Gebäck aus Weizen und Honig während der ausgiebigen Festivitäten am herzoglichen Hofe sehr geschätzt wurde. Margarete von Flandern, die Gattin Philipps des Kühnen, soll

schine verbesserte, die den Mahl- und Siebvorgang kombinierte, bedeutete dies einen Sprung in der Produktionssteigerung. Diese Mechanisierung ermöglichte es, dass ein Pferd und zwei Menschen dieselbe Arbeit machen konnten wie vorher acht Menschen. Grey verdoppelte damit die Produktion von 40 auf 80 kg pro Tag. Im Zuge der Industrialisierung wurden immer mehr Maschinen eingesetzt und die Fir-

dieses Gebäck besonders geliebt haben. Später wurde ›Pain d'épice‹ auch am französischen Hof gegessen und in Reims hohen Gästen wie den Königen Heinrich IV., Ludwig XV., Ludwig XI. oder Napoleon und seiner Frau Josephine gereicht. Dass sich in Paris eine Zunft der ›Pain d'épice‹-Hersteller bildete, denen Heinrich IV. 1596 ihre Statuten gab, zeugt für die Bedeutung des Produkts. Zunächst wurde jedoch Reims die Stadt mit dem berühmtesten ›Pain d'épice‹, wohl wegen des guten Honigs aus der Champagne. Auch hier entstand eine Zunft.

Der erste Honigkuchen-Hersteller Dijons wird 1711 in den Steuerregistern erwähnt. Im 19. Jahrhundert galt Dijon als die Stadt mit dem feinsten Honigkuchen Frankreichs. Zwischen 1850 und 1940 gab es zwischen acht und zwölf Hersteller in Dijon. Die Produktion stieg von drei Tonnen im Jahr 1911 auf 25 Tonnen 1940. Heute gibt es nur noch einen Hersteller, der die lange Tradition weiterpflegt, und dies ist das 1796 gegründete Familienunternehmen ›Mulot-Petitjean‹.

Einkaufsmöglichkeiten:
In den ›Mulot-Petitjean‹-Läden in Dijon, 13, Place Bossuet; 16, rue de la Liberté; 1, Place Notre Dame oder in Beaune, 1, Place Carnot.
Kontakt: Mulot-Petitjean, 13, Place Bossuet, 21000 Dijon, Tel. 03 80 30 07 10, Fax 03 80 30 18 03, mulot.petitjean@wanadoo.fr

men expandierten. So konnten 1929 bei der Firma ›Amora‹ in Dijon 962 Tonnen Senf hergestellt werden, zwischen 1932 und 1939 steigerte man die Produktion von monatlich 70 auf monatlich 140 Tonnen.

Im Laufe des 20. Jahrhunderts mussten viele kleine, nach traditionellem Verfahren arbeitende Hersteller ihre Produktion einstellen. Sie konnten mit der Entwicklung nicht

*Die industrielle Revolution führ-
te auch in der Senfherstellung
zum Ruin einer Vielzahl hand-
werklicher Kleinbetriebe ...*

mehr Schritt halten und erla-
gen dem Konkurrenzdruck.
Die Devise lautete nun: »Immer schneller, immer mehr
und immer günstiger.« Von
den 38 Herstellern um 1880
blieben nach dem Zweiten Weltkrieg nur zwölf übrig. Heute, Anfang des 21. Jahrhunderts, liegen 95 Prozent der welt-
weiten Senfproduktion in den Händen von fünf Senfherstellern aus dem Burgund, Amora-Maille (Dijon), Européene de
Condiments-Bornier (Dijon), Fallot (Beaune), Gem (Dijon)
und Reine de Dijon (Fleurey-sur-Ouche)!

Die Kehrseite des Erfolgs war, dass der Senf, der in Burgund geerntet wurde, Anfang des 20. Jahrhunderts nicht
mehr für die Produktion ausreichte. Mit dem Einsatz von
Steinkohle verschwanden nach und nach die Köhler und somit auch die Senfanbaugebiete. So mussten zunächst vermehrt Senfkörner aus anderen Teilen Frankreichs, später aus
dem Ausland eingeführt werden. Als in den 1950er-Jahren –
durch die neue europäische Agrarpolitik subventioniert – anstelle des Senfs der rentablere Raps angepflanzt wurde, kam
der verbliebene Senfanbau in ganz Europa und damit auch
in Burgund gänzlich zum Erliegen. Von nun an mussten die
Senfkörner zum größten Teil aus Kanada importiert werden.
Heute stammen 80 Prozent der französischen Senfkorn-Im-
porte aus der kanadischen Provinz Saskatchewan, den Rest
liefern Ungarn und Dänemark.

Seit 1991 gibt es Bemühungen verschiedener Hersteller,
die sich zur ›Association Moutarde de Bourgogne‹ zusam-

En Bourgogne

Moutarde PARIZOT, Dijon   Service des expéditions

... konnte aber durch effizientere Produktions- und Vertriebsstrukturen die Erfolgsgeschichte des Dijon-Senfs bis in unsere Tage fortschreiben.

mengeschlossen haben, den Senfanbau in Burgund wieder zu beleben. Im Moment gibt es ungefähr 1 300 Hektar Anbaufläche, 5 000 Hektar sind geplant. Es läuft ein Antrag in Brüssel, der den Senfanbau in Burgund durch ein zertifiziertes Qualitätssiegel für den ›Moutarde de Bourgogne‹ (Burgund-Senf), der aus den ölhaltigeren, burgundischen Senfkörnern und aus burgundischem Weißwein hergestellt ist, schützen und fördern soll. Trotz des internationalen Konkurrenzkampfes und der harten Preispolitik möchten sich die burgundischen Senfhersteller auf dem Markt durch Tradition und Qualität deutlicher positionieren.

Die Verpackung wird immer wichtiger

Interessant ist auch, wie im Laufe der Jahrhunderte der Senf verkauft und aufbewahrt wurde. Lange Zeit wurde er offen verkauft, d.h. man brachte seinen eigenen Behälter zum Händler, der den Senf direkt aus dem Fass abfüllte. Hier wurde nach Augenmaß verkauft, keine Hightech-

Maschinen kontrollierten genaue Gewichts- und Maßeinheiten. Es hing also von der Gunst und der Laune des Händlers ab, wie viel er einem Kunden in den Senftopf schöpfte.

Die ersten Senftöpfe waren bereits im 14. Jahrhundert in Gebrauch. Diese verhältnismäßig großen Töpfe bestanden zunächst aus Ton oder Metall, Quellen nennen auch Zinnbehälter. Später waren sie dann aus Silber oder sogar Gold gefertigt; es gab sie aber auch aus Kristallglas mit Silberverzierungen. Im 17. und 18. Jahrhundert kamen dann die kunstvoll geschmückten Porzellan- und Fayencetöpfe in Mode, die mit dem jeweiligen Produkt- und Herstellernamen versehen wurden. Diese wurden zu Markenzeichen der jeweiligen Senfhersteller im 18. und 19. Jahrhundert und sind heutzutage begehrte Sammlerstücke. Seit Ende des 19. Jahrhunderts wird der Senf auch in Gläser abgefüllt; Trinkgläser entwickeln sich im Laufe des 20. Jahrhunderts zum Erfolgsschlager. Als während des Zweiten Weltkrieges die Glasproduktion stagnierte, wurden vermehrt Emaille-Behälter und

---

Sprachliche Wurzeln des Senfs

Das deutsche Wort Senf entwickelte sich aus der griechisch-lateinischen Wurzel ›sinapis‹ über das altsächsische Wort ›senap‹ und das althochdeutsche Wort ›senef‹. Auf eine gemeinsame etymologische Herkunft mit dem französischen Wort ›moutarde‹ verweisen die beiden anderen eher norddeutschen Bezeichnungen Mostrich oder Mostert, die aus dem Mittelhochdeutschen ›mostert‹ und dem Mittelniederländischen ›mostaert‹ stammen.

Sie wiederum leiten sich vom Altfranzösischen ›mostarde‹ ab, das sich, wie vermutet wird, wohl aus Most (französisch ›moût‹) und hitzig (›ardent‹) zusammensetzt. Ab 1223 ist das Wort ›moutarde‹ im Französischen für den Speisesenf belegt.

Im Deutschen wird das Wort Senf für die Pflanze und für das Gewürz benutzt. Im Französischen dagegen wird sprachlich zwischen der botanischen Pflanze ›sénevé‹ (vom griechischen Wort ›sinapis‹) und dem Küchengewürz ›moutarde‹ unterschieden.

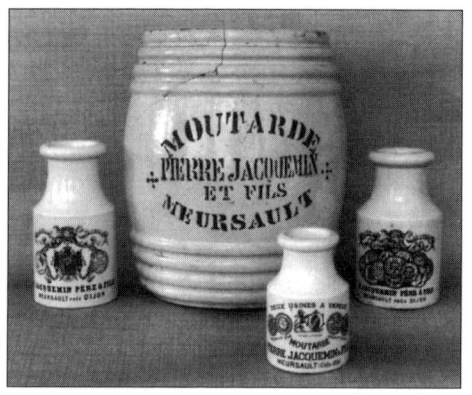

*Verpackungen im Wandel der Zeit: Senftöpfe
aus der Mitte des 19. Jahrhunderts (links) und
Senfglas aus heutiger Zeit (rechts).*

irdene Töpfe zur Aufbewahrung eingesetzt. Und heute verfügt wohl jeder Haushalt über Senf in Gläsern oder Tuben.

Zu Beginn des 20. Jahrhunderts wurde die Werbung auch für den Senf immer wichtiger. Raymond Sachot, Leiter der 1922 gegründeten Senffabrik Armand Bizouard, heute bekannt unter dem Namen Amora, erfand die ersten wieder verwendbaren Senfgläser. Diese Entwicklung verschaffte der Firma die Spitzenposition unter den Herstellern, sie überholte damit auch ihren wichtigsten Wettbewerber Grey Poupon. Der Erfolg setzte sich fort, als die Gläser mit Cartoonfiguren verziert wurden. Raymond Sachot hatte Fingerspitzengefühl und Gespür für Werbe- und Marketingstrategien. Nach dem Motto: »Überall sichtbar sein, wo es möglich ist«, ließ er die Lieferwagen der Großhändler mit Amoras Farben und Namenszug versehen und auf Warenmessen tausende von Plakaten anbringen. Noch heute fällt die Firma durch Werbespots in den französischen Medien auf. Nationale und internationale Messen wie z.B. die Weltausstellung in Paris waren günstige Gelegenheiten für die Senfhersteller, sich bei einem größeren

Publikum bekannt zu machen und sich durch Qualitätsauszeichnungen von ihren Konkurrenten abzuheben.

Wie kann sich aber heute eine kleine Senffabrik von der Konkurrenz abheben und gegen den Globalisierungsdruck behaupten? »Durch Qualität und besonderes Engagement«, ist die Antwort von Marc Désarménien, Firmenbesitzer der in Beaun ansässigen Senffabrik Fallot. Der neue ›Moutarde de Bourgogne‹, der an die alte burgundische Tradition anknüpft, ist ein Beispiel für diese Strategie. Bislang gilt er aber noch als Geheimtipp. Man probiere ihn: Er ist besonders würzig im Geschmack!

Der Senf in der Umgangssprache

Der Senf gibt nicht nur dem Essen die entsprechende Würze, sondern hat auch Eingang in die deutsche Umgangssprache gefunden. Wer möchte nicht in allen Angelegenheiten ›seinen Senf‹ (seine Meinung) dazugeben? Oder wenn man mit uninteressanten Einzelheiten überschüttet wird, platzt es aus einem heraus: »Mach doch keinen langen Senf!«
›La moutarde‹ hat natürlich auch in französischen Redewendungen Eingang gefunden wie: »La moutarde lui monte au nez«. (Es überrollen ihn Ungeduld und Wut.) Und man ist nicht erstaunt, dass genau diese Redewendung im Asterix-Band ›Der Seher‹ auftaucht: »Il semblerait qu'Amora, déesse de la moutarde, soit montée au nez des autres dieux ...« In der deutschen Übersetzung ist der Pfeffer an die Stelle des Senfs getreten: »Es scheint so, als ob Peperona, die Göttin des Pfeffers, die anderen Götter gereizt hätte ...«
Um eine weitere bildhafte Redewendung könnte man die Franzosen fast beneiden: »Se croire le premier moutardier du pape« (sich zu Unrecht wichtig nehmen, sehr von sich eingenommen sein). Dazu wird gerne eine Anekdote vom Beginn des 14. Jahrhunderts erzählt: Einer der Päpste in Avignon, es wird Papst Johannes XXII. ins Spiel gebracht, war solch ein begeisterter Senfesser, dass er den Diensttitel ›erster Senfhersteller des Papstes‹ kreierte. Eine Auszeichnung, um die anscheinend viele wetteiferten!

Die Senfwerbung liest sich nicht nur wie eine Kulturgeschichte des kulinarischen Geschmacks, sondern ist Ausdruck der unterschiedlichen Modeerscheinungen und des sich verändernden Lebensgefühls: Plakate von 1896 (links) und 1938.

Die Herstellung Senf ist das einzige Gewürz, das seinen speziellen Geschmack erst im feuchten Zustand entwickelt; denn durch Vermahlen der Senfkörner zu Pulver (Senfmehl) entsteht lediglich ein Produkt mit bohnenartigem Geruch. Der Senf muss im Verlauf seiner Verarbeitung erst noch aufgeschlossen werden, damit er sein typisches Aroma entfalten kann. Die für die Schärfe verantwortlichen ätherischen Senföle sind zunächst gebunden und werden erst durch Hinzufügen von Flüssigkeit freigesetzt. Man erreicht dies durch Einweichen, das so genannte ›Einmaischen‹ der Senfkörner. Zerkaut man ein ganzes Senfkorn, merkt man, dass es zunächst eigentlich nach nichts schmeckt. Erst wenn man es fast hinuntergeschluckt hat – es also mit genügend Speichel versehen ist –, entfaltet es seinen pikanten Geschmack.

Zur Produktion der beliebten Würzpaste werden vor allem zwei Sorten verwendet: die milden weißen bzw. gelben oder die kräftigen, scharfen schwarzen bzw. braunen Senfkörner. Je nach gewünschtem Schärfegrad wird entweder nur eine der beiden Sorten verarbeitet oder beide in bestimmten Mengenverhältnissen gemischt. Geschmack und Würze der einzelnen Senfsorten hängen somit vom Anteil der jeweiligen Körner und den zugegebenen Gewürzen ab. Manchen Sorten wie dem berühmten Dijon-Senf wird noch Kurkuma hinzugefügt, die ihm eine leuchtend gelbe Farbe verleiht.

Die Herstellung an sich ist eigentlich einfach – und doch wurde sie in keinem anderen Land so perfektioniert wie in Frankreich. Die gereinigten und entölten Senfkörner werden mit Essig, Salz, Wasser, frischen Kräutern oder Gewürzen – beim süßen Senf auch mit Zucker oder Honig – gemischt. Heute ersetzt meist der (Weißwein-)Essig den einst verwendeten Saft unreifer Trauben (in Frankreich ›verjus‹ genannt). Die verlesenen Körner werden in Essig (um die Schärfe beständig zu machen), Salz und Wasser einige Stunden lang eingeweicht. So kann sich ihre Schale besser ablösen. Dann werden sie zermahlen oder zerquetscht. Außer für den süßen oder körnigen Senf (›Moutarde à l'ancienne‹) aus ungeschälten Körnern müssen die Senfkörner gesiebt und die Schale entfernt werden. Es folgt der einige Stunden dauernde Reifungsvorgang. Erst jetzt kann der Senf seinen Geschmack und seine Schärfe entwickeln, denn direkt nach seiner Herstellung schmeckt er noch bitter. Sobald er reif ist, wird er in Fässer bzw. in die entsprechenden Behälter abgefüllt.

Eigentlich dürfen die Senfkörner bei der Herstellung nicht über 55 ° C erhitzt werden, sonst wird die enzymatische Freisetzung der geschmacksbestimmenden Senföle verhindert. Beim industriell angefertigten Senf verflüchtigt sich das hitzeempfindliche ätherische Senföl beim Mahlen der Senfkörner sehr rasch. Deshalb wird die entwichene Schärfe oft

Inzwischen gibt es zwei kleine
Firmenmuseen in Burgund, das
›Musée Amora‹ des heute welt-
weit größten Senfherstellers Amora-Maille in Dijon, und das
Museum der ›Moutarderie‹, der letzten traditionell arbeiten-
den Senffabrik Fallot in Beaune, die noch immer in Familienbesitz ist. Beide Museen geben einen reichhaltigen Einblick in die
spannende, anekdotenreiche Geschichte, in die Herstellungs-
weise und in die Verbreitung des Senfs allgemein und des burgundischen Senfs im Besonderen.

Moutarderie Fallot

31, Faubourg Bretonnière, 21200 Beaune,
Tel. 03 80 22 10 02, Fax 03 80 22 00 84, moutarde@fallot.com,
www.fallot.com – *In einem kleinen Museum auf dem Firmen-*

*areal kann man selbst Senf herstellen
und verschiedene Senfsorten probieren!
Führungen (maximal 20 Personen) müssen gebucht werden über:*
Office de Tourisme de Beaune,
1, rue de l'Hôtel Dieu, 21200 Beaune,
Tel. 03 80 26 21 30, Fax 03 80 26 21 39,
contacts@ot-beaune.fr
www.ot-beaune.fr

Musée Amora

48, quai Nicolas-Rolin, 21000 Dijon,
www.amora.com, www.maille.com
Führungen müssen gebucht werden über: Office de Tourisme de Dijon, Tel. 03 80 44 11 44, Fax 03 80 30 90 02,
infotourisme@dijon-tourisme.com, www.dijon-tourim.com
*Die berühmte Senffabrik hat ein eigenes Museum, das aus
über Jahre gesammelten Objekten eines ehemaligen Mitar-
beiters besteht.*

durch Meerrettich ersetzt. Wesentlich schonender ist die traditionelle Herstellung bei niedrigen Verarbeitungstemperaturen. Dabei wird die beste Qualität mit Steinmühlen – früher aus Granit, heute aus Silex – erreicht. Sie kommen heute kaum noch zum Einsatz. Doch die kleine Senffabrik Fallot in Beaune setzt seit Jahren auf diese Qualität und verwendet ausschließlich Steinmühlen. Es möge jeder selbst den Qualitätsunterschied testen!

Lichtgeschützt und luftdicht muss der Senf aufbewahrt werden, ansonsten verändert er seinen Geschmack durch Oxidation und nimmt eine bräunliche, wenig appetitliche Farbe an. Er verliert, nachdem die Verpackung angebrochen ist, relativ schnell seine Schärfe und zum Teil auch seine Farbe. Wird er nicht im Kühlschrank aufbewahrt, kann er schon nach drei Monaten seinen Geschmack eingebüßt haben. Deshalb schmeckt der Senf nach dem Erhitzen, z.B. in Senfsaucen, sehr viel milder. – Bon appétit!

DER BLICK AUS DEM FENSTER, DER DIE WELT VERÄNDERTE – NICÉPHORE NIÉPCE UND DIE ANFANGSZEIT DER FOTOGRAFIE

Als Burgund-Reisender erfährt man mit Staunen, dass Anfang des 19. Jahrhunderts in dem kleinen Ort Saint-Loup-de-Varennes, südlich von Chalon-sur-Saône, die erste ›Fotografie‹ der Welt entstanden ist. Sie gelang dem Erfinder und Privatgelehrten Joseph Nicéphore Niépce, dem auch eines der ersten Museen für Fotografie gewidmet ist. Meist verbindet man den Anfang der Fotografie mit Daguerre und der Daguerrotypie. Erst in jüngster Zeit trat Niépce aus dem Schatten Daguerres heraus, der seinen Ruhm und seinen Erfolg zu einem wesentlichen Teil Niépces Erfindergeist verdankt.

Heliografie – ›von der Sonne gezeichnet‹ Mit Niépce beginnt die Geschichte des Lichtbildes, der Fotografie. Doch seine Forschungen machen deutlich, dass ihre Entdeckung nicht etwa das Werk eines einzelnen Erfinders war. Viele verschiedene, sich ergänzende Entwicklungen auf unterschiedlichen Gebieten waren nötig, viele Menschen waren daran beteiligt – so wie erst viele unterschiedlich große und farblich differenzierte Steinchen ein vollständiges Mosaik ergeben.

Von Jugend an interessierte sich Joseph Nicéphore Niépce für die Naturwissenschaften, für Physik, Mechanik, Optik und Chemie. So lernte er mit den Grundlagen der Optik auch das Prinzip der Camera obscura, die Funktionsweise einer Lochkamera kennen. Voraussetzung für Niépces fotografische Experimente war aber die Entdeckung chemischer

Substanzen, die sich unter Lichteinfluss verändern. Der deutsche Arzt Johann Heinrich Schulze aus Halle hatte 1727 die Lichtempfindlichkeit der Silbersalze bemerkt, als sich Gegenstände, die er auf eine Schicht aus Silbernitrat und weißer Kreide gelegt hatte, durch Lichteinwirkung darauf abzeichneten. Diese Bilder verflüchtigten sich jedoch rasch, wenn sie erneut dem Licht ausgesetzt wurden, und damit fehlten die Voraussetzungen, daraus eine Reproduktionstechnik zu entwickeln. Erst 1777 fand der schwedische Chemiker Carl Wilhelm Scheele heraus, dass durch Licht geschwärztes Chlorsilber in Ammoniak nicht mehr völlig löslich ist. Hiermit war erstmals ein Fixiermittel gefunden, dessen Bedeutung für die Herstellung lichtbeständiger fotografischer Aufnahmen damals allerdings noch nicht erkannt wurde.

Auch von Niépce wurde Scheeles Entdeckung nicht weiter beachtet. Niépce experimentierte zunächst mit lichtempfindlichem Firnis auf Steinplatten, damals noch mit der Absicht, das von Alois Senefelder um 1796 entdeckte Verfahren der Lithografie weiterzuentwickeln. 1822 gelang ihm eine lichtbeständige Kontaktkopie eines Stichs von Papst Pius VII. Es war das erste dauerhafte Bild, das in einem chemischen Verfahren unter dem Einfluss von Licht gewonnen wurde. Als lichtempfindliche Substanz diente Asphalt, der in Lavendelöl aufgelöst als dünne Schicht auf eine Glasplatte aufgetragen wurde. Später verwendete Niépce auch Stein-, Silber- oder Metallplatten. Der mit Öl getränkte und dadurch transparent gewordene Stich wurde auf die Platte gelegt und dem Licht ausgesetzt. Wo das Licht durch das Papier drang, wurde der Asphalt hart und unlöslich und blieb auf der Platte haften, die mit einer Lösung aus Lavendelöl und hellem Petroleum abgewaschen wurde. Ein Negativbild kam so zum Vorschein. Niépce gab seiner Erfindung den Namen Heliografie (griechisch: von der Sonne gezeichnet). Dieses heliografische Verfahren, später Heliogravür oder Fotogravür genannt, wurde später in abgewandelter Form zur Her-

Joseph Nicéphore Niépce

Am 7. März 1765 wird Joseph Niépce in Chalon-sur-Saône in eine alteingesessene, großbürgerliche Familie als drittes von vier Kindern geboren. Sein Vater, sowohl Advokat als auch königlicher Rat und Steuereinnehmer, besitzt verschiedene Landgüter, darunter auch den Familiensitz ›Le Gras‹ in Saint-Loup-de-Varennes. Mit 15 Jahren tritt Joseph Niépce in das katholische Seminar der Oratorianer in Chalon-sur-Saône ein, um die Priesterlaufbahn einzuschlagen. Von Anfang an begeistert er sich für Wissenschaft und Künste. Ab 1787 unterrichtet er am Kollegium der Oratorianer in Angers, ein Jahr später wird er als Lehrer nach Troyes geschickt. In dieser Zeit nimmt Joseph den vom Griechischen abgeleiteten Vornamen Nicéphore (zu Deutsch ›Siegesträger‹) an.

Der unerwartete Tod des Vaters (1785) stürzt die Familie in finanzielle Schwierigkeiten. Im Mai 1792 tritt Niépce als Leutnant ins Infanterieregiment der Natio-nalgarde ein; sein Bruder Claude geht zur Marine.

1794 wird er in Nizza zum Adjutanten berufen und erhält dort einen Verwaltungsposten. Kurz darauf erkrankt er an Typhus. Aufgrund seiner angeschlagenen Gesundheit und seiner starken Kurzsichtigkeit muss er die militärische Laufbahn beenden. Agnes Romero, die Tochter seiner Wirtin, nimmt er im August 1794 zur Frau. Sein Sohn Isidore wird 1795 geboren.

Nicéphore und seine Familie – wie auch sein Bruder Claude, der zu dieser Zeit auch in Nizza lebt – kehren 1801 nach Chalon-sur-Saône zurück, wo sie sich von nun an um ihre Landgüter kümmern. Die beiden Brüder entwickeln hier einen neuen Verbrennungsmotor für den Antrieb von Schiffen, den sie ›Pyréolophore‹

Nicéphore Niépce, Porträt von Léonard-François Berger, 1854.

nennen. Sie bauen ein zwei Meter langes Modellschiff und führen es auf der Saône vor. Am 20. Juli 1807 unterschreibt Napoleon höchstpersönlich ein zehn Jahre gültiges Erfinderpatent für den ›Pyréolophore‹. Claude versucht, den Motor weiter zu verbessern, und geht zunächst nach Paris und dann Ende 1817 nach England in der Hoffnung auf Anerkennung für seine technische Erfindung und um sie zu vermarkten – jedoch vergeblich. Der ›Pyréolophore‹ gilt als Vorläufer des heutigen Verbrennungsmotors. Ab 1816 beginnt Nicéphore mit seinen Versuchen, ein mit der Camera obscura eingefangenes Bild zu fixieren. Daneben ist er aber auch mit anderen Erfindungen beschäftigt. So verbessert er 1818 das von Karl Friedrich Freiherr von Drais 1817 gebaute Laufrad (Draisine). Er bringt an einem hölzernen Zweirad mit Lenkstange, das mit den Füßen angetrieben werden muss, einen verstellbaren Sitz an und sorgt für Aufsehen, als er mit diesem eigenartigen Fahrzeug, dem Vorgänger des heutigen Fahrrads, die Wege von Saint-Loup-de-Varennes ›entlangläuft‹.

Um Claudes Aufenthalt in England und die von ihm geplanten Verbesserungen am ›Pyréolophore‹ finanzieren zu können, muss Niépce immer wieder neue Kredite aufnehmen. Angesichts des erdrückenden Schuldenberges und Claudes kritischen Gesundheitszustands beschließen Nicéphore und seine Frau 1827, nach England zu reisen. Gleichzeitig möchte Niépce dort sein heliografisches Verfahren veröffentlichen. Alle Versuche, Interesse bei der Royal Society für seine Entdeckung zu wecken, schlagen fehl. Ein paar Tage nach Abfahrt des Ehepaars Niépce stirbt Claude am 10. Februar 1828. Um die Schuldenlast abtragen zu können, muss die Familie ihre Landgüter verkaufen. Am 5. Juli 1833, vier Jahre nach Abschluss des Partnerschaftsvertrags mit Daguerre, stirbt Nicéphore Niépce unverhofft an einem Schlaganfall auf seinem Gut ›Le Gras‹.

Niépces Landgut ›Le Gras‹.

Der Erfindung der Fotografie ging die Idee einer Reproduktionstechnik mittels lichtempfindlicher Substanzen voraus: Kardinal d'Amboise, ›Heliografie‹ von Nicéphore Niépce, 1826.

stellung von Druckplatten verwendet – wie es auch Niépces ursprüngliches Ziel war.

Die Idee, ein Bild mit einer Camera obscura festzuhalten, hatte der 28-jährige Nicéphore Niépce gemeinsam mit seinem älteren Bruder Claude zum ersten Mal 1793 in Cagliari auf Sardinien. Doch alle entscheidenden Versuche machte Nicéphore ab 1816 alleine, als sein Claude bereits in England weilte. Im weiteren Verlauf seiner Experimente war sein Bruder jedoch ein wichtiger Ansprechpartner und Unterstützer, mit dem sich Nicéphore bis zu dessen Tod 1828 schriftlich austauschte. Diese Briefe vermitteln heute einen lebendigen Einblick in das Leben eines Forschers und Gutsbesitzers vom Anfang des 19. Jahrhunderts und sind unschätzbare Dokumente für die Fotogeschichte.

Mit seinen Experimenten verfolgte Niépce das Ziel, ein möglichst genaues Abbild der Natur ohne menschliches Zutun zu erzeugen – bis dahin ein völlig neuer Gedanke. Zunächst unternahm er Versuche, bei denen Papier mit einer lichtempfindlichen Schicht aus Silberchlorid verwendet wurde.

Am 5. Mai 1816 berichtete Niépce in einem Brief an seinen Bruder Claude nach Paris, dass er den Blick aus dem Fenster seines Familienanwesens ›Le Gras‹ bei Saint-Loup-de-Varennes mit Hilfe einer einfachen, selbst gebauten Camera obscura auf einem mit Silberchlorid beschichteten Papier fixiert habe: »Ich stellte den Apparat in meinem Arbeitszimmer auf, gegenüber der Voliere, bei weit geöffnetem Fenster. Den Versuch nahm ich nach dem Dir bekannten Verfahren vor, mein lieber Freund, und ich sah auf dem weißen Papier den gesamten Teil der Voliere, den man vom Fenster aus erfassen konnte, und ein schwaches Abbild des Fensterrahmens, der weniger beleuchtet war als die Gegenstände draußen. Man konnte darauf die Wirkung des Lichts in der Wiedergabe der Voliere bis zu der des Fensterrahmens unterscheiden ... Ich verschließe nicht die Augen davor, dass es große Probleme gibt, besonders mit der Fixierung der Farben.« Diesen Blick aus dem Fenster wählte Niépce jahrelang als Bildmotiv; immer wieder versuchte er, diesen Ausschnitt auf Papier zu bannen.

In der nächsten Zeit konzentrierte sich Niépce vornehmlich auf seine Aufnahmen mit der Camera obscura und weniger auf die Reproduktion von Stichen. Und so gibt er sich in einem Brief an seinen Bruder Claude am 16. September 1824 sehr zufrieden: »Trotzdem kann ich Dir endlich voller Genugtuung mitteilen, dass es mir durch die Perfektionierung meines Verfahrens gelungen ist, eine Aufnahme [im Original heißt es ›point de vue‹] zu machen, wie ich sie mir nur wünschen konnte [...] Das Bild der Gegenstände erscheint dort sehr scharf und erstaunlich getreu in der Wiedergabe der geringsten Details und der feinsten Nuancen. Da dieses Gegenbild fast ohne Farbe ist, kann man die Wirkung nur beurteilen, wenn man schräg auf die Steinplatte schaut. Dann erst

Camera obscura

Ein völlig lichtdicht verschlossener Kasten ist auf einer Seite mit einer kleinen Öffnung versehen, durch die von außen Tageslicht fällt. Auf die gegenüberliegende Wand wird seitenverkehrt und auf dem Kopf stehend ein Abbild der Gegenstände projiziert, die sich vor der Öffnung befinden. Bereits seit der Antike war dieses optische Phänomen bekannt. Erst im 16. Jahrhundert wurde aber mit seiner praktischen Nutzung begonnen; neue Anwendungsmöglichkeiten wurden erschlossen und entsprechende Apparaturen technisch verbessert.

Die erste transportable Camera obscura war eine begehbare dunkle Kammer mit einem Loch in der Außenwand, die Künstlern dazu diente, eine perspektivische Zeichnung der Umgebung anzufertigen, oder aber für astronomische Beobachtungen verwendet wurde. Im Laufe des 17. Jahrhunderts entwickelte man dann kleine, kastenförmige, mit Linsen versehene Apparate, in deren Innern Spiegel oder Prismen angebracht waren. Sie lenkten die Bilder auf eine Glasplatte, die sich an der Oberseite des tragbaren Kastens befand. Diese Projektion konnte dann auf Zeichenpapier übertragen werden. Bereits bei den damaligen Lochkameras waren alle technischen Voraussetzungen für eine Verwendung als Fotoapparat erfüllt.

Transportable begehbare Camera obscura, wie sie 1646 erstmals beschrieben wurde.

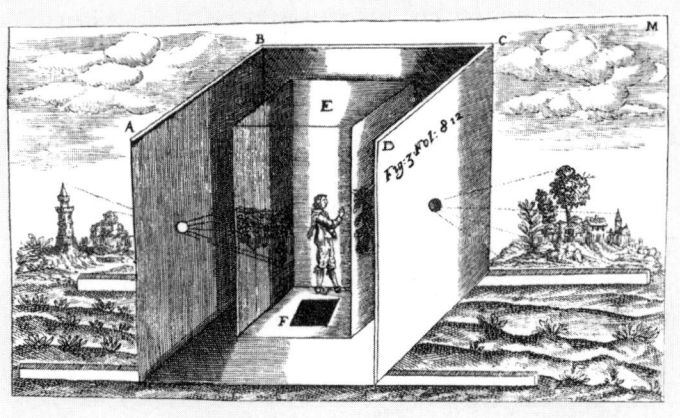

wird es für das Auge sichtbar durch die Unterstützung von Schatten und Lichtreflexen.« Und einige Zeilen weiter: »Indessen kannst Du seit heute die geglückte Anwendung meines Verfahrens bei Aufnahmen (›points de vue‹) auf Stein und Glas als bewiesen und unbestreitbar ansehen.«

Glaubt man nun diesen Zeilen, so hatte Niépce bereits im September 1824 seine Aufnahmen mit der Camera obscura so weit vervollkommnet, dass er sie als erfolgreich bezeichnen konnte. Leider existieren keine Aufnahmen aus dieser Zeit, die diese Aussage belegen könnten.

Niépces Partnerschaft mit Daguerre

Niépce hatte inzwischen bemerkt, dass er – bei aller Sorge um die Geheimhaltung seiner Experimente – ohne fachmännische Unterstützung nicht mehr weiterkam. 1825 trat er in Kontakt mit dem Pariser Kupferstecher Augustin François Lemaître, bei dem er seine Heliografien ätzen und Papierabzüge anfertigen ließ. Besonders folgenreich für die weitere Entwicklung der Fotografie war der Austausch mit dem Pariser Optiker Vincent Chevalier, von dem Niépce seine optischen Geräte bezog. Dieser war erstaunt über Niépces Erfindung und erachtete sie als »von allergrößter Bedeutung«, wie er ihm am 7. Dezember 1825 schrieb. Durch Chevalier erfuhr der berühmte Pariser Theatermaler Louis Jacques Mandé Daguerre von den Forschungen Niépces, zu dem er daraufhin Kontakt aufnahm.

Die beiden Sommer der Jahre 1826 und 1827 waren sehr produktiv für Niépce: Er fertigte auf Metallplatten zahlreiche gelungene Heliografien nach Stichen an, wie z.B. den ›Kardinal d'Amboise‹, eine Kopie eines Kupferstichs aus dem 17. Jahrhundert. Von diesen haben sich einige Platten, Abzüge auf Papier, ja sogar transparente Stiche in verschiedenen Sammlungen Europas und Amerikas erhalten.

In dieser Zeit (die Forscher sind sich nicht einig, ob im Sommer 1826 oder 1827) nahm Niépce wieder den Blick

Louis Jacques Mandé Daguerre

Der am 18. November 1787 in Cormeilles geborene Louis Jacques Mandé Daguerre war ein erfolgreicher Maler, Theaterdekorateur und Gründer eines Lichtspieltheaters, des damals sehr beliebten Dioramas. Darin machte er sich unterschiedliche Beleuchtungseffekte zunutze, etwa dass auf gemalten Bühnenbildern eine Landschaft bei durchfallendem Licht abhängig davon, ob sie von vorne oder von hinten beleuchtet wurde, als Tag- oder Nachtszene erschien. Daguerre erfuhr in Paris von Niépces Experimenten und Entwicklungen und bot Niépce eine Partnerschaft an, um die bereits gewonnenen Erkenntnisse gemeinsam zu nutzen und »alle nur möglichen Vorteile aus diesem neuen Industriezweig zu ziehen«, wie es im Vertragstext heißt. Auf das Angebot ging Niépce erst nach längerem Zögern ein. Daguerre suchte fieberhaft nach Möglichkeiten, die Belichtungszeit zu verkürzen, um auch Menschen oder sich bewegende Dinge zu fotografieren. Er benutzte Silberplatten bzw. versilberte Kupferplatten, die er mittels Joddämpfen mit einer lichtempfindlichen Schicht versah. Das durch Belichtung dieser Jodsilberplatte latente (nicht sichtbare) Bild konnte mit Quecksilberdampf entwickelt und damit sichtbar gemacht werden. Der Zufall verhalf ihm zu dieser Entdeckung: Während einer Aufnahme trübte sich der Himmel ein und Daguerre stellte die nur kurz belichtete Platte in einen Schrank, in dem er verschiedene Chemikalien aufbewahrte. Erstaunt stellte Daguerre am nächsten Tag fest, dass sich auf der Platte das fertige Bild abzeichnete. Er wiederholte das Experiment immer wieder und nahm von den Substanzen, die er im Schrank aufbewahrte, jedes Mal eine andere heraus, bis sich eine Schale mit Quecksilber

Louis Jacques Mandé Daguerre, Daguerreotypie von 1844.

Projektionsfläche im Diorama.

aus einem zerbrochenen Thermometer als Auslöser dieses Phänomens herausstellte. Durch diese Entdeckung konnte Daguerre die Belichtungszeit auf 4 Minuten im Sommer und auf 15 Minuten im Winter verkürzen.

1835 kündigte er im Pariser ›Journal des Artistes‹ an, dass er fotografische Porträts herzustellen verstehe. Er wusste zu diesem Zeitpunkt allerdings noch nicht, wie er die Bilder fixieren sollte. Frechheit siegt, wie man zu sagen pflegt: 1837 fand er das gesuchte Fixiermittel in Form einer einfachen Kochsalzlösung. Daguerre stellte seine Fähigkeiten auch als Geschäftsmann unter Beweis. Die Leibrente, die er sich mit dem Verkauf seiner Erfindung an die französische Regierung sicherte, war eher bescheiden im Vergleich zu dem Erfolg durch den Verkauf fotografischer Ausrüstungen, die er unter

der Bezeichnung ›le Daguerréotype‹ in Lizenz herstellen ließ und vertrieb. Nachdem das Verfahren der Öffentlichkeit zur uneingeschränkten Verwendung überlassen worden war, gab es einen regelrechten Ansturm auf seine Kameras zur Herstellung von Daguerreotypien. Sein Patent, das er in England aus Furcht vor einem Konkurrenten erwarb, erwies sich in dieser Hinsicht eher als geschäftsschädigend, weil dadurch auf dem englischen Markt keine Nachfrage nach seinen Kameras aufkommen konnte.

Daguerre starb am 10. Juli 1851 in Bry-sur-Marne.

Die Daguerre-Kamera wurde ab 1839 serienmäßig hergestellt und weltweit vertrieben.

aus dem Fenster seines Arbeitszimmers in Saint-Loup-de-Varennes auf. Er belichtete die Aufnahme mindestens acht Stunden lang auf einer mit Asphalt überzogenen, 16,5 x 20,5 cm großen Zinnplatte. Das Ergebnis war ein Positiv und gleichzeitig das erste erhalten gebliebene Lichtbild.

Der Nachteil war, dass es Niépce nicht gelang, davon Abzüge anzufertigen. Das Bild auf der Platte war zu schwach, um es einem Ätzverfahren zu unterziehen. Obwohl Niépce von Anfang an Bilder mehrfach reproduzieren wollte, blieb für ihn die naturgetreue Wiedergabe des Gegenstands vorrangiges Ziel. Dem Kupferstecher Lemaître, zu dem er inzwischen Vertrauen gewonnen hatte, bot er die Teilhaberschaft an seinem Verfahren an. In dieser Zeit intensivierte sich auch der Kontakt zu Daguerre. »Da wir uns mit dem gleichen Gegenstand beschäftigen, müssten wir beide daran interessiert sein, mit vereinten Kräften das Ziel zu erreichen«, schrieb Niépce am 4. Juni 1827 an Daguerre. In Paris, wo er während seiner Reise nach England zu seinem todkranken Bruder Station machte, traf er mit Lemaître und Daguerre zusammen.

Während seines England-Aufenthaltes im Winter 1827/1828 gingen Niépces Bemühungen dahin, seine Entdeckung bei der Royal Society in London vorzustellen, um finanzkräftige Interessenten zu finden, die seine Arbeit fördern würden. Doch trotz Vermittlung durch ein Mitglied der Royal Society, den befreundeten deutschen Botaniker Francis Bauer, stieß Niépce auf wenig Interesse. Bevor er England enttäuscht wieder verließ, bedankte er sich bei Bauer für dessen freundschaftliche Unterstützung, indem er ihm das für die Royal Society bestimmte Manuskript, den ›Bericht über einige durch Lichteinwirkung spontan erreichte Ergebnisse‹, eine Naturaufnahme, vier heliografische Reproduktionen von Stichen und zwei Papierabzüge, den Kardinal d'Amboise darstellend, überließ. Bauer datierte alle diese Arbeiten sorgfältig und archivierte sie unter dem Titel ›Die Heliografie. Die

ersten Ergebnisse, die durch Lichteinwirkung spontan be-
wirkt wurden‹. Die Naturaufnahme bezeichnet er als »Herrn
Niépces erster gelungener Versuch, ein lichtbeständiges Bild
nach der Natur herzustellen. 1827«. Es handelt sich um jene
Aufnahme, die als das erste Foto der Weltgeschichte erhalten
geblieben ist.

Am 14. Dezember 1829 unterzeichnete Niépce, zwar nach
einigem Zögern, aber wohl aus Geldmangel, einen zehnjäh-
rigen Partnerschaftsvertrag mit Daguerre. Gemeinsam mit
ihm wollte er seine Erfindung weiterentwickeln, zugleich
von Daguerres Geschäfstüchtigkeit profitieren und das Verfahren kommerzialisieren. Daguerre drängte nun auf Verbesserungen, doch außer kleinen Teilerfolgen erreichten sie keinen größeren Fortschritt. Der weitere Gedankenaustausch
erfolgte teilweise in Briefform mit Hilfe eines Geheimcodes.
Viermal hielt sich Daguerre bei Niépce in Saint-Loup-de-
Varennes auf: für die Vertragsunterzeichnung im Dezember
1829, im Juni 1830, im Sommer 1832 und zum letzten Mal
im November 1832.

Im Juni 1833 starb Niépce unverhofft an einem Schlaganfall. Der Vertrag mit Daguerre enthielt die Klausel, dass
im Falle seines Todes sein Sohn Isidore als Partner eintre-
ten könne. Es stellte sich jedoch schnell heraus, dass dieser
nicht den Forschergeist seines Vaters und auch nicht den Ge-
schäftssinn eines Daguerre besaß. Als Daguerre nämlich am
13. Juni 1837 einen weiteren Vertrag mit Isidore abschloss,
wurde festgelegt, dass Nicéphore Niépces Name zwar im Zusammenhang mit der Erfindung erwähnt werde, aber die
Erfindung selbst nur Daguerres Namen sprich die Bezeichnung ›Daguerreotypie‹ tragen solle. War er sich seines Erfolgs schon damals so gewiss?

Zwei Jahre später gelang ihm dann der Durchbruch: Am
14. Juni 1839 kam es zu einem Vertrag zwischen Isidore
Niépce, Daguerre und der französischen Regierung, bei dem
der Staat sämtliche Rechte an der Daguerreotypie erwarb

Mit dieser Aufnahme von 1826 beginnt die Geschichte der Fotografie. Sie zeigt den Blick aus dem Fenster von Niépces Landgut ›Le Gras‹ bei Saint-Loup-de-Varennes.

und diese zur allgemeinen Verwendung freigab. Am 19. August 1839 wurde das Verfahren in der Akademie der Wissenschaften zu Paris der Öffentlichkeit vorgestellt und erläutert. Isidore Niépce und Daguerre erhielten als Gegenleistung eine lebenslange Pension (Daguerre eine Summe von 6000 Francs, Isidore Niépce 4000 Francs jährlich), mit der sie ein gehobenes bürgerliches Leben führen konnten.

Die Früchte des Erfolges Daguerre war auf der Höhe seines Ruhmes angelangt. Dabei geriet der eigentliche Wegbereiter und ehemalige Partner Nicéphore Niépce, ohne dessen Vorarbeiten Daguerre sein Verfahren mit großer Wahrscheinlichkeit nicht hätte weiterentwickeln können, fast völlig in Vergessenheit. Erst im 20. Jahrhundert im Zuge der wissenschaftlichen Auseinandersetzung mit den Anfängen der Fotografie wurden seine Verdienste wieder gewürdigt. Doch für eine breite Öffentlichkeit ist Niépce auch heute ein fast unbekannter Pionier.

Die Tatsache, dass die Daguerreotypie vom Staat angekauft, der Öffentlichkeit frei zugänglich gemacht und ohne patentrechtliche Einschränkungen genutzt werden konnte, war für die rasche Ausbreitung der Daguerreotypie in Frankreich maßgebend. Dem neuen Medium kam somit nicht nur eine kulturelle, sondern auch eine gesamtwirtschaftliche Bedeutung zu. Gleichzeitig löste diese Erfindung eine Welle der Begeisterung aus, die bis in die Nachbarländer überschwappte. Jeder, der es sich leisten konnte, wollte eine Daguerreotypie erwerben, möglichst mit dem eigenen Porträt. Doch auch der Begriff Daguerreotypie geriet bald in Vergessenheit, als weitere Verbesserungen kamen und er vor allem durch die Bezeichnung ›Fotografie‹ abgelöst wurde.

Das Jahr 1839 ist als Geburtsjahr der Fotografie in die Geschichtsbücher eingegangen. Daguerre ist es gelungen, sich der Nachwelt als deren Erfinder zu präsentieren, obwohl einige andere Forscher ähnliche Methoden fast zeitgleich entwickelt hatten, so auch der Engländer Henry Fox Talbot, der bereits 1835 ein lichtbeständiges Bild in der Camera obscura auf Chlorsilberpapier herstellte. Wer nun wirklich der Erste war, muss wohl auch in Zukunft unbeantwortet bleiben. Entscheidend war, dass Daguerre sein Verfahren wirtschaftlich und gesellschaftlich etablieren konnte. Der Anfang war damit gemacht und andere Forscher sollten sein Werk fortführen, indem sie geeignetere lichtempfindliche Substanzen entdeckten, technisch verbesserte Kameras konstruierten und damit schließlich die Belichtungszeit verkürzten.

Eines ist gewiss: Die Faszination der Fotografie bestand von Anfang an – und besteht auch heute noch. So hatten

Daguerreotypie

Eine gereinigte, polierte und versilberte Kupferplatte wird in einem Kästchen Joddämpfen ausgesetzt. Dabei entsteht eine hauchdünne lichtempfindliche Jodsilberschicht. Belichtet wird die Platte in der Camera obscura, indem die Linse bei einer Belichtungszeit von mehreren Minuten geöffnet wird. Danach wird das (noch) nicht sichtbare Bild in einem verschließbaren Kasten Quecksilberdämpfen ausgesetzt und anschließend in einer lauwarmen Kochsalzlösung oder einer normal temperierten Natriumthiosulfatlösung fixiert. Zuletzt wird die Platte gespült, gewässert und getrocknet.

Bei jedem fertigen Bild handelt es sich um ein Unikat, von dem sich keine Kopien von gleicher Qualität anfertigen lassen. Um die äußerst empfindliche Oberfläche vor Beschädigungen und dem Einfluss schädlicher chemischer Substanzen zu schützen, wurden Daguerreotypien stets in einem verglasten Rahmen aufbewahrt.

Erste Daguerreotypie von 1837.

die ersten belichteten Bilder auch Nicéphore Niépce in Bann gezogen, als er an seinen Bruder Claude am 16. September 1824 schrieb: »Und diese Wirkung, das darf ich wohl sagen, mein lieber Freund, hat wirklich etwas von Zauberei an sich.« Die Bedeutung, die die Fotografie einmal haben sollte, sah der Bruder am 24. Februar 1824 bereits voraus: »Ein gutes Original, sagt man, ist mehr wert als eine Kopie, obwohl diese Art Kopien für die Kunst tatsächlich Originale wären.« Diese Kopien, diese belichteten Bilder veränderten schon damals die ›Sicht der Dinge‹. Und heute, im 21. Jahrhundert, können wir uns, bereits an digitale Fotografie gewöhnt, die Welt ohne diese Bilder nicht mehr vorstellen.

Relikte aus der Anfangszeit

Das 1972 eingerichtete Musée Nicéphore Niépce in Chalon-sur-Saône ist eines der ältesten Fotomuseen überhaupt, das die Geschichte der Fotografie von ihren Anfängen an in ihren technischen und künstlerischen Aspekten wie auch in Bezug auf Verbreitung und Gebrauch dokumentiert. Kommt man in den etwas abgedunkelten Saal im ersten Stock, der Nicéphore Niépce gewidmet ist, und bestaunt die verschiedenen Instrumente, die dieser für seine Experimente verwendet hat, fühlt man sich in die Entstehungszeit der Fotografie zurückversetzt. Bei näherer Betrachtung der schlichten Holzkästen, die Niépce als Camera obscura verwendete, ist man über die Einfachheit der Ausrüstung erstaunt. Diese Apparate, erfahren wir, wurden 1861 zufällig auf dem Dachboden eines Anwesens im südlich von Chalon-sur-Saône gelegenen Lux entdeckt.

Das Museum kann sich glücklich schätzen, dass es zumindest einen Teil der Briefe Nicéphore Niépces zu seinen Schätzen zählt, gehören sie doch zu den wichtigsten Dokumenten, die über die Entwicklung der Fotografie Auskunft geben. Anhand der Mitteilungen von Niépce an seinen Bruder Claude wird vor allem deutlich, dass er sein Verfahren von der Grafik ausgehend entwickelt hat. So benutzte er häufig das Wort ›Gravüre‹ zur Bezeichnung seiner Ergebnisse. Ein kleines, aber nicht unwichtiges Detail!

Bereits die frühesten Versuche des Erfinders Niépce offenbaren den Blick des Künstlers. Zu den Schätzen des Musée Niepce gehört auch das erste Stillleben der Fotogeschichte.

Neben den Briefen und den Apparaten sind natürlich die Heliografien und Abzüge wichtige Studienobjekte für Fotohistoriker; für den Laien gewinnen sie an Bedeutung, sobald er etwas über ihre Geschichte und die Hintergründe ihrer Entstehung erfährt. Seit Juli 2000 sind fünf Heliografien, die bislang als verloren galten, im Besitz des Museums. Es handelt sich dabei um drei Zinnplatten mit Landschaftsabbildungen und zwei versilberte Kupferplatten mit Figurendarstellungen. Zusammen mit vier weiteren Zinnplatten – zwei mit der Darstellung des Kardinals von Amboise nach einem Stich, eine mit der Heiligen Familie und eine mit einer Landschaft nach einem Stich von Claude Lorrain – ist dies die größte Sammlung mit Heliografien von Niepce.

Damit verfügt das Museum über einige der bedeutendsten Inkunabeln der Fotogeschichte. Die erste bekannte Fotografie von 1826 ist jedoch leider nur als Reproduktion zu

Chalon-sur-Saône: Stadt der Fotografie

Chalon-sur-Saône ist nicht nur ein historischer Ort der Fotografie, hier beschäftigt man sich auch heute noch mit diesem Medium. Seit 1961 befindet sich eine Niederlassung der amerikanischen Eastman-Kodak-Company etwas außerhalb der Stadt. Sie ist die bedeutendste Forschungseinrichtung für Fotografie in Europa, dazu die einzige Produktionsstätte für Fotobedarf in Frankreich und mit ihren bislang über 2000 Angestellten einer der wichtigsten Arbeitgeber der Region.

Anfang Oktober 2004 kündigte das amerikanische Mutterhaus an, dass bis September 2005 in Chalon 270 Stellen gestrichen werden müssten, da die Bereiche Amateurfilm und Farbfotopapier komplett aufgegeben werden. Daneben werden fünf Fotolabors in Frankreich geschlossen. Diese Maßnahmen sind Teil eines auf drei Jahre angelegten Plans des US-amerikanischen Konzerns, weltweit 12000 bis 15000 Stellen einzusparen. Grund für diesen schmerzhaften Strukturwandel ist die Verbreitung von Digitalkameras im Amateurbereich.

Ein harter Schlag für den französischen Produktionssitz, wo in den 1980er-Jahren noch über 4000 Angestellte beschäftigt waren. Der Standort in Chalon-sur-Saône wird sich nunmehr verstärkt auf den medizinischen, dentalmedizinischen und industriellen Bereich sowie auf die Filmproduktion konzentrieren, wie die Firmenleitung Anfang Oktober 2004 in den Medien bekannt gab. Zudem will die Stadt Chalon-sur-Saône die Flucht nach vorne ergreifen: Sie ist dabei, ein ambitioniertes Projekt im Zusammenhang mit neuen Medien aufzubauen, das sie stolz ›Nicéphore Cité‹ nennt. Hier soll eine Möglichkeit des fachlichen Austausches, der Forschung und der Ausbildung im digitalen Bereich geboten werden.

Anfang Mai 2005 wird eine weitere Hiobsbotschaft bekannt: Die Konzernleitung kündigt die Schließung des Standorts Chalon-sur-Saône in den nächsten drei bis acht Jahren an. Eine bittere Pille für die verbleibenden 1800 Angestellten – und für den Wirtschaftsstandort Burgund.

Informationen:
www.kodak.fr
www.nicephorecite.com

Besorgt über die Zukunft der Fotoindustrie in Burgund blickt Nicéphore Niépce vom Sockel seines Denkmals in Chalon-sur-Saône.

besichtigen. Sie zeigt den Blick aus dem Fenster von ›Le Gras‹, dem Landsitz der Familie Niépce, auf den Wirtschaftshof. Unzählige Aufnahmen – ›points de vue‹, wie Niépce sie nannte – hat er von diesem Motiv mit den verschiedensten Verfahrensweisen gemacht. Aufgrund der extrem langen Belichtungszeit von mindestens acht Stunden finden sich auf diesem Bild keine Schatten. Zu sehen sind links das Taubenhaus, rechts davon ein Birnbaum mit einem Flecken Himmel, der durch die Zweige hindurchscheint, in der Mitte das geneigte Dach der Scheune, dahinter das lange Gebäude des Backhauses mit Schornstein und ganz rechts ein anderer Flügel des Hauses.

Dieses Foto, das Niépce vor seiner Abreise aus England 1828 Francis Bauer schenkte, ging anscheinend 1898 verloren und wurde erst 1952 vom Fotohistoriker Helmut Gernsheim nach langem, akribischen Suchen in England wiederentdeckt. Als die Londoner ›Times‹ am 15. April 1952 von diesem Fund berichtete, wurde es – 126 Jahre nach seiner Entstehung – zum ersten Mal veröffentlicht. Die originale Bildplatte, auf der man das Bild nur dann erkennt, wenn man sie in einem bestimmten Winkel gegen das Licht hält, gelangte 1964 zusammen mit Gernsheims bedeutender Sammlung historischer Fotografien in den Besitz der Universität Texas in Austin, USA, und wird dort im Harry Ransom Center aufbewahrt (siehe Abbildung S. 213).

Um den heutigen Wert dieser Aufnahmen aus der Anfangszeit der Fotografie zu ermessen, sei erwähnt, dass im März 2002 beim Auktionshaus Sotheby's eine Aufnahme von Niépce für die stattliche Summe von 575 000 Euro versteigert wurde. Erworben hat sie die französische Nationalbibliothek in Paris.

All die Dokumente, Briefe, Heliografien und Abzüge sowie natürlich alle erhaltenen Apparate von Niépce vermitteln uns einen lebendigen Eindruck aus der Pionierzeit der Fotografie. Niépce war mit seinen Erfindungen seiner Zeit voraus, erntete jedoch nicht den Erfolg, den er sich so sehr erhofft hatte. Er war ein unermüdlicher Forscher und Tüftler, der mit der Angst lebte, ein anderer könnte sein Verfahren nachahmen und publik machen, und dessen Bescheidenheit und Selbstkritik ihn anders als Daguerre daran hinderten, aus seinen Entdeckungen Kapital zu schlagen.

Ein Porträtbild, das Nicéphore Niépce in einem schön verzierten Rahmen mit ovalem Ausschnitt darstellt, zeigt einen etwas melancholisch verträumt wirkenden Menschen mit hoher Denkerstirn, markant geschwungener, langer Nase und schmalen Lippen (Abb. S. 203). Die Augen wirken matt. Er scheint sich dem Betrachter entziehen zu wollen – so wie auch seine erste fotografische Aufnahme, die nur schwach zu erkennen ist. In Erinnerung bleibt das tragische Schick-

Musée Nicéphore Niépce
28, Quai des Messageries,
71100 Chalon-sur-Saône,
Tel. 03 85 48 41 98, Fax 03 85 48 63 20,
contact@museeniepce.com, www.museeniepce.com
Täglich geöffnet außer Dienstag, 1. Januar, Ostermontag,
1. Mai, 8. Mai, Christi Himmelfahrt, Pfingstmontag, 14. Juli, 15. August (außer er fällt auf einen Sonntag), 1. November,
11. November, 25. Dezember von 9.30 bis 11.45 und 14 bis

17.45 Uhr (September bis Juni) und 10 bis 12.30 und 13.30 bis 18 Uhr (Juli/August). Gratiseintritt am ersten Sonntag im Monat ab 15 Uhr und mittwochs. Führungen nach schriftlicher Anfrage und über das Office du Tourisme de Chalon-sur-Saône, Tel. 03 85 48 37 97.

La Maison de la Première Photographie
Rue Nicéphore Niépce, 71240 Saint-Loup-de-Varennes (auf der Route Nationale Nr. 6 zwischen Chalon-sur-Saône und Tournus), Tel. 03 85 94 84 60, http://niepce.com – Im Sommer meist geöffnet von Dienstag bis Sonntag von 12 bis 21 Uhr. Achtung: Öffnungszeiten können sich ändern! – *Seit 1999 hat der Gründer der in Paris ansässigen Fotoschule SPEOS, Pierre-Yves Mahé, den Teil des Hauses ›Le Gras‹ gepachtet, in dem Niépce seine Experimente nachweislich machte. Somit ist der ehemalige Familienbesitz Niépces ein fotografisches Ausbildungs- und Forschungszentrum geworden, das sich zur Aufgabe gemacht hat, Niépces Arbeitsbedingungen und Experimente anhand der erhaltenen Korrespondenz und der Schriften des Erfinders zu rekonstruieren. Leider haben sich der ursprüngliche Ort, von wo aus Niépce seinen ›Blick aus dem Fenster‹ festhielt, und auch der Ausblick an sich verändert.*

sal eines unermüdlichen, eifrigen, ehrlichen aber verkannten Forschers, der der Fotografie zum Durchbruch mitverhalf. Völlig verarmt starb er 1833, ohne dass seine Verdienste anerkannt worden waren.

GLAUBENSGEMEINSCHAFTEN IM AUFWIND? – RELIGIÖSE ZENTREN HEUTE

Burgund ist bekannt für seine vielen mittelalterlichen Kirchen und Klöster, die Zeugen einer Blütezeit der christlichen Religion und Kultur sind. Doch auch hier geht die Zahl der Gläubigen zurück, und mancher Kirchenraum wird inzwischen als Konzertsaal oder Museum genutzt. Hört man sich jedoch in Burgund ein wenig um, erfährt man, dass hier in der zweiten Hälfte des 20. Jahrhunderts verschiedene Glaubensrichtungen und spirituelle Strömungen Fuß gefasst haben.

Vielleicht am bekanntesten ist die Gemeinschaft von Taizé, die im Geiste des heiligen Benedikt eine zeitgemäße Form des Mönchtums zu verwirklichen sucht und zu der jährlich tausende junge Menschen aus der ganzen Welt pilgern. Wer weiß aber, dass einer der größten buddhistischen Tempel Europas in Burgund steht? Wer hat schon von der ›Gemeinschaft des Heiligen Johannes‹ gehört, die ein Dominikanerpater auf Wunsch seiner Studenten gegründet hat und in die junge Männer aus ganz Europa und Übersee aufgenommen werden möchten?

Taizé – Ort der Gemeinschaft und der Versöhnung

Rund zehn Kilometer nördlich von Cluny verlässt man die Route Départementale 981, windet sich einen Hugel empor und erreicht schließlich das kleine, verschlafen wirkende Dorf Taizé mit seinen sandsteinfarbenen, einfachen Häusern. Am Ende des Dorfes angelangt, fallen die vielen Parkplätze, die großen weißen Zelte, die braunen, lang gestreckten Holzbaracken, der hölzerne Glockenturm und die Zwiebeltürme mit den russischen Kreuzen auf. Alles ist einfach, aber sauber und ordentlich. Überall trifft man freundlich grüßende Jugendliche in kleinen und größeren Gruppen an: engagiert debattierend, lachend, singend, putzend. Man hört die verschiedensten europäischen oder außereuropäischen Sprachen. Nur vereinzelt sieht man ältere Menschen. Auf den ersten Blick wirkt alles eher improvisiert, doch mit der Zeit merkt man, wie gut alles durchorganisiert ist.

Ich hatte im Vorfeld schon einiges über die Entstehung von Taizé gelesen. Als wir uns dem Ort näherten, gingen mir die Anfänge nochmals durch den Kopf. Der aus der französischen Schweiz stammende Frère Roger hatte bereits 1940, 25-jährig, ein Haus der Gastfreundschaft und des Gebets in Taizé eingerichtet. Unweit der Demarkationslinie zwischen der unbesetzten und der von den Deutschen kontrollierten Zone gelegen, war das Dorf ein idealer Ort, um Flüchtlinge, vor allem Juden, aufzunehmen. Nachdem die Gestapo das Haus mehrmals durchsucht hatte und Frère Roger in Lebensgefahr geraten war, kehrte er 1942 wieder in die Schweiz zurück und gründete in Genf eine kleine Gemeinschaft. Die calvinistische Gemeinde vor Ort äußerte dazu ihre Bedenken und hielt mit ihrer Kritik nicht zurück. Frère Roger versuchte ihr daraufhin zu erklären, dass eine Mönchsgemeinschaft mit den Glaubensgrundsätzen von Martin Luther und Calvin vereinbar sei. Er ließ sich von diesen Schwierigkeiten nicht entmutigen, im Gegenteil: 1944 kehrte er mit den ersten drei Brüdern nach Taizé zurück, um deutschen Kriegsgefangenen, später auch schwer erziehbaren Kindern zu helfen. Ostern 1949 legten die ersten sieben Brüder ihr ›Lebensengagement‹ in der kleinen, schlichten romanischen Dorfkirche ab: Leben in Gemeinschaft, Ehelosigkeit und Einfachheit.

Wir betreten den rechteckigen, einfach ausgestatteten Empfangspavillon und werden von Jugendlichen freundlich, aber unaufdringlich angesprochen. Ob wir das erste Mal da

Frère Roger und die Communauté von Taizé

Frère Roger (Roger Louis Schutz-Marsauche) wurde am 12. Mai 1915 in Provence, einem kleinen Ort im Schweizer Jura, als neuntes Kind eines Pastors geboren. Keime für die Vision einer gastfreundlichen Gemeinschaft in Vertrauen und Einfachheit wurden in Frère Roger bereits während seiner Kindheit gesät. Vorbild war ihm seine Großmutter, die während des Ersten Weltkrieges alte Menschen, Kinder und schwangere Frauen auf der Flucht in ihrem Haus aufnahm. Sie versuchte außerdem, die Glaubensströmung ihres evangelischen Ursprungs mit dem katholischen Glauben zu versöhnen, ohne ihre Familie zu verletzen. Die Überwindung der getrennten christlichen Konfessionen wird zum Lebensmotiv von Frère Roger.

Als 25-Jähriger, während des Krieges, fuhr Frère Roger von Lausanne aus, wo er evangelische Theologie studierte, mit dem Fahrrad nach Frankreich auf der Suche nach einem geeigneten Haus. Im halb verlassenen Taizé fand er das Passende: einen alten, verlassenen Gutshof. 1949 verpflichtete er sich mit einigen Mitbrüdern zu einer lebenslangen Gemeinschaft – ein Novum innerhalb der protestantischen Kirche, das von Seiten der protestantischen Glaubensgenossen teilweise auf Unverständnis stieß. 1952/53 schrieb Frère Roger die ›Regeln von Taizé‹ nieder, später die ›Quellen von Taizé‹ genannt, die gewissermaßen eine modernisierte Form der benediktinischen Regeln darstellen. Sie enthalten Richtlinien für das praktische Leben in der Gemeinschaft und sind Ausdruck der Geisteshaltung, aus der heraus ein gemeinsames Leben in Einfachheit und Glauben möglich ist.

Von Beginn an war es das Anliegen der Communauté, ein Zei-

Frère Roger, Begründer der Communauté von Taizé.

chen für die Ökumene, für eine ungeteilte Kirche zu setzen. Die Brüder waren jedoch nicht auf den großen Zustrom Jugendlicher vorbereitet. So reichte bereits Ende der 50er-Jahre die kleine romanische Dorfkirche in Taizé nicht mehr aus und es wurde eine größere Kirche oberhalb des Dorfes gebaut. Die neue ›Kirche der Versöhnung‹ wurde 1962 eingeweiht und 1990 erweitert. Heute leben rund 70 Brüder, Katholiken, Orthodoxe und Angehörige verschiedener evangelischer Kirchen aus über 25 Ländern, in Taizé. Darüber hinaus halten sich 30 in den Fraternitäten außerhalb von Europa, in Senegal, Brasilien, Bangladesch und Südkorea, auf. Mehrere Brüder sind Ärzte und Ingenieure, andere Musiker oder bildende Künstler, wieder andere sind Wissenschaftler, Informatiker, haben

sich auf Töpferei oder Buchherstellung spezialisiert.

Während des Zweiten Vatikanischen Konzils (1962–1965) war Frère Roger, zusammen mit dem Mitbruder Frère Max, ständiger Beobachter. Seit den 70er-Jahren reist er regelmäßig zu den Ärmsten der Armen in Südamerika, Asien und Afrika. 1978 begann die Tradition der europäischen Jugendtreffen, die jeweils zum Jahreswechsel in einer europäischen Stadt stattfinden.

Frère Roger erhielt bedeutende Auszeichnungen: 1974, ein Jahr nach Mutter Theresa, den Templeton-Preis und den Friedenspreis des deutschen Buchhandels, 1988 den Unesco-Preis für Friedenserziehung, 1989 den Internationalen Karlspreis der Stadt Aachen und 1992 den Straßburger Robert-Schuman-Preis für seinen Beitrag zum Aufbau Europas.

Gebet mit den berühmten Gesängen in der Versöhnungskirche.

seien? Ja, wir möchten den Ort gerne kennen lernen. Ein 20-jähriger Deutscher aus Rheinfelden stellt sich sofort zur Verfügung. Gleich zu Anfang erläutert er uns anhand eines Planes, wo sich welche Räumlichkeiten auf dem Gelände befinden. Im Laden könnten Erzeugnisse gekauft werden, die die Brüder in ihrer kleinen Druckerei, Töpferei und Emaillewerkstatt herstellen. Gerne dürfen wir uns alles ansehen. Wenn wir Interesse hätten, könne er uns ein Video zeigen. Auf dem Weg zum Videoraum erfahren wir Genaueres über den geregelten Ablauf eines Taizé-Aufenthaltes, den Frère Roger Mitte der 1970er-Jahre einführte, nachdem die Jugendtreffen zu Happenings zu verkommen drohten.

Wir erfahren, dass die jungen Leute meist für eine Woche nach Taizé kommen. Die einzelnen Gruppen werden in verschiedene Gesprächskreise aufgeteilt, die dann jeweils von einem ›Animateur‹ geleitet werden. Der Tag ist gegliedert durch die drei Gebetszeiten morgens, mittags und abends in der großen Versöhnungskirche. Vormittags gibt es eine Bibeleinführung durch die Brüder der Gemeinschaft, danach die Möglichkeit für eine Zeit der Stille oder für Gruppengespräche. Nachmittags werden praktische Arbeiten verrichtet oder es finden Treffen zu speziellen, auch internationalen Themen statt. Außerdem nimmt das Üben der Chorgesänge einen wichtigen Platz im Tagesablauf ein. Wer einmal eine CD mit Taizé-Gesängen angehört hat, kann nachvollziehen, dass diese Qualität ohne Stimmschulung nicht möglich wäre. Inzwischen haben sich die Gesänge über die ganze Welt ausgebreitet und werden nicht nur in Europa, sondern auch in Nord- und Südamerika, Afrika, Asien und Australien gesungen.

Unser Begleiter legt ein Video älteren Datums ein. Eindrücklich ist es, den Güte ausstrahlenden, bescheiden wirkenden Frère Roger im Video zu sehen. Nicht Argumente, sondern gelebte Erfahrungen sind es, die die Jugendlichen ansprechen. Seine Worte klingen in uns nach. Er möchte zwar ein Beispiel sein, nimmt aber nicht in Anspruch, ein unerreichbares Vorbild zu sein. Es ist, als hörte man seine Worte, wie sie in zahlreichen Büchern aufgezeichnet sind: »Verzeihen, immer wieder verzeihen, darin liegt die äußerste Form der Liebe [...] Du verzeihst, nicht um den anderen zu ändern, sondern einfach um Christus nachzufolgen. Sich versöhnen heißt, das Evangelium voll und ganz befolgen [...] und dadurch wird in die ganze Menschheitsfamilie ein Sauerteig des Friedens und der Versöhnung eingemengt.« Das Video vermittelt auch anschaulich die Stimmung unter den Jugendlichen, die Taizé aufsuchen. Junge Menschen aus Frankreich, Polen, Deutschland, Brasilien, dem Kongo kommen zu Wort. Sie würden hier auf Gleichgesinnte, auf Suchende treffen, betonen die meisten von ihnen. Alle scheinen von diesem Ort erfüllt und begeistert zu sein, dessen Reiz wohl aus einer Mischung von abenteuerlichem Zeltleben, internationalem Flair und religiösem Austausch besteht. Ein Phänomen, das uns neugierig macht. Nach der Videovorführung verabschiedet sich der junge Deutsche von uns, da weitere Aufgaben auf ihn warten.

Es ist klar: Der Erfolg von Taizé beruht auf den jungen Menschen, die jedes Jahr hierher kommen – auf der Suche nach Begegnung und einem authentischen Glauben. Inzwischen ist hier alles, wie z.B. die einfachen Speiseangebote und Übernachtungsmöglichkeiten, mehr oder weniger auf die Jugendlichen ausgerichtet. Und deshalb fühlen sie sich wohl.

Die Sonne steht im Zenit, sie ist an diesem Herbsttag besonders warm und intensiv. Die Glocken der Versöhnungskirche erklingen und kündigen das Mittagsgebet an. In den halbdunklen Kirchenraum strömen die jungen Menschen und nehmen Platz, auf dem Boden, auf den seitlichen Treppen oder auf Gebetshockern. Vorne im Altarbereich brennen Kerzen in wabenförmigen, übereinander geschichteten Backsteinen; große, orangefarbene, sich nach oben verjüngende Tücher sind aufgehängt und hüllen den Raum in

*Gleich zu Anfang fallen die weißen Zelte und die braunen
Holzbaracken auf. Alles ist einfach, aber sauber und ordentlich.*

warme Rottöne ein. Eine Ikone ist vorne links, das bemalte
Kruzifix und der Heilige Franziskus rechts zu erkennen. In
der Mitte der Kirche ist ein langer, rechteckiger, durch grüne Topfpflanzen abgegrenzter Bereich. Nach und nach kommen von vorne die Brüder in ihren weißen, langen Gewändern herein und nehmen entweder auf den Gebetshockern
oder auf den Stühlen Platz. Die zarte Gestalt des Frère Roger
kommt, sich auf einen jüngeren, hoch gewachsenen Bruder
stützend, herein und begibt sich langsam in den hinteren Teil
der Kirche.

Dann heben die Gesänge an, begleitet von einer Gitar-
re und hin und wieder unterbrochen von der hellen, klaren
Stimme eines Vorsängers. Es sind einfache Lieder wie ›Halle-
luja‹, in die jeder einstimmen kann. Wir beobachten die Jugendlichen in unserer Nähe. Man hat das Gefühl, dass sie mit
tiefer Inbrunst und völliger Hingabe singen. Irgendwie gehen
einem diese Gesänge unter die Haut. Nur wenige Worte des
Gebets, der Besinnung werden von den Brüdern in den verschiedenen Sprachen gesprochen. Die etwas heisere, gebro-

Aus den ›Quellen von Taizé‹

»Du willst um Christi und des Evangeliums willen dein Leben hingeben – denk daran, dass du auch noch in deiner eigenen Nacht mit ihm auf das Licht zugehst.
Verzichte also darauf zurückzuschauen und laufe in den Spuren Jesu Christi. Er führt dich auf einen Weg des Lichts: Ich bin, aber auch: Ihr seid das Licht der Welt.
Du möchtest vielen anderen die Wege des Herrn Jesus Christus bereiten, willst selbst noch in den Nächten der Menschheit ein Feuer entzünden.
Du weißt, Jesus Christus ist für alle, nicht nur für einige gekommen; er hat sich ausnahmslos an jeden Menschen gebunden. Eine solche Katholizität des Herzens hat Gott in dich gelegt.
Lässt du in dir ein Leben wachsen, das weder Anfang noch Ende kennt? Dort gelangst du an die Tore der Freude des Evangeliums, und in ihr wurzelt die Solidarität mit den Menschen. [...]
Der gemeinsame Einsatz spornt dich an – freue dich, du bist nicht mehr allein, in allem gehst du den Weg mit deinen Brüdern. Mit ihnen bist du berufen, das Gleichnis der Gemeinschaft zu verwirklichen.«
Aus Frère Roger: ›Die Quellen von Taizé‹, Freiburg 2000.

chene, zarte Stimme von Frère Roger ist zu erkennen. Dann folgen zehn Minuten des Schweigens. Ernste, erhabene Stille. Viele sitzen in sich versunken, manche scheinen sogar einzunicken. Es ist aber mucksmäuschenstill, kein Rascheln oder Tuscheln. Die Lieder scheinen im weiten Kirchenraum nachzuhallen und im eigenen Inneren weiterzuklingen.

Wie aus weiter Ferne beginnt wieder der Vorsänger, dann setzt der ganze Chor der kräftigen Stimmen ein. Man meint, die Intensität der Sammlung nehme zu, dann scheint sie nach und nach abzuklingen. Nun kommt Frère Roger nach vorne, umgeben von einer kleinen Kinderschar, gefolgt von den Brüdern. Langsam und würdevoll verlässt er den Raum, begleitet von den Gesängen. Während weitergesungen wird, leert sich die Kirche nach und nach.

Es ist Mittagszeit. Vor der Essensausgabe bilden sich Schlangen. Wir fragen uns: Wie mag das im Sommer organisiert sein, wenn rund 3 000 bis 6 000 Jugendliche nach Taizé kommen? Von unserem jungen Führer hatten wir erfahren, dass im Moment nur etwa sechshundert da seien. Es gibt zwei Essen zur Auswahl – mit oder ohne Fleisch. Wir entscheiden uns für das vegetarische. Eine etwas merkwürdige Kombination aus einem ganz passablen Tomatenrisotto mit Ei, Baguetteschnitten, einer kleinen Portion Streichkäse, einem Apfel und zwei eingeschweißten bretonischen Butterkeksen wird von gut gelaunten Jugendlichen auf Plastiktabletts verteilt. Das frugale Mahl, das wohl nicht jedermanns Sache ist, nehmen wir auf einer der Holzbänke im Schatten ein.

Wir wollen Taizé nicht verlassen, ohne mit einem der Brüder gesprochen zu haben, und bekommen einen Termin mit Frère Bernhard, der aus Deutschland stammt. Gleich zu Anfang entschuldigt er sich, dass er leider nur eine halbe Stunde Zeit habe. Er geht lebhaft und offen auf unsere Fragen ein. Gleichzeitig wirkt er bescheiden, nicht missionierend. »Bruder Emil könnte viel besser auf unsere Fragen antworten, da er mehr Erfahrung mit Publikationen hat.« Doch er sei gerade nicht da.

Uns interessiert, warum seit Jahrzehnten so viele Jugendliche Jahr für Jahr Taizé aufsuchen. Sie seien selbst erstaunt, dass immer wieder so viele kommen, sagt Frère Bernhard bescheiden und verschmitzt zugleich. Die Jugendlichen, überwiegend im Alter zwischen 17 und 25 Jahren, würden hauptsächlich aus allen europäischen Ländern, in den letzten Jahren vermehrt auch aus Übersee anreisen. Bruder Bernhard erklärt uns, dass sie den Jugendlichen kein Konzept geben, sondern sich einfach viel Zeit nehmen, ihnen zuzuhören. So würden immer einige Brüder nach dem Abendgebet in der Versöhnungskirche bleiben – bereit, Gespräche mit denjenigen zu führen, die etwas auf dem Herzen haben. Wie Frère Bernhard auf unsere Fragen direkt eingeht und wie er klar, unprätentiös und ohne Umschweife das Wesentliche in wenigen Worten sagt, kann ich mir bestens vorstellen, dass dies die jungen Menschen anspricht. Das Erfolgsrezept dieses Ortes ist wohl, dass die Jugendlichen wahrgenommen werden, ihnen jemand voll und ganz zuhört wie selten an einem anderen Ort. Da fällt mir ein Text ein, den ich am Tag zuvor gelesen hatte. Einer der Brüder hatte die Quintessenz von Taizé so formuliert: »Vertrauen ist in Taizé ein Schlüsselwort. Es mag eines der anspruchslosesten, alltäglichsten und einfachsten Wörter sein, die es gibt, aber zugleich ist es das wesentlichste. Im Vertrauen liegt das Geheimnis der Liebe, das Geheimnis der Gemeinschaft und schließlich das Geheimnis Gottes, der dreifaltig, der dreieinig ist« (Olivier Clément: ›Taizé – Einen Sinn fürs Leben finden‹, Freiburg 1999). Es klingt vielleicht banal, doch wenn man vor Ort ist, spürt man dieses Phänomen des Vertrauens an jeder Ecke.

Neben dem Vertrauen scheint hier auch Verantwortung etwas Wichtiges zu sein. Im Gespräch mit Frère Bernhard fiel dieser Ausdruck mehrmals. So werde jeder angehalten, ein Stück weit Verantwortung zu übernehmen, erklärt er mir und schaut mir ganz direkt in die Augen. Jeder gebe etwas von sich. Auf die Frage, warum so viele Jugendliche nach Taizé kommen, führt er weiter aus, dass die Jugendlichen sehen würden, dass die Gemeinschaft von Taizé trotz großer Einfachheit eine große Freude entwickle und in Harmonie zusammenlebe. Jeder helfe dem anderen, damit er seinen Platz finde und Verantwortung übernehmen könne. Ihnen sei aber auch klar, dass sie keine fertigen Antworten auf die Weltprobleme geben könnten. Sie möchten aber diejenigen begleiten, die auf der Suche nach den Quellen des Glaubens sind. Die zentrale Achse bilden die einfachen, schlichten Gesänge, wenige gesprochene Worte. Hat man diese Gesänge einmal gehört, kann man dies in etwa nachempfinden.

Für Bruder Bernhard ist das Wesentliche, dass Taizé bei den Jugendlichen »einen Stein ins Rollen bringt und Anstoß gibt für das weitere Leben. Das Wichtige ist das Danach«. Die Erfahrungen in Taizé sollten in den Alltag einfließen. »Es darf nicht beim Gebet bleiben. Das Gebet gibt Kraft, danach kommt die Verantwortung.« Ihr Wunsch sei, dass die Jugendlichen wieder in ihre Gemeinden zurückkehren, sich dort engagieren und Verantwortung übernehmen. So werden die großen Jugendtreffen zur Jahreswende von den Jugendlichen auch intensiv in den jeweiligen Gemeinden vor Ort vorbereitet.

Ich frage nun Bruder Bernhard, warum die Gemeinschaft keine Spenden und Erbschaften entgegennimmt. Die Brüder arbeiten, da sie das Leben der gewöhnlichen Menschen teilen möchten und nicht außen vor sein wollen, so Bruder Bernhard. Auch ihm merkt man an, dass sie keine weltabgeschiedenen Mönche sind. Die weißen Kutten tragen sie nur während der Gebetszeiten. Daher sind die Brüder auf dem Gelände auch nicht auf Anhieb zu erkennen.

Zum Schluss sagt Frère Bernhard bescheiden: »Es ist schwer für uns, anderen zu erklären, was wir Brüder in Taizé machen.« Man müsse sich berufen fühlen, ein Leben in der Gemeinschaft zu führen. Ja, anders könne man diesen Weg nicht gehen. Seine ruhige Stimme, sein sicheres Auftreten, sein Leuchten in den Augen überzeugen. Mir kommt in den Sinn, was ich vor ein paar Tagen gelesen hatte: Für die Brüder bildet Frère Roger die Mitte, das Zentrum der Gemeinschaft, er steht somit nicht an der Spitze. Man merkt es Frère Bernhard an, dass er seine Kraft aus der Gemeinschaft schöpft.

Mit einem festen Händedruck verabschiedet er sich von uns. Nochmals entschuldigt er sich, dass er jetzt wegmüsse. Bevor wir abfahren, gehen wir noch einmal über den großen Platz vor der Versöhnungskirche. In uns klingen die Lieder des Mittagsgebets nach. Unterhalb des Hügels sehen wir den französischen Hochgeschwindigkeitszug TGV Lyon–Paris vorbeirauschen. Besinnung und Alltagsleben scheinen sich hier zu durchdringen. Auf der Heimfahrt legen wir im Auto eine CD mit Taizé-Gesängen ein.

La Boulaye – Tempel der tausend Buddhas Auf dem Weg von Toulon-sur-Arroux Richtung Autun im Norden entdeckt man zwischen den sanften, bewaldeten Hügeln auf einer kleinen Anhöhe zwei stattliche, farbenprächtige Gebäude. Ihr Stil und ihre Farbigkeit verraten sofort, dass sie aus einer anderen Kultur stammen. Der Wegweiser bestätigt unsere Vermutung: Es ist der buddhistische ›Tempel der tausend Buddhas‹. In den herkömmlichen Burgund-Reiseführern wird dieser Ort nur als Kloster oder Kuriosum kurz erwähnt. Ein Prospekt nennt dieses Zentrum gar ein Freilichtmuseum. Wir wollten Genaueres erfahren und haben einen Termin für eine Führung vereinbart.

Zunächst gehen wir durch das große, überdachte Eingangstor, das von einem goldenen, achtspeichigen Rad zwischen zwei Gazellen bekrönt ist. Die Betonkonstruktion wirkt noch unfertig und nackt. Überall wehen bunte Gebetsfahnen im Wind. Wir nähern uns den beiden großen Gebäuden. Der vordere, dreistöckige, quadratische Bau mit seinen drei geschwungenen Dächern leuchtet bereits von weitem in den Farben Rotbraun und Weiß, von nahem erkennt man die in Gold, Rot und Hellblau gehaltenen Ornamente. Es ist der ›Tempel der tausend Buddhas‹. Der große Vorplatz endet bei einem ovalen Brunnen, auf dessen oberstem Rand zwei Drachen thronen. Flankiert wird er von zwei kleineren, im Bau befindlichen Nebengebäuden. Etwas unterhalb des Tempels sehen wir ein großes, weißes, kuppelförmiges Denkmal: eine weiße Stupa, Reliquienschrein und buddhistisches Symbol der Erleuchtung zugleich. Direkt hinter dem Tempel befindet sich ein lang gestrecktes, gelbes Gebäude, in dem die Rezeption, ein Lädchen und ein Speisesaal untergebracht sind. Etwas versteckt hinter den beiden großen Gebäuden liegt ein

Treppe zum ›Tempel der tausend Buddhas‹ in La Boulaye.

herrschaftliches Anwesen mit vier Rundtürmen. Es ist das aus dem 18. Jahrhundert stammende Schloss Plaige.

Alles wirkt majestätisch und erscheint dabei wie ausgestorben. Kein Mensch weit und breit. Auch der Herr, mit dem wir uns telefonisch verabredet hatten, ist noch nicht da. So gehen wir zum Lädchen, um uns das Sortiment aus Kleidern, Malas, Thangkas und Büchern anzusehen. Nur die Verkäuferin, eine ältere Dame, und ihre Katze, die sich genüsslich sonnt, sind da. Als wir nach unserem Führer fragen, kann auch sie uns nicht weiterhelfen. Wir beschließen, die Zeit zu nutzen und schon mal in den Tempel zu gehen.

Der erste Stock ist für die Öffentlichkeit zugänglich. Von der Galerie aus blickt man in den bunt geschmückten Tempel hinab. Alle Wände sind mit farbenfrohen Malereien bedeckt; dargestellt sind mehrere Buddhas und Heilige sowie verschiedene buddhistische Symbole. Drei sieben Meter ho-

Buddha und der Buddhismus

Buddha wurde als Sohn eines Königs im 6. Jahrhundert v. Chr. in Indien geboren und Siddharta genannt. Viele Legenden umranken sein Leben. Bei seiner Geburt soll prophezeit worden sein, er würde entweder ein großer religiöser Führer oder ein mächtiger Herrscher werden.

Zunächst wuchs der Prinz, abgeschottet von der Welt und ihren Leiden, im Palast des Vaters auf, heiratete und hatte einen Sohn. Mit 29 Jahren entdeckte er auf vier heimlichen Ausfahrten die Leiden der Menschen: Er sah einen Alten, einen Kranken und einen Toten und begann über die leidvolle Situation der Welt nachzusinnen. Als er auf seinem vierten Ausflug einem Mönch begegnete, der ruhig und fried-lich seines Weges ging, war seine Entscheidung gefallen. Eines Nachts floh er aus dem königlichen Palast, um sich als Bettler auf die Suche nach einem geistigen Weg zu machen, der zu einem dauerhaften Glück führen sollte. Er suchte viele Lehrer auf, die ihn in den verschiedenen Meditationstechniken unterwiesen, und übte strenge Askese. Unter dem Bodhibaum fand er in tiefer Meditation die Erleuchtung. Er hatte damit die Antwort auf seine Fragen nach dem Sinn des Lebens gefunden, die sich ihm durch die Begegnung mit dem Leid in der Welt gestellt hatten. Von nun an wurde er Buddha, der Erwachte, genannt. Seinen ersten Schüler lehrte er die ›Vier Edlen Wahrheiten‹ vom Leiden, vom Ursprung des Leidens, vom Ende des Leidens und

he Statuen bilden den Altarbereich: der historische Buddha Sakyamuni in der Mitte, zu seiner Rechten Padmasambhava, der den Buddhismus nach Tibet gebracht hat, und links von ihm die grüne Tara, eine Schutzgottheit. Man könnte stundenlang die vielen akribisch ausgearbeiteten Details studieren ...

Versunken in unsere Betrachtung hören wir plötzlich Schritte. Ein kräftig gebauter Mann, etwa Anfang 40, kommt auf uns zu. Zögernd spricht er uns an. Ja, mit ihm hatten wir telefonisch den Termin vereinbart. Er entschuldigt sich für

vom Weg zum Beenden des Leidens durch den so genannten ›Achtgliedrigen Pfad‹. Grundsätzlich geht es darum, für Körper und Geist Leiden zu vermeiden und Glück zu erlangen. Kern der buddhistischen Praxis ist die Geistesschulung. Die Ausübung des Dharma, der buddhistischen Lehre, bedeutet im Wesentlichen, den geistigen Frieden zu erlangen.

Bis ins hohe Alter zog er lehrend durch Indien. Von dort aus breitete sich seine Lehre in fast ganz Asien aus: als so genannter Hinayana-Buddhismus nach Sri Lanka, Burma, Thailand und als so genannter Mahayana-Buddhismus nach China, Japan, Korea, Vietnam und Tibet. Um 1200 wurde der Buddhismus durch den Islam aus Indien verdrängt und war im 15. Jahrhundert gänzlich verschwunden. Erst im 20. Jahrhundert erfuhr er dort vor allem durch die tibetischen Flüchtlinge eine Wiederbelebung.

Blick vom ersten Stock in den Tempel mit der sieben Meter hohen Buddha-Statue.

seine Verspätung und zeigt auf sein knapp zwei Monate altes Baby, das friedlich in einem um seine Schultern gebundenen Wickeltuch schläft. Wir erfahren, dass das Zentrum gerade Ferien macht, alle Lamas verreist sind, keine Kurse und keine Rituale stattfinden. Schade! Deshalb ist alles so verwaist.

Wir möchten von ihm erfahren, wie es zur Gründung des Tempels in dieser abgelegenen Gegend Burgunds kam. Da man sich bisher noch nicht systematisch mit der Geschichte des Zentrums beschäftigt habe, könne er nur Weniges erzählen, sagt er entschuldigend gleich zu Anfang. Das Ganze

Der Drache als Glückssymbol
auf dem obersten Brunnenrand.

sei jedoch aus der Hippie-Bewegung entstanden. Wir stutzen. Zunächst ist er etwas zurückhaltend. Sie hätten immer wieder schlechte Erfahrungen mit Presse und Öffentlichkeit gemacht, erklärt er uns später.

Als Erstes dürfen wir in den Tempelraum hinein. An der Wand sind die zwölf wichtigen Ereignisse in Buddhas Leben dargestellt. Nach und nach merkt unser Gegenüber, dass wir wirkliches Interesse an diesem Ort und seiner Geschichte haben. Er taut langsam auf. Auf unsere gezielten Rückfragen antwortet er immer bereitwilliger. Er kommt sogar ins Plaudern.

Zu Beginn der 1970er-Jahre lebte eine so genannte Kommune in Schloss Plaige. Diese wollte Christentum und Buddhismus irgendwie miteinander verbinden. Es war die Zeit, als sich viele für Indien, Yogis und Buddhismus begeisterten. Sie hörten von einem in Bhutan lebenden buddhistischen Meister aus Tibet, genannt Kalu Rinpoche, der in den Westen, auch nach Frankreich kam. Sie luden ihn zu sich ein und er gab ihnen Unterricht. So entstand die Idee, an diesem Ort ein buddhistisches Zentrum aufzubauen. Es wurde 1974 mit dem Namen ›Dashang Kagyu Ling‹ (auf Deutsch: glücklicher Garten, in dem sich die Lehre Buddhas ausbreitet) gegründet. Es war der erste buddhistische Tempel in Europa, ja überhaupt in der westlichen Welt. Als Modell diente der erste buddhistische Tempel in Tibet. Unser Führer weist uns darauf hin, dass Künstler aus Bhutan, die die tibetische Kunst authentisch weiterpflegen würden, mit Hilfe von westlichen Schülern alles angefertigt hätten, auch die drei monumentalen Statuen im Tempel. 1987 wurde der ›Tempel der tausend Buddhas‹ eingeweiht. Normalerweise finden hier täglich Rituale statt. Heute können wir nur die vielen farbenprächtigen Darstellungen und Skulpturen der verschiedenen Buddhas und Heiligen bestaunen. Doch diese sind bereits eine Reise wert.

Unser Führer kommt nun so richtig in Fahrt. Viele Pariser Intellektuelle, Ärzte und Psychologen, aber auch Musiker und Künstler wie der berühmte 2004 verstorbene, zum Buddhismus übergetretene Fotograf Henri Cartier-Bresson, hätten die Aufbauarbeiten finanziell und ideell unterstützt. Über Mundpropaganda seien damals Hippies aus der ganzen Welt hierher gekommen, um beim Bau des Tempels mitzuhelfen. »Die Energie, die Kraft des Tempelbaus zog sie an. Sobald aber die Gebäude fertig waren, verschwanden sie.« Warum? Sie hätten gedacht, dass beim Buddhismus

Unterhalb des Tempels befindet sich die weiße Stupa, ein Reliquienschrein, der das buddhistische Symbol der Erleuchtung darstellt.

Kalu Rinpoche

Der Tibeter Kalu Rinpoche (1905–1989) wurde schon als Kind von seinem Vater, einem bedeutenden buddhistischen Gelehrten, in der Theorie und Praxis des tibetischen Buddhismus geschult. Mit 13 Jahren wurde er bereits ordiniert, mit 15 gab er die ersten öffentlichen Belehrungen. Als 16-Jähriger begab er sich erstmals zu einem dreijährigen Retreat in die Berge des Himalaya. Mit 25 zog er sich als Eremit für zwölf Jahre in den Himalaya zurück, um dort unter härtesten Bedingungen seine Meditationserfahrungen zu vertiefen. Insgesamt verbrachte er 30 Jahre zurückgezogen in der Bergeinsamkeit. Später wurde er Meditationsmeister und bildete viele Mönche zu Lamas, buddhistischen Lehrmeistern, aus. 1971 reiste er zum ersten Mal in den Westen, um zu unterrichten. Von da an führte er auf seinen ausgedehnten Reisen immer

Kalu Rinpoche.

mehr Menschen in die meditative Praxis des tibetischen Buddhismus ein und gründete zahlreiche Meditationszentren, unter anderem ›Dashang Kagyu Ling‹ in La Boulaye in Burgund.

Im September 1990 hat er sich in Darjeeling, Indien, wiederverkörpert und besuchte im Juli 1992 bereits als Zweijähriger die Meditationszentren, die er in seiner früheren Inkarnation in Frankreich gegründet hatte, so auch das in Burgund.

alles frei und locker sei. Als sie sahen, dass der buddhistische Weg mit viel Disziplin und Schulung verbunden ist, suchten sie das Weite, sagt unser Führer trocken, ein verschmitztes Lächeln ist auf seinem Gesicht zu erkennen. Aus seinen Ausführungen wird immer deutlicher, dass er selbst praktizierender Buddhist ist. Mit ein wenig Stolz weist er uns darauf hin, dass es heute ungefähr 500 000 Buddhisten in Frankreich gäbe. Der Kontakt zu den umliegenden Gemeinden habe sich auch mit den Jahren verbessert. Der Tempel sei nicht mehr ein Fremdkörper, sondern inzwischen eine touristische Attraktion, auf die in vielen Werbeprospekten hingewiesen wird. Das war uns bereits im Vorfeld aufgefallen.

Auf unsere Fragen über die Anfangszeit entschuldigt er sich immer wieder, dass er nichts Genaueres erzählen könne, da er erst Ende der 80er-Jahre dazugestoßen sei. Seitdem lebe er zusammen mit rund dreißig weiteren ›Résidents‹ auf dem Gelände, gehe einem Brotberuf nach und arbeite, wie die anderen auch, nebenher ehrenamtlich für das buddhistische Zentrum. Nach dem Lebensmotiv der hier Lebenden gefragt, antwortet uns unser Führer mit tiefer Überzeugung: »Das zentrale Anliegen ist die Praxis.« So beherbergt das weitläufige Gelände dieses Zentrums auch zahlreiche Klausurhütten – kleine Holzbaracken, die an Gartenhäuschen erinnern –, wo man sich für mehrere Monate bis zu drei Jahren zurückziehen kann. Diese Hütten liegen geschützt in einem Wäldchen und sind selbstverständlich nicht öffentlich zugänglich.

Von der Tempelgalerie aus, auf der sich auch die Bibliothek mit Texten von Buddha befindet, steigen wir über eine versteckte Treppe ein Stockwerk höher. Hier befindet sich ein kleiner Unterrichtsraum. Auch dieser ist farbenprächtig mit den verschiedensten Buddha-Darstellungen ausgemalt. Es sei kein Kloster, wie man manchmal lesen würde, betont er. Die vier aus Bhutan kommenden Lamas unterrichten den tibetischen Buddhismus. Sie werden von drei buddhistischen Nonnen aus dem Westen und drei westlichen Laien unterstützt. Das ganze Jahr über werden Kurse in tibetischem Buddhismus, Meditation, Yoga usw. angeboten und zum Teil dafür Lamas oder Meister nach La Boulaye eingeladen. Rund 7 000 Menschen, Buddhisten und Nicht-Buddhisten, reisen jährlich aus ganz Frankreich zu diesen Veranstaltungen an.

Wie aber trägt sich das Ganze, möchten wir wissen? Alles sei durch Spenden erst möglich geworden – und ist es auch heute noch. Während in Taizé explizit keine Spenden genommen werden, sind sie hier ausdrücklich erwünscht.

Bevor wir den Tempel wieder verlassen, sehen wir uns auf der anderen Seite der Galerie noch das durch einen Glaskasten geschützte Sandmandala an: ein eigener Kosmos aus geometrischen Formen und pflanzlichen Motiven. Es wurde in diesem Sommer mit farbigem Sand hergestellt. Man staunt über die unglaubliche Präzisionsarbeit und die harmonisch gestalteten Formen. In einem Jahr wird es wieder aufgelöst – als Zeichen der Vergänglichkeit.

Es ist vier Uhr. Unser Führer verabschiedet sich von uns. Er müsse nun das Empfangsbüro für eine Stunde betreuen. Das Baby schlummert tief. Es gibt keinen einzigen Laut von sich. Die stille, friedliche Atmosphäre ist mit Händen greifbar.

Rimont – Die Gemeinschaft des Heiligen Johannes

Wir hatten zufällig gehört, dass in Rimont, nicht weit von unserer Bleibe, junge Mönche leben, deren Gemeinschaft sich erst in den 1970er- oder 1980er-Jahren auf Initiative einiger Studenten gegründet habe. Neugierig geworden, fahren wir an einem Sonntagnachmittag dorthin.

Rimont liegt rund 20 Kilometer südwestlich von Chalon-sur-Saône. Die Landschaft wirkt karg und ist wenig bewaldet. Der Wind bläst über die sanften Hügel. Die etwas mageren Weiden sind von Hecken umgeben, hin und wieder trifft man auf eine Kuhherde beim Grasen oder Wiederkäuen. Kaum ein Gehöft weit und breit. Wir haben das Gefühl, durch eine Einöde zu fahren.

Das kleine Dorf Rimont versteckt sich hinter einer Hügelkuppe. Ein großes ummauertes Areal mit Kirche und weitläufigen Klostergebäuden fällt sofort ins Auge. Wir betreten das Gelände und nähern uns dem Eingangsbereich, wo wir sogleich von zwei jungen Mönchen in dunkelgrauer Robe freundlich begrüßt werden. Auf unsere Frage, ob wir etwas über diesen Ort und ihre Mönchsgemeinschaft erfahren dürften, stellen sie sich sofort zur Verfügung und laden uns unverzüglich zum Kaffee in ihren Aufenthaltsraum ein. Der kleinere, dunkelhaarige Mönch mit Brille, Salvatore aus Mexiko, bereitet uns einen Espresso zu, während uns der aus Belgien stammende, hoch gewachsene und schlanke Jean-Emmanuel lebhaft schildert, wie es zur Gründung dieser ›Gemeinschaft des Heiligen Johannes‹ kam.

Fünf Studenten der Universität Fribourg in der Schweiz beschlossen im Jahr 1975, eine religiöse Gemeinschaft zu gründen, und baten ihren Philosophie-Lehrer, den Dominikaner-Pater Marie-Dominique Philippe, dieses Vorhaben spirituell zu begleiten. Er fühlte sich zunächst nicht berufen, die Verantwortung für diese Gemeinschaft zu übernehmen, und nahm auch nicht am Gemeinschaftsleben teil. Er dachte auch gar nicht daran, eine neue Ordensgemeinschaft zu gründen. Aber er begann, eine Kongregation (eine ordensähnliche Gemeinschaft mit päpstlicher oder zumindest bischöflicher Genehmigung) für diese ›Brüder‹ zu suchen. Einzeln hätten sie Aufnahme gefunden, jedoch nicht als Gruppe. Sie wollten aber als Gemeinschaft zusammenbleiben.

Inzwischen ist der Espresso fertig. Wir setzen uns. Jean-Emmanuel fragt uns, ob wir Marthe Robin kennen. Wir verneinen. Sie habe eine große Rolle für ihren Orden gespielt, erklärt er uns. 1930 habe sie die Wundmale Christi empfangen. Sie sei die Gründerin der ›Foyers de Charité‹. Pater Philippe kannte sie gut und habe sie um Rat gefragt, ob er eine neue Ordensgemeinschaft gründen solle. Sie habe ihn ermuntert, auf jeden Fall auf die Bitten der Studenten einzugehen.

Die erste offizielle Anerkennung erfolgte 1978. Damals wurde auch der Name ›Gemeinschaft des Heiligen Johannes‹ gewählt. Pater Philippe verfasste die Lebensregel, die sich am Gebet Christi im 17. Kapitel des Johannes-Evangeliums orientiert. Der Abt des Zisterzienserklosters von Lérins, einer Mittelmeerinsel vor Cannes, erhielt vom Vatikan die Erlaubnis, die Angliederung der Brüder an seine Abtei als ›Experiment‹ durchzuführen. Sieben Jahre waren sie dieser Abtei unterstellt.

Wie kam es, dass die Gemeinschaft nach Frankreich, nach Burgund kam, fragen wir weiter? Inzwischen waren es 80 Brüder, die auf verschiedene Häuser in Fribourg verteilt waren. Die meisten von ihnen waren Franzosen. Der Bischof von Autun bot ihnen die Seminargebäude von Rimont an. So zog die Gemeinschaft 1982 dorthin. Inzwischen seien es rund 500 Brüder, davon ungefähr 240 in Ausbildung. Wir

---

Zum Namen der ›Gemeinschaft des Heiligen Johannes‹

Als Pater Philippe von der Kongregation für Ordensgemeinschaften in Rom gefragt wurde, welchen Namen er der neuen Ordensgemeinschaft geben wolle, fiel ihm nur einer ein, wie er selbst sagte: ›Gemeinschaft des Heiligen Johannes‹. Rom erkannte diesen Namen an. Obwohl Pater Philippe Dominikaner und von der Lehre des Thomas von Aquin stark geprägt ist, fühlt er sich mit Apostel Johannes eng verbunden. Der heilige Dominikus und der heilige Johannes stehen in seinen Augen einander sehr nahe. Durch das Johannes-Evangelium komme man dem Geheimnis Christi näher, die ›Theologische Summe‹ des Thomas von Aquin, einer der bedeutendsten mittelalterlichen Vertreter des Dominikanerordens, »ermöglicht uns, unsere Vorstellungskraft und unseren Verstand zu läutern, um diese in den Dienst Jesu und seiner Liebe zu stellen«, erklärt Pater Philippe diese Beziehung.

Weiter führt Pater Philippe in der deutschen Broschüre über den Orden aus: »Jesus verlangt heute von seinen Jüngern, von seinen Freunden, die Treue bis zum Ende: dass sie dem Lamm folgen (siehe Offenbarung des Johannes 14,4) und aus seinem Geheimnis der Auferstehung und der Herrlichkeit leben, indem sie ihren Blick nur auf Ihn richten und Ihm nachfolgen. Dies bedeutet der Name des heiligen Johannes für uns.«

Kirche der ›Gemeinschaft des Heiligen Johannes‹,
Rimont.

sind erstaunt, dass es so viele junge Brüder sind. »Wenn der
Ruf Gottes erfolgt ...«, erklärt uns Salvatore geheimnisvoll.
Mit einem viel sagenden Blick unterstreicht er die Aussage.
Heute bestehen bereits 50 Priorate in 18 Ländern. Stolz zeigen uns beide an der Wand Fotos von den einzelnen Priora-
ten in Afrika, Südamerika, Asien, den USA und Osteuropa.
Rimont ist aber das Mutterhaus geblieben. Nach dem Noviziat in Saint-Jodard in der Auvergne kommen die Brüder hierher, um ein gemeinschaftliches Leben in Gebet und Studium
zu führen. Hier schließen sie auch ihr dreijähriges Theologiestudium ab, um anschließend auf Mission in eines der Priorate zu gehen.

Ein besonderes Anliegen der Gemeinschaft ist die Lehr-
und Predigttätigkeit, aber auch die Jugend- und Familien-
arbeit, die Seelsorge an Schulen und Universitäten und die
Missionstätigkeit in vielen Ländern.

Unsere beiden Mönche scheinen mit sich und der Welt

zufrieden zu sein. Sie sind ernst und heiter zugleich. Ihre strahlenden Gesichter wirken nicht aufgesetzt. Wir gehen die Treppen hoch und sie zeigen uns stolz den großen Vorlesungssaal des neuen Gebäudes, das noch nach frischer Farbe riecht. Salvatore und Jean-Emmanuel absolvieren gerade ihr dreijähriges Theologiestudium in Rimont. In der Gemeinschaft werde sehr viel Wert auf die Ausbildung gelegt.

Um uns Laien eine Vorstellung von der Ausbildung zu geben, schildert Jean-Emmanuel die einzelnen Schritte. Auf das Postulat folgt das 18-monatige Noviziat, das in eine philosophische und eine theologische Ausbildung gegliedert ist. Nach sechs Monaten wird die so genannte Einkleidung vollzogen. Zunächst legt man zeitlich begrenzte Gelübde ab; erst nach der einfachen ›Profess‹ (Ablegen der Gelübde) besteht die Möglichkeit zum ewigen Gelübde. Dann könne die Priesterweihe erfolgen. Nicht alle Brüder seien Priester, zurzeit haben rund 160 Ordensmitglieder die Priesterweihe empfangen.

Nun begutachten wir noch die Ordensgewänder von

Marthe Robin

Marthe Robin wurde 1902 in Châteauneuf-de-Galaure in Südfrankreich geboren und wuchs auf einem Bauernhof auf. Nach einer fröhlichen, stark vom Glauben geprägten Kindheit war ihr Leben ab dem 16. Jahr zunehmend von Krankheiten geprägt. Später war sie, an Armen und Beinen gelähmt, völlig ans Bett gefesselt. Mit 23 Jahren beschloss sie, ihr ganzes Leben Gott zu weihen.1930 traten die Wundmale Christi bei ihr auf und sie durchlebte jede Woche die Passion Christi. Aufgrund ihrer Lähmung konnte sie nicht mehr schlucken. Ihre einzige ›Nahrung‹, die sie noch zu sich nahm, blieb bis zu ihrem Tod am 6. Februar 1981 die heilige Eucharistie. Zusammen mit Pater Finet gründete sie 1936 die ›Foyers de Charité‹, eine Gemeinschaft mit der Aufgabe, Exerzitien für Laien, Priester und Ordensleute zu organisieren. 18 Jahre lang leitete Pater Philippe die Exerzitienkurse in den ›Foyers de Charité‹ von Châteauneuf, nachdem es 1946 zu einer Begegnung mit Marthe Robin gekommen war.

Pater Marie-Dominique Philippe

Der Gründer der ›Gemeinschaft des Heiligen Johannes‹ wurde am 8. September 1912 als achtes von zwölf Kindern in der Nähe von Lille, im Norden Frankreichs, geboren und wuchs in einer sehr religiösen Familie auf. Mit 18 Jahren trat er in den Orden der Dominikaner ein. Sein Onkel, der ebenfalls Dominikaner war, übte als geistliches Vorbild einen starken Einfluss auf ihn aus.

Von 1931 bis 1938 studierte Philippe Philosophie und Theologie in Belgien. Später unterrichtete er 34 Jahre lang, von 1948 bis 1982, an der Universität Fribourg in der Schweiz und hatte dort den Lehrstuhl für Antike Philosophie und Metaphysik inne. Seit seiner Emeritierung lehrt er in den Ausbildungshäusern der ›Gemeinschaft des Heiligen Johannes‹ weiterhin Philosophie und Theologie. Seit 1986 ist er Generalprior der ›Gemeinschaft des heiligen Johannes‹, obwohl er Dominikaner geblieben ist.

Pater Marie-Dominique Philippe.

Jean-Emmanuel und Salvatore, in denen sie beide so würdevoll aussehen. Die graue Farbe komme ursprünglich von den Zisterziensern, es sei die Arbeitskleidung der Mönche von Hauterives, einer Zisterzienser-Abtei in der Nähe von Fribourg, erklären sie uns. Von nahem sieht man, dass der Stoff verhältnismäßig dünn ist. Dicke Wollpullover schauen aus Kragen und Ärmeln unserer beiden Mönche heraus. Lachend erklärt Jean-Emmanuel, dass die großen Klosterräume sehr kühl und schwer zu heizen seien. Deshalb auch die dicken Wollsocken an den Füßen.

Salvatore weist uns noch freundlich und unaufdringlich darauf hin, dass wir jederzeit wiederkommen könnten. Es gäbe Wochenenden oder Wochen, die unter einem bestimmten Thema stehen, aber auch Einkehrtage, an denen Laien teilnehmen könnten. Man nehme dann am Tagesrhythmus und Klosterleben der Brüdergemeinschaft teil. Er verabschiedet sich mit festem Händedruck.

Jean-Emmanuel zeigt uns zum Schluss noch die Kirche. Am Eingang ziehen gerade zwei Brüder kräftig an den Glockenseilen und ein warmer, heller Glockenklang umfängt uns. Es ist 16 Uhr. Das Kircheninnere ist von einem Halbdunkel erfüllt. Langsam gewöhnen sich unsere Augen an das Dämmerlicht. Es ist eine schlichte Kirche. Überall ist das ockergelbe Steinmauerwerk zu sehen. Nun verabschiedet sich auch Jean-Emmanuel von uns. Er müsse jetzt den Gottesdienst vorbereiten. Wir schauen ihm noch eine Weile zu, wie er die Altarkerzen nach und nach anzündet. Inzwischen hat er das Weltliche hinter sich gelassen und ist ganz bei seiner Aufgabe.

Der kleine Rundgang und das Gespräch haben gezeigt, dass Rimont ein klassisches katholisches Kloster mit Ausbildungsstätte ist, anders als Taizé, wo die Brüder einerseits ihren Lebensunterhalt selbst verdienen und sich andererseits um die Seelsorge der Jugendlichen kümmern müssen, die fast das ganze Jahr kommen. In Rimont finden eine klar strukturierte theologische Ausbildung für die Brüder und Einkehrtage für Erwachsene statt, wie es inzwischen viele katholische Klöster anbieten. In Taizé werden fast das ganze Jahr Jugendtreffen organisiert, bei denen neben den Gesprächen die Gesänge eine tragende Rolle spielen. Beide Orte verbinden die Offenheit gegenüber Besuchern und Gästen mit der gelassenen Freude im alltäglichen Tun.

Wir kehren zum Eingang zurück, zufrieden, für kurze Zeit ein wenig Klosterluft geschnuppert zu haben.

Communauté de Taizé

71250 Taizé-Communauté,
www.taize.fr

Jugendtreffen: Tel. 03 85 50 30 03 (Montag bis Freitag von
11 bis 12 und 18 bis 19 Uhr, Samstag von 11 bis 12 Uhr),
Fax 03 85 50 30 16. – *Communauté:* Tel. 03 85 50 30 30,
Fax 03 85 50 30 15.
*Zweimonatlich wird der ›Brief aus Taizé‹ in vielen Sprachen mit
Berichten, Meditationen, Bibelstellen für jeden Tag per E-Mail
verschickt und kann unter www.taize.fr/taizenews.htm
abonniert werden.*

Dashang Kagyu Ling

Château de Plaige, 71320 La Boulaye,
Tel. 03 85 79 62 53 oder 03 85 79 62 52 (Besucherinformation),
Fax 03 85 79 62 56, accueil.temple@wanadoo.fr,
dashang.kagyu.ling@wanadoo.fr, www.mille-bouddhas.com
Öffnungszeiten des Tempels: Täglich 14.30 bis 17 Uhr, am Wochenende und an Feiertagen: 14.30 bis 18 Uhr (Winter) und
14.30 bis 18.45 (Sommer); Juli/August und während der Schul-
ferien: 10 bis 12 und 14.30 bis 18.45 Uhr. (Gruppen-)Führungen
nur nach schriftlicher Anmeldung (per Brief, Fax oder E-Mail). –
*Während bestimmter Zeremonien kann der Tempel ausnahms-
weise geschlossen sein. Das Abendritual ist öffentlich und findet, außer mittwochs, täglich um 18 Uhr (im Winter) und um
19 Uhr (im Sommer) statt.*

Gemeinschaft des Heiligen Johannes –
Congrégation Saint-Jean

Notre-Dame de Rimont, 71390 Fley, Tel. 03 85 98 18 98,
Fax 03 85 98 11 54, rimont@stjean.com, www.stjean.com
*Regelmäßig finden Einkehrtage am Wochenende statt. Sie be-
ginnen am Freitag um 20 Uhr und enden am Sonntag gegen
17 Uhr.*

Quellen und weiterführende Literatur

Gallier, Römer und Burgunder – Spuren aus der Anfangszeit

ALESSANDRA ANTONINI: Les origines de l'abbaye de Saint-Maurice d'Agaune – un héritage à étudier et protéger, in: ›Kunst und Architektur in der Schweiz‹ Nr. 3/2003, S. 23–29.

LAETITIA BOEHM: Geschichte Burgunds. Politik, Staatsbildungen, Kultur, Kohlhammer Verlag, Stuttgart, Berlin, Köln, Mainz 1979.

JULIUS CÄSAR: Der Gallische Krieg – De Bello Gallico. Lateinisch-deutsch, hrsg. und übersetzt von Otto Schönberger, Artemis und Winkler Verlag, Düsseldorf, Zürich 2000.

HELMUT DOMKE: Burgund, Prestel Verlag, München 1980.

HENRI DROUOT, JOSEPH CALMETTE: Histoire de Bourgogne, Boivin, Paris 1928.

JUSTIN FAVROD: Les Burgondes. Un royaume oublié au cœur de l'Europe, Presses polytechniques et universitaires romandes, Lausanne 2002.

DIONE FLÜHLER-KREIS: Mauritius – heiliger Ritter, Mohr und Reichspatron, in: ›Kunst und Architektur in der Schweiz‹ Nr. 3/2003, S. 16–22.

VINCENT GUICHARD: Bibracte. Capitale gauloise sur le Mont Beuvray. Guide de visite, site archéologique et musée, Bibracte, Centre archéologique européen, Glux-en-Glenne 2003.

CHRISTIAN GOUDINEAU, CHRISTIAN PEYRE: Bibracte et les Eduens. A la découverte d'un peuple gaulois, Editions Errance, Paris / Centre archéologique européen du Mont-Beuvray, Glux-en-Glenne 1993.

HANS-RUDOLF MEIER: Romanische Schweiz, Zodiaque Echter Verlag, Würzburg 1996.

HEINRICH PLETICHA: Burgund. Spurensuche im Land der Klöster und der großen Herzöge, Herder Verlag, Freiburg, Basel, Wien 1992.

JEAN-MICHEL ROESSLI: Le martyre de la Légion Thébaine. Culte et diffusion de l'Antiquité tardive au Moyen Age, in: ›Kunst und Architektur in der Schweiz‹ Nr. 3/2003, S. 6–15.

In Stein gehauenes Christentum – Blütezeit der Romanik

BENEDIKT: Die Regel des heiligen Benedikt, hrsg. im Auftrag der Salzburger Äbtekonferenz, Beuroner Kunstverlag, Beuron [7]1990.

ANNE BAUD: Cluny. Un grand chantier médiéval au cœur de l'Europe, Editions Picard, Paris 2003.

HORST CRAMER, MANFRED KOOB: Cluny. Architektur als Vision, Edition Braus, Heidelberg 1993.

PETER DINZELBACHER: Bernhard von Clairvaux. Leben und Werk des berühmten Zisterziensers, Primus Verlag, Darmstadt 1998.

THORSTEN DROSTE: Burgund. Kernland des europäischen Mittelalters, Hirmer-Verlag, München 1993.

THORSTEN DROSTE: Burgund. Klöster, Schlösser, historische Städte und die Kultur des Weinbaus im Herzen Frankreichs, DuMont Reiseverlag, Köln ³2003.

GEORGES DUBY: Die Kunst der Zisterzienser, Klett-Cotta, Stuttgart 1993.

RAYMOND OURSEL: Romanisches Burgund, Echter Verlag, Würzburg 1996.

RÉGINE PERNOUD: Heloise und Abaelard. Ein Frauenschicksal im Mittelalter, Deutscher Taschenbuch Verlag, München 1994.

HEINRICH PLETICHA: Burgund. Spurensuche im Land der Klöster und der großen Herzöge, Herder Verlag, Freiburg, Basel, Wien 1992.

HENRI VINCENOT: Die Sterne von Compostela. Roman, Herder Verlag, Freiburg 2000 (Französische Originalausgabe: Les Etoiles de Compostelle).

JACOBUS DE VORAGINE: Legenda Aurea. Heiligenlegenden, ausgewählt und aus dem Lateinischen übersetzt von Jacques Laager, Manesse-Verlag, Zürich 1986.

JACOBUS DE VORAGINE: Die Legenda aurea. Das Leben der Heiligen, aus dem Lateinischen von Richard Benz, Gütersloher Verlagshaus, Gütersloh 2004.

IOACHIM WOLLASCH: Cluny. Licht der Welt, Aufstieg und Niedergang der klösterlichen Gemeinschaft, Artemis und Winkler Verlag, Zürich 1996.

Kunst und Leben am Hofe der Herzöge von Burgund

L'art à la cour de Bourgogne. Les Princes des fleurs de lis. Le mécénat de Philippe le Hardi et de Jean sans Peur (1364–1419), Ausstellungskatalog, Musée des Beaux-Arts de Dijon, The Cleveland Museum of Art, Paris 2004.

LAETITIA BOEHM: Geschichte Burgunds. Politik – Staatsbildungen – Kultur, Verlag W. Kohlhammer, Stuttgart, Berlin, Köln, Mainz ²1979.

JOSEPH CALMETTE: Die großen Herzöge von Burgund, Callwey Verlag, München 1963.

OTTO CARTELLIERI: Am Hofe der Herzöge von Burgund. Kulturhistorische Bilder, Benno Schwabe Verlag, Basel 1926.

CHRISTA DERICUM: Burgund. Erzählte Landschaft, Klett Cotta Verlag, Stuttgart 2000.

THORSTEN DROSTE: Burgund. Kernland des europäischen Mittelalters, Hirmer Verlag, München 1993.

JOHAN HUIZINGA: Herbst des Mittelalters. Studien über Lebens- und Geistesformen des 14. und 15. Jahrhunderts in Frankreich und in den Niederlanden, Alfred Kröner Verlag, Stuttgart 1975.

HEINRICH PLETICHA: Burgund. Spurensuche im Land der Klöster und der großen Herzöge, Herder Verlag, Freiburg, Basel, Wien 1992.

BARBARA TUCHMAN: Der ferne Spiegel. Das dramatische 14. Jahrhundert, Claassen Verlag, Berlin 2001.

Eisen, Holz, Kohle, Wasser – und Hightech. Gewinnung von Bodenschätzen als Grundlage für die Industrialisierung

ROBERT ALDRICH: Economy and Society in Burgundy Since 1850, Croom Helm, London, Canberra, St. Martin's Press, New York 1984.

JEAN-LOUIS BEAUCARNOT: Les Schneider, une dynastie, Hachette, Paris 1986.

CHRISTIAN DEVILLERS: Le Creusot. Naissance et développement d'une ville industrielle, 1782–1914, Champ Vallon, Seyssel 1981.

HENRI DROUOT, JOSEPH CALMETTE: Histoire de Bourgogne, Boivin, Paris 1928.

JEAN GIMPEL: Die industrielle Revolution des Mittelalters, Artemis Verlag, Zürich, München 1980.

FRANK NORBERT NAGEL: Burgund, Bourgogne. Struktur und Interdependenzen einer französischen Wirtschaftsregion (Région de Programme), in: ›Mitteilungen der Geographischen Gesellschaft in Hamburg‹, 1976, Bd. 65.

SÉVIGNÉ, MARIE DE RABUTIN-CHANTAL DE: Briefe, hrsg. und übersetzt von Theodora von der Mühll, Insel Verlag, Frankfurt 1979.

Catherine Verna: Les mines et les forges des Cisterciens en Champagne méridionale et en Bourgogne du Nord XIIe–XV e siècle, Association pour l'Edition et la Diffusion des Etudes Historiques, Paris 1995.

Henri Vincenot: La Billebaude, Éditions Denoël, Paris 1978.

Henri Vincenot: Hommes et terres de Bourgogne (früher: La Vie quotidienne des paysans bourguignons au temps de Lamartine), Hachette, Paris 2000.

Henri Vincenot: Rempart de la Miséricorde. Mémoires d'un enfant du rail, Editions Anne Carrière, Paris 1998.

Die Geschichte des burgundischen Weinbaus

Michel Baridon, Bernard Chevignard (Hrsg.): Vogage et Tourisme en Bourgogne à l'époque de Jefferson. Travelling through Burgundy in the age of Jefferson, Editions Universitaires de Dijon, Dijon 1988.

Jean-François Bazin: Histoire du Vin de Bourgogne, Editions Jean-Paul Gisserot, Paris 2002.

Hubrecht Dujker: Burgund. Zu Weingärten und Sehenswürdigkeiten, Hallwag Verlag, Bern, Stuttgart [4]2000.

Nicholas Faith: Burgund und seine Weine, Verlag Gräfe und Unzer, München 2002.

Hugh Johnson, Stephen Brook: Der große Johnson. Die Enzyklopädie der Weine, Weinbaugebiete und Weinerzeuger der Welt, Verlag Gräfe und Unzer (früher Hallwag Verlag, Bern), München, [5]2004.

Hugh Johnson: Der kleine Johnson. Informationen zu über 15 000 Weinen der Welt, zu Produzenten, Jahrgängen und Trinkreife, Verlag Gräfe und Unzer, erscheint jedes Jahr.

Hugh Johnson: Der Weinatlas, Verlag Gräfe und Unzer (früher Hallwag Verlag, Bern), München 2002.

Nicéphore Niépce: Der Blick aus dem Fenster. Gesammelte Briefe, hrsg. von Kathrin Reichel, Hamburg, Material Verlag 1998, S. 23 und S. 67.

Sylvain Pitiot, Pierre Poupon: Atlas des grands vignobles de Bourgogne, Jacques Legrand, Paris 1985.

Sylvain Pitiot, Jean-Charles Servant: Les Vins de la Bourgogne, Presses Universitaires de France, Paris, erscheint jedes Jahr.

Hans Roth: Von Burgund und Bourgogne, Land und Leute, Essen
    und Trinken, Wasser und Wein, Geologie und Geschichte,
    Kultur und Kunst, Anabas, Frankfurt 1994.
Serena Sutcliffe: Burgund – Produzenten, Lagen, Jahrgänge, Verlag
    Gräfe und Unzer, München, erscheint jedes Jahr.

Zur Geschichte und Herstellung des Senfes

Martine Chauney: Le Pain d'épice de Dijon, Ed. MC2 1997, 2ème
    édition, réimpr. 2001.
Françoise Decloquement: Moutarde en Bourgogne, Editions Alan
    Sutton, Saint-Cyr-sur-Loire 2002.
Cédric Dumont: Kulinarisches Lexikon. Kochkunst, Lebensmittel,
    Länderküchen, Nährwerte, Hallwag Verlag, Bern, Stuttgart 1997.
Handbuch Aromen und Gewürze, Loseblattsammlung, hrsg. von
    Fred Hall und Gerhardt Sieweck, Behr's Verlag, Hamburg 1999.
Guy Renaud: Histoires de Moutarde, Cassis et Pain d'épice, Les édi-
    tions du Bien Public, Dijon 1987.
Eberhard Teuscher: Gewürzdrogen. Ein Handbuch der Gewürze,
    Gewürzkräuter, Gewürzmischungen und ihrer ätherischen Öle,
    Wissenschaftliche Verlagsgesellschaft, Stuttgart 2003.

**Der Blick aus dem Fenster, der die Welt veränderte – Nicéphore
Niépce und die Anfangszeit der Fotografie**

Willfried Baatz: Geschichte der Fotografie, Dumont Literatur und
    Kunst Verlag, Köln 2002.
Helmut Gernsheim: Geschichte der Photographie. Die ersten hundert
    Jahre, Propyläen Sonderband, Frankfurt a.M., Berlin,
    Wien 1983.
Pierre G. Harmant/Bernhard Lefebvre: Joseph Nicéphore Niépce,
    Lettres 1816–1817, Correspondance conservée à Chalon-sur-
    Saône, Rouen 1973.
Pierre G. Harmant/Bernhard Lefebvre: Joseph Nicéphore Niépce,
    Correspondances 1825–1829, Rouen 1974.
Paul Jay: Lettres de Claude Niépce à Nicéphore, Chalon-sur-
    Saône, 1995.
Paul Jay: Nicéphore Niépce, Lettres et documents, Paris 1983.
Paul Jay: Nicéphore Niépce. Premiers outils, premiers résultats, Ville
    de Chalon-sur-Saône, Musée Nicéphore Niépce, 1978.

Paul Jay: Niépce et Daguerre, Ville de Chalon-sur-Saône, Musée Nicéphore Niépce, 1976.

Beaumont Newhall: Geschichte der Photographie, Schirmer/Mosel, München 1998.

Isidore Niépce: Historique de la Découverte improprement nommé Daguerréotype, Paris 1841.

Nicéphore Niépce: Der Blick aus dem Fenster. Gesammelte Briefe, hrsg. von Kathrin Reichel, Material Verlag, Hamburg 1998.

Glaubensgemeinschaften im Aufwind? – Religiöse Zentren heute

Olivier Clément: Taizé – einen Sinn fürs Leben finden, Herder Verlag, Freiburg 1999.

Mutter Teresa/Frère Roger: Gebet. Quelle der Liebe, Herder Verlag, Freiburg ³2003.

Frère Roger: Gott kann nur lieben. Erfahrungen und Begegnungen, Herder Verlag, Freiburg ⁴2003.

Frère Roger: In allem ein innerer Friede. Ein Jahresbegleitbuch, Herder Verlag, Freiburg 2003.

Frère Roger: Die Quellen von Taizé. Liebe aller Liebe, Herder Verlag, Freiburg 2000.

Kalu Rinpoche: Den Pfad des Buddha gehen. Eine Einführung in die meditative Praxis des tibetischen Buddhismus, von den vorbereitenden Übungen bis zur höchsten Stufe der Meditation, Otto Wilhelm Barth Verlag, Bern, München, Wien ³1994.

Tom Lowenstein: Buddhismus. Philosophie und Meditation. Der Weg zur Erleuchtung. Heilige Stätten, Knaur Verlag, München 1998.

Marie-Dominique Philippe: Einheit in Christus. Das Geheimnis des mystischen Leibes, Thomas Verlag, Zürich, F. Schöningh Verlag, München, Paderborn, Wien 1965.

Marie-Dominique Philippe: Gott allein. Anbetung und Opfer, Pattloch Verlag, Aschaffenburg o.J.

Marie Dominique Philippe: Johannes der Theologe, Verlag Sal Terrae, Maria Roggendorf 2004.

Kathryn Spink: Frère Roger. Gründer von Taizé. Leben für die Versöhnung, Herder-Verlag, Freiburg 1999.

Thich Nhat Hanh: Wie Siddhartha zum Buddha wurde. Eine Einführung in den Buddhismus, Theseus-Verlag, Berlin ⁴2001.

Die Autorin

Michaela Spaar M.A. studierte Kunstgeschichte, Romanistik, Volkskunde und Buchwissenschaft in Freiburg, Paris und München. Zunächst als Redakteurin einer Fachzeitschrift für Restauratoren in München, heute als Redakteurin einer Wochenzeitschrift bei Basel tätig. Sie bereist Burgund seit vielen Jahren.

Abbildungen

Centre archéologique européen du Mont Beuvray (S. 16, 20, 27), Abbaye de Fontenay (Umschlagrückseite oben und rechts unten, S. 61, 63), Editions Grande Forge de Buffon (S. 113, 115, 117), Michael Ladwein (S. 73, 99), La Moutarderie/Jp Muzard/Beaune (S. 181, 183, 184, 195 rechts), Leo Schmid (Umschlagrückseite Mitte links und rechts, S. 121, 137, 163, 176, 178), Urs Schumacher (Umschlagvorderseite, Umschlagrückseite Mitte und links unten, S. 25, 151, 171, 219, 221, 229, 235, 238, 239, 245), Michaela Spaar (S. 51), Catherine Troubat/Anis de L'abbaye de Flavigny (S. 129, 131), Claudine Vincenot (S. 10). – Darüber hinaus danken Autorin und Verlag zahlreichen ungenannten Helfern für die Leihgabe und Beschaffung von weiterem Bildmaterial.